Au Pays DE CHINE

PAR

PAUL ANTONINI

Le Pays de Chine. Ses habitants
Mœurs, usages, institutions
L'œuvre du Catholicisme. Persécuteurs & Martyrs

PARIS
LIBRAIRIE BLOUD & BARRAL
4, RUE MADAME, & RUE DE RENNES, 59

BESANÇON. — IMP. ET STÉR. PAUL JACQUIN

AU PAYS DE CHINE

OUVRAGES DU MÊME AUTEUR

Le Serment, son histoire et sa force . . . . 6 fr. »

Trois Confessions. (Saint Augustin, Montaigne, J.-J. Rousseau.) . 3 fr. 50

L'Instruction gratuite et obligatoire décrétée par les conciles. **Epuisé.**

Le Repos du dimanche . . . . **Id.**

Les Chinois peints par un Français . . . . 3 fr. 50

La Vie réelle en Chine. *(Chang-haï.)*. . . . . 3 fr. 50

Au Pays
DE CHINE

PAR

PAUL ANTONINI

Le Pays de Chine
Ses habitants. Mœurs, usages, institutions
L'œuvre du Catholicisme
Persécuteurs et Martyrs

PARIS
LIBRAIRIE BLOUD ET BARRAL
4, RUE MADAME, ET RUE DE RENNES, 59

AVANT-PROPOS

Entre toutes les scènes sur lesquelles se joue l'universelle tragédie de la vie, peut-être n'en est-il aucune qui actuellement mérite plus que la Chine d'être étudiée.

Depuis plusieurs siècles et jusqu'à ces dernières années, les Chinois ont eu, en Europe, une réputation de barbarie si complète, que les premières tentatives faites en vue de leur réhabilitation rencontrèrent une forte opposition. On se heurtait à une sorte de *possession d'état*.

Considérés par nos pères, et depuis environ six siècles, comme privés de toute civilisation, les peuples de l'extrême Orient étaient bien et dûment des *barbares*.

Par une étrange réciprocité de sentiment, les Chinois, eux aussi, nous traitaient de barbares, et cela pour plusieurs raisons, dont la principale était que ne rendant point de culte à nos ancêtres, nous manquons au grand devoir de piété filiale.

Mais les événements ont rapproché les peuples d'Occident et d'Orient; nos armées sont allées forcer la Chine à sortir de son immobilité séculaire; les sentiments que les Chinois et les Français avaient les uns envers les autres ont dû être modifiés.

Si les Chinois nous traitent encore de *diables aux cheveux rouges*, c'est par amour-propre et pour ne pas avoir à se déjuger. Ou bien encore c'est dans un but social, pour entretenir dans le peuple une opinion qui sert la politique des *lettrés*. Le caprice de ceux-ci nous fait, à certaines heures, un renom de cruauté auquel les masses peu éclairées ajoutent une foi entière.

Lorsqu'en 1870 l'hostilité des Chinois fut devenue aussi agressive que par le passé, lorsqu'à l'instigation de quelques meneurs, la ruine des établissements de la Sainte-Enfance fut résolue, les massacres de Tien-Tsin eurent lieu au nom de l'*humanité* outragée par les religieuses et les missionnaires qui, disait-on, arrachaient les yeux et le cœur des petits enfants, pour en faire des médicaments.

Un jour, dans une chrétienté de la province du Tché-ly, deux vieillards, tout en regardant les ruines d'un orphelinat en partie incendié de la veille, déploraient que les fondements mêmes de l'établissement n'eussent pas disparu.

Un autre Chinois — chrétien, celui-là, — qui les entendit, les aborda et leur exposa que les indignes accusations portées contre les missions étaient fausses.

Les deux vieillards demeurèrent étonnés. Puis l'un dit à l'autre : « N'écoutons pas ce *hâbleur* qui prétend nier ces faits, tandis que *tout le monde* dit qu'ils sont exacts ! »

Ainsi s'établissent les réputations !

Mais qu'un édit impérial condamne les hostilités contre les chrétiens, que les meneurs soient punis,.... et aussitôt les *lettrés*, voyant que l'heure n'est pas propice, cessent d'exciter le peuple, qui, laissé à lui-même, revient à l'indifférence ou même se montre sympathique envers la Sainte-Enfance.

Quant aux Européens, la plupart ont déjà rectifié un jugement trop sévère ; quelques-uns mêmes vont peut-être au delà des limites de la réhabilitation à laquelle la société chinoise peut légitimement prétendre. Ceux-là ont été si complètement séduits par les mérites très réels des Chinois, qu'ils ne voient plus leurs défauts et, de bonne foi, sont tentés de présenter la civilisation chinoise comme au moins égale à celle des Européens.

Une réaction en faveur des Chinois était inévitable, et cette réaction devait se produire d'autant plus forte que l'opinion accréditée contre eux était en partie injuste.

Nous avons avoué ailleurs [1] plaider pour les Chinois. Mais la louange, aussi bien que la critique, doit subir des réserves.

Confucius regardait comme une preuve de sagesse le fait de savoir reconnaître les défauts de ses amis et les qualités de ses ennemis.

Abordons sans jugement préconçu l'examen des institutions et des mœurs chinoises. Etudions cette société si curieuse dont l'origine et l'histoire échappent encore, sur quelques points, aux investigations des savants. Puis aussi admirons le courage et le dévouement sublime des missionnaires catholiques : au prix de leur vie, et depuis des siècles, ils vont régénérer les peuples de l'extrême Orient.

(1) V. *Les Chinois peints par un Français.*

De nos jours, hélas! on a volontiers considéré ces hommes comme mourant sans honneur parce qu'ils vivent sans gloire.

En les voyant vivre et mourir nous apprendrons à les connaître, et nous saurons de quelle gloire ils sont ambitieux!

Qu'il nous soit permis d'offrir ici l'expression de notre gratitude aux membres des divers ordres qui, avec une bienveillance et une courtoisie parfaites, nous ont fourni de précieux renseignements sur l'état des missions.

Quel que soit le mobile qui nous a valu de tous le meilleur accueil — unique souci de la vérité ou sympathie personnelle, — nous leur adressons nos remerciements. Si nous ne nommons aucun de ces dignes successeurs des apôtres, c'est pour nous conformer au désir qu'ils nous ont exprimé.

Au Pays de Chine

CHAPITRE PREMIER ET D'INTRODUCTION.

I. COMMENT S'APPELLE LA CHINE. ELLE A ÉTÉ CONNUE DES ROMAINS. — II. SA POSITION GÉOGRAPHIQUE ET SA DIVISION POLITIQUE. — III. LA CHINE PEUT SE DIVISER EN TROIS PARTIES, EN PRENANT POUR BASE DE LA DIVISION TROIS GRANDS FLEUVES : *a)* LE *HOANG-HO*; *b)* LE *YANG-TSE-KIANG*; *c)* LE *SI-KIANG*. — IV. LITTORAL DE LA CHINE; PORTS OUVERTS AU COMMERCE; ILES. — V. POPULATION DE LA CHINE : ORIGINE, HISTOIRE.

I.

Les Chinois désignent généralement leur pays par l'une des deux dénominations suivantes : 1° le *Dessous du ciel*, ce qui est sous le ciel, TIEN-HIA ; 2° la *Terre centrale*, TCHONG-TOU, ou l'Empire du Milieu, TCHONG-KOUO.

Le nom d'Empire du Milieu ou Terre centrale fut donné autrefois à une partie seulement de ce qui aujourd'hui forme l'empire. Quant à l'expression *Tien-hia*, « ce qui est sous le ciel, » elle doit son origine à l'antique opinion des Chinois sur leur pays — opinion qu'ils n'ont pas abandonnée — d'après laquelle la Chine serait le royaume par excellence et aussi une partie tellement considérable du globe, qu'une désignation moins vague, plus précise, serait inutile. Volontiers, ils eussent autrefois régulièrement désigné le monde entier de la même manière que la Chine.

On trouve en effet quelques passages des très anciens auteurs dans lesquels l'expression *Tien-hia*, « ce qui est sous le ciel, » peut être appliquée aussi bien à l'univers qu'à la Chine seule.

Cependant il convient, lorsqu'on parle du monde entier, d'ajouter un troisième terme aux deux autres, comme par exemple *p'ou*, afin de marquer *l'universalité* et préciser le sens dans lequel on emploie cette dénomination.

En bonne logique, si l'empire chinois est digne d'être appelé *le Dessous du ciel*, le chef d'un empire si vaste et si remarquable doit être désigné par un titre à nul autre semblable, hors de mesure avec les appellations les plus honorables ; titre donnant à ce chef un rang à part et au-dessus de tous les autres souverains. Aussi l'empereur, considéré comme chef suprême de ce qui est sous le ciel, est-il appelé le *Fils du Ciel, Tien-tse.*

Mais ici, le mot *ciel* ne désigne plus la voûte azurée : il signifie le *Maître du Ciel*, de qui, selon l'expression de Confucius, « les rois tiennent leur mandat. »

Lorsqu'on considère les devoirs qui incombent au souverain en vertu de ce mandat *céleste*, on nomme l'empereur TA-FOU-MOU, *illustre Père-Mère*, parce qu'il doit être, pour ses sujets, à la fois sévère et vigilant comme un père, plein de tendresse et de sollicitude comme une mère.

La conséquence de cette manière d'envisager la mission du chef de l'Etat est que ses sujets sont les *fils* de l'empereur. Cependant, de même que dans les familles, on perd volontiers le souvenir des aïeux qui par leur conduite ont entaché l'honneur du nom, tandis qu'on apprend aux enfants à vénérer la mémoire de ceux qui se sont illustrés par leurs vertus ou par quelque action d'éclat, de même la nation chinoise établit une distinction entre ses souverains. Elle a des tyrans qu'elle veut oublier; elle a des princes pleins de sagesse qu'elle regarde toujours, bien qu'ils soient morts, comme des pères et des protecteurs.

De là vient, par exemple, l'expression *fils de Han*, qui signifie *Chinois*, et cela en souvenir de la célèbre dynastie des Han.

Au reste, les Chinois se désignent aussi de diverses autres manières et surtout par celles-ci : 1° les *hommes de l'Empire du Milieu*, de même qu'ils nomment les Français : « les hommes du royaume de France; » 2° les *hommes aux cheveux noirs*, ou, simplement, les *cheveux noirs*, par allusion à la couleur de leurs cheveux; 3° le *peuple des cent noms* (Sɪɴ), parceque, à l'origine, il n'y avait que cent familles distinctes.

Jusqu'ici, rien ne rappelle le nom que les étrangers ont donné à l'Empire du Milieu; rien ne fait songer à la *Chine*....

Ce nom de *Chine* a été proposé par les Portugais. Il vient sans doute, comme le pense Abel de Rémusat, du nom d'une dynastie célèbre qui régna peu de temps d'ailleurs (de l'an 246 à l'an 212 avant Jésus-Christ), dynastie des *Tsin* ou des *Tchin*, suivant la prononciation de quelques peuples voisins.

Bien que cette dynastie ait été éphémère et qu'elle n'ait eu que trois princes régnants, elle a laissé un impérissable souvenir, grâce à l'empereur *Che-houâng-ty*. Ce monarque fit l'unité du royaume, construisit la grande muraille pour s'opposer aux incursions des Tartares; il fit pénétrer une armée dans l'Inde et, sans doute, eût poussé plus loin ses conquêtes et ses investigations, si une tempête n'eût détruit sa flotte et, par là, arrêté de vastes projets.

Ses sujets eurent de fréquentes communications avec les étrangers; ils se nommaient eux-mêmes les *fils de Tsin*. Or, de même qu'une altération de prononciation transforma chez certains peuples le nom de *Tsin* en *Tchin*, une altération inverse le transforma chez d'autres en *Sin*. Ce nom de Sin fut adopté par les Siamois, par les Hindous, par les Malais, comme désignant le pays même habité par les sujets de Che-houâng-ty.

Nous remarquons en outre que sous cette dynastie, le siège de l'empire était à *Si-ngan-fou*, actuellement chef-lieu de la province du *Chen-sy*, ou simplement *Si-ngan* (1), que l'on prononçait aussi parfois *Si-nan*. Cette remarque prend une certaine importance par ce fait que les interprètes contemporains les plus autorisés estiment que la contrée nommée par les Romains le *pays des Sères* serait précisément le Chen-sy, province en frontière de la Mongolie, traversée par le fleuve Jaune, parcourue par la chaîne du *Pe-lin*, chaîne qui prend aussi les noms de *Chang-nan* et de TSIN-LIN. Cette même province du Chen-sy fut comme le berceau de l'empire.

C'est là que le grand YU, le premier empereur des temps semi-historiques (2205 à 2197 av. J.-C.), établit le siège de son gouvernement. Il avait choisi la ville qui porte le nom de Pin-Yang. Enfin plusieurs dynasties autres que celle à laquelle appartenait Che-houâng-ty ont porté aussi le nom de Tsin (2).

Il y a eu : les Tsin *occidentaux* (265 à 317 de J.-C.) ; les Tsin *orientaux* (317 à 421) ; les Tsin *postérieurs* (936-958), et la dynastie actuelle de *Ta-tsin*, qui règne depuis l'an 1644.

D'après Hager et Barbier du Bocage, la *Sera metropolis* de Ptolémée ne serait autre que Si-ngan-fou.

La détermination exacte des peuples auxquels les Romains — Pomponius Mela entre autres — ont donné le nom de Sères, a exercé la sagacité des savants.

Il nous semble hors de doute non seulement que les Romains connurent les Chinois, mais encore qu'ils eurent avec eux des relations assez suivies pour leur permettre d'apprécier leurs aptitudes commerciales, auxquelles se rapporte vraisemblablement un passage de Pomponius Mela (liv. III, chap. VII).

(1) *Fou* indique simplement que la ville est de premier ordre.

(2) Peut-être est-il possible de voir encore l'origine du mot *Chine* dans le nom de peuple des *cent noms*, *pe-sin*, que se donnent les habitants de l'Empire du Milieu.

C'est dans cette même province du Chen-sy — dans le *pays des Sères,* — que le christianisme trouva aux temps anciens le plus de faveur; c'est là, nous le verrons, que fut découverte, en 1625, l'inscription connue sous le nom d'inscription de Si-ngan-fou, et qui prouve la présence de prêtres chrétiens, selon nous catholiques orthodoxes, dans le royaume du Milieu, au VIIe siècle.

Ainsi donc, selon toute probabilité, le nom de *Chine* donné à l'Empire du Milieu a une origine historique.

II.

On évalue l'étendue de l'empire à 750,000 lieues carrées, ce qui est à peu près le double de l'étendue de l'Europe entière.

La Chine est actuellement divisée en dix-huit grandes provinces, qui constituent l'empire proprement dit, mais auxquelles il faut ajouter trois autres provinces résultant de la division de l'ancienne Tartarie.

Les frontières maritimes de l'empire sont :

Le nord du golfe du Tonkin, qui baigne une partie de la province de Quang-tong; le détroit d'Hai-nan; la mer de Chine, dans laquelle se jette le *Si-kiang* (dans la baie de Canton); le détroit du Fo-kien ou de Formose; la mer Orientale, *Tong-hai,* dans laquelle se jette le grand fleuve *Yang-tse,* nommé sans raison par les Européens le *fleuve Bleu* (1); la mer Jaune; le golfe du Tché-ly, dans lequel le *Hoang-ho* (fleuve Jaune) et le *Pei-ho* ont leur embouchure.

Les frontières politiques de la Chine proprement dite se trouvent tracées par le *Leao-tong,* qui est limité lui-même à

(1) Voir *La vie réelle en Chine* (Chang-hai).

l'ouest par la prolongation de la Grande Muraille, la Mongolie, le Thibet, la Birmanie, le Laos et le Tonkin.

La Grande Muraille, qui se prolonge sous forme de palissade jusqu'au sud de la Mandchourie, a son autre point terminal à environ 20° à l'extrémité ouest de la province du Kan-sou.

La Chine est traversée par un grand nombre de fleuves, de rivières, de petits arroyos et de canaux artificiels dont quelques-uns ont l'apparence de cours d'eau naturels.

Entre tous ces cours, qui sont comme autant de voies de communication, il en est deux qui méritent une mention spéciale : nous voulons parler du *Yang-tse-kiang*, surnommé le *fleuve Bleu*, et du *Hoang-ho*, le fleuve Jaune.

L'un et l'autre sont remarquables par leurs étranges sinuosités, par la longueur de leur course et par la largeur qu'ils atteignent à certains points de leur parcours.

Ils prennent tous deux leur source hors de Chine, non loin sans doute l'un de l'autre, dans le Ko-ko-Noor. Celle du fleuve Jaune se trouve par 96° 30' environ de longitude et 35° de latitude (observatoire de Greenwich). La source du Yang-tse est un peu au delà vers les monts Kou-koun.

C'est en vain d'ailleurs qu'on chercherait le Yang-tse-kiang sous ce nom avant sa jonction avec le *Ya-loung-kiang*, qui longe, sur un long parcours, la province du Su-tchuen. Avant sa jonction, il est appelé *Kin-cha-kiang*, fleuve au sable d'or. Mais généralement, sur les anciennes cartes chinoises, cet immense cours d'eau n'est désigné que sous le nom de *Kiang*, *fleuve*, comme s'il était le fleuve par excellence, tandis que le fleuve Jaune ne porte que le titre de *Ho*, *fleuve*, ou mieux *rivière*. Le nom même de *Yang-tse* a plusieurs significations, car il s'écrit de différentes manières, tout en gardant la même prononciation (1).

Le sens le plus généralement admis est celui de *Fils de la mer*, comme si, pour ce prince des cours d'eau, les lois ordinaires devaient être changées.

(1) Voir *La vie réelle en Chine* (Chang-hai).

Si le Yang-tse et le Hoang-ho ont quelques similitudes, ils ont aussi de grandes dissemblances, qui peuvent se résumer dans l'appréciation dont ils sont l'objet : le fleuve Jaune est le cours terrible, *indocile,* tandis que le Yang-tse est comme un *fils* pour le peuple, comme un *bienfaiteur.* Ces réputations tiennent d'une part à la richesse du Yang-tse-kiang et, d'autre part, aux extravagances du fleuve Jaune, qui a déjà changé *sept* ou *neuf* fois de cours et qui, dans ses débordements, dévaste la contrée qu'il envahit en même temps qu'il ruine, pour un temps, celle qu'il ne traverse plus et dont il faisait la richesse.

Vers 1851, trouvant, sans doute par suite de quelque éboulement, un obstacle à la base rocheuse du Chang-tong qu'il contournait au sud, il brisa les digues mal entretenues et remonta brusquement au nord, à peu près à la hauteur de *Kai-fong-fou.* Il emprunta le lit d'une rivière — le *Ta-tsing-ho,* — l'agrandit, le fit à sa taille et alla se jeter dans le golfe du Tché-ly, qu'il ensable progressivement.

Il fallut élever des digues sur ce nouveau parcours afin de protéger les terres riveraines. Et ce ne sont point des digues ordinaires qu'exige le *fleuve insoumis!* Elles ont, sur certains points, vingt-deux mètres de haut et sont bâties à deux ou trois kilomètres du lit, formant ainsi un immense canal aérien qui s'emplit au moment des grandes eaux. Encore, à quelques endroits, a-t-on dû établir une double ligne de murs, et puis, en outre, faire des bassins, des canaux de secours, pour que, au moment de la crue, les eaux ne trouvant pas une résistance constante ne puissent rompre l'endiguement.

L'inondation fertilise la terre; mais quand elle se produit brusquement et que les eaux se répandent avec la force d'un torrent, elle dévaste la contrée.

Les anciens riverains du Hoang-ho, depuis Kai-fong jusqu'à la mer Jaune, ont dû modifier leurs cultures, et le lit du fleuve a été ensemencé, planté, dès qu'on a eu la certitude qu'il l'avait tout à fait abandonné, *sans esprit de retour,* pour ainsi dire. Seulement rien n'est moins certain que cette *certitude*, et pour peu que le Hoang-ho rencontre quelque obstacle sérieux ou que l'endiguement ne soit pas bien entretenu, il pourrait fort bien changer à nouveau son tracé. C'est ce qu'il a failli faire en 1870.

Sous l'empire des graves préoccupations que donnait encore au gouvernement la révolte dite des *Taï-ping*, les travaux d'entretien ne se faisaient pas avec la régularité désirable. Une brèche se produisit dans la digue près de Kaifong. Très heureusement pour les riverains, on la répara en temps utile; il n'y eut point de dévastation; mais si on n'eût apporté sans retard un remède à ce mal possible, de grands bouleversements se seraient produits, car le fleuve Jaune prenait, par divers cours d'eau, le chemin du Yang-tse-kiang.

Jusqu'ici le Yang-tse n'a pas eu de caprices analogues à ceux du Hoang-ho. Autrefois cependant il possédait une seconde embouchure. A la hauteur de Vou-ho (ville dont les Anglais écrivent le nom *Vu-hu*), il se divisait en deux bras. L'un remontait vers Nankin; l'autre suivait d'abord une ligne à peu près perpendiculaire à la mer, passait dans le grand lac *Ta-hou*, descendait un peu au sud et se jetait dans la baie de Hang-tcheou-fou. Tel est du moins le parcours qu'on suppose avoir été suivi par le *Fils de la mer*.

Ce bras a disparu, et toute la vigueur du fleuve s'est portée dans celui qui subsiste.

Il est difficile de bien dépeindre ce grand fleuve, un des plus remarquables du monde. Quand, entré dans la Chine proprement dite, il reçoit le Ya-loung sur la frontière du Yun-nan et du Su-tchuen, il a déjà parcouru plus d'un tiers de sa course, qu'on évalue à *quatre mille cinq cents kilomètres*.

La marée se fait sentir jusqu'à environ quatre cents kilomètres de son embouchure, et les navires de guerre le remontent jusqu'à Nankin, à trois cents kilomètres de la mer.

La navigation à vapeur ordinaire se fait assez aisément

jusqu'à *I-tchang*, à mille sept cent soixante kilomètres de l'embouchure, dans le Hou-pé.

A son embouchure le Yang-tse-kiang prend un développement gigantesque ; il a *trente kilomètres* de large et se trouve divisé en deux bras par l'île de Tsong-min, qui est son œuvre. Ses eaux charrient des terres, et ces terres, dès qu'elles se sont arrêtées sur une base sous-marine solide, s'amoncellent, émergent, et forment des îles aux contours changeants.

L'île de Tsong-min a été ainsi formée. Une autre, située au nord de celle-ci, sera, dans un temps relativement court, jointe au continent par des apports nouveaux. Non seulement le fleuve forme des îles, mais encore il augmente le continent. Ainsi, toute la plaine située en face de Chang-hai est une plaine d'alluvions.

Les Chinois, dès qu'ils voient émerger le sol nouveau, en prennent possession par des plantations de joncs et de roseaux, dont les racines, affermissant la terre, empêchent le flot de faire de trop fortes reprises. Elles facilitent même les apports quand une bande d'alluvions s'est établie au devant de la première plantation ; alors on en fait une seconde, de sorte que le terrain se trouve conquis par l'homme au fur et et à mesure que le fleuve l'apporte.

D'après un livre classique des Chinois, le livre de Meng-tse, le grand empereur Yu aurait fait dériver le Yang-tse-kiang en neuf canaux et lui aurait donné comme affluents des fleuves qui n'arrivaient pas à le joindre. L'empereur aurait ainsi établi dans l'empire des communications faciles et permis l'irrigation d'immenses contrées, ce qui donna le moyen au peuple « d'obtenir sa subsistance, » dit le texte, soit parce que les échanges de province à province se trouvèrent ainsi facilités, soit parce qu'on eut la possibilité d'arroser les champs et de les faire produire.

La Chine possède un troisième cours d'eau important, surtout au point de vue commercial, et indépendant des deux premiers, bien qu'il ne leur soit pas comparable par la longueur de son cours.

C'est le SI-KIANG, nommé aussi à son origine Hong-chouli. Il prend sa source dans les montagnes de la province du Yunnan et se jette dans la baie de Canton.

L'exposé de la géographie d'un pays n'a jamais rien de fort attrayant ; il l'est moins encore quand il s'agit d'une contrée où tous les noms sont étranges pour nous et d'une prononciation qui n'a rien de bien fixe, puisque les Européens traduisent d'après leur son des caractères d'écriture tout à fait étrangers à nos lettres latines. Aussi nous arrêterons-nous le moins possible à l'exposé de la géographie de la Chine ; mais encore faut-il que nous ne l'omettions pas !

III.

Nous distinguerons les provinces traversées ou limitées par le fleuve Jaune, le Yang-tse-kiang, le Si-kiang, et celles que l'on peut considérer comme indépendantes de ces trois cours d'eau.

A. Le Hoang-ho.

Le Hoang-ho, fleuve Jaune, entre dans la Chine proprement dite par la province du KAN-SOU, dont il sort au-dessus de *Nin-hia*, ville qui fut, au xe siècle, capitale d'un royaume : ruinée par Gengiskan, elle fut rebâtie ensuite. Le fleuve remonte au nord dans la Mongolie, puis redescend et entre à nouveau en Chine, où il sert de limite naturelle aux deux provinces du CHEN-SY et du CHAN-SY.

Cette vallée du fleuve Jaune entre les deux provinces a été regardée comme l'ancien vrai *royaume central* ou la *Fleur du milieu*.

En arrivant à la ville de *Tong-tcheou* ou de *Tong-kouan*,

forteresse principale de tout le bassin, le fleuve, cessant de descendre au sud, tourne brusquement à l'est, traverse le nord du HO-NAN (*sud du fleuve*), se dirige en ligne droite jusqu'à Kai-fong-fou, puis remonte au nord-est, coupant la pointe sud du PE-TCHE-LY, et va, en ligne droite, du CHANG-TONG se jeter dans le golfe du *Tche-ly*.

Les principaux affluents du Hoang-ho sont, à gauche :

Le TAI-TONG-HO, qu'il reçoit dans le Kan-sou un peu avant son passage à Lan-tcheou, grande fonderie de canons; — le FUEN-HO, qui passe auprès de Taï-Yuan-fou, capitale du Chan-sy, et vient le joindre à Tong-tcheou.

A droite :

Le TIE-TSAN-HO, qui se jette dans le fleuve Jaune en face du Taï-tong-ho dans le Kan-sou; — le KIN-YE-HO, qui a sa source dans le pays des Ordos (Mongolie), et rejoint le fleuve au-dessus de Kia-tcheou, dans le Chen-sy. — Viennent ensuite plusieurs petits cours d'eau qui, sans importance par eux-mêmes, contribuent à la richesse de la vallée; — le LO-HO et le WEI-HO, qui, nés l'un au nord-ouest du Chen-sy, l'autre au sud-ouest du Kan-sou, viennent presque se joindre dans le Hoang-ho, à la hauteur de Tong-tcheou, en face du Fuen-ho. Le grand canal ou *rivière des transports* coupe le Hoang-ho, qui contribue largement à son alimentation, dans l'ouest du Chan-tong.

Le Hoang-ho, fleuve Jaune, touche donc à six provinces, parmi lesquelles il en est deux, le Chan-tong et le Pe-tche-ly, qui tiennent le premier rang pour la culture. En outre, c'est dans le Pe-tche-ly que se trouve Pe-kin, capitale de l'empire. Quant au Chan-tong, il est la patrie de Confucius, *Kong-fou-tse,* c'est-à-dire le *philosophe Kong.* Le tombeau du grand philosophe est situé sur une colline aux environs de la ville de *Kiou-fao* (ou bien *Kio-fiou*), près d'un temple magnifique qui lui est consacré et d'un cimetière où sont enterrés les descendants de Meng-tse, le disciple favori du maître.

Les descendants de Confucius habitent Kiou-fao. Le savant

Markham estime que plus de vingt mille personnes y portent son nom, *Kong*. Le chef de cette famille est doté d'un fief immense, — plus de cinquante mille hectares, dit-on, — ne relevant que de l'empereur et se transmettant de chef en chef. C'est ainsi que les Chinois honorent la mémoire de leurs hommes célèbres.

C'est encore dans le Chan-tong, entre Kiou-fao et le chef-lieu Tsi-nan-fou, que se trouve l'un des pics sacrés de la Chine. La légende dit qu'un prince illustre, dont la mémoire est toujours vénérée et dont la vie vertueuse fut un modèle digne d'être imité, — l'empereur CHUN, — monta jusqu'au sommet de la grande montagne *Tai-chan*, à quinze cents mètres de hauteur, pour sacrifier au Ciel, aux Esprits des collines et des eaux.

Une route dallée, puis un escalier taillé dans la montagne, facilitent l'accès du pic. On trouve à mi-chemin un temple élevé à l'endroit où Confucius s'arrêta, un jour qu'il avait voulu gravir la montagne.

Les escaliers, comme la route, sont ombragés par des cèdres, des ifs, des cyprès, des pins. Du haut de cette montagne, on découvre un admirable panorama : collines, plaines habilement cultivées et couvertes de riches moissons; cours d'eau et canaux; villes populeuses; couvents de bouddhistes.... Du regard, on embrasse tout cela.

Dans les vastes dépendances de certains couvents bouddhistes, paissent, broutent, vivent en paix, une multitude d'animaux, considérés par les païens comme *pouvant être leurs aïeux*, et pour cela confiés aux soins des bonzes, auxquels ils paient la pension annuelle de leurs pères (boucs, chèvres, volailles, poissons....). Parfois ces fils pleins de pitié se contentent de faire au couvent un don proportionné à leur fortune.

Assez souvent, il y a des décès parmi les pensionnaires; c'est évidemment de maladie ou de *vieillesse* qu'ils meurent, à moins que les bonzes ne les fassent, pour leur service, passer de vie à trépas. Qu'ils nous pardonnent cette supposition.

La province capitale de la Chine est le *Pe-tche-ly*, qui a pour port sur la mer Tien-tsin sur le *Pei-ho;* ce fleuve se jette dans le golfe. L'abord du Tien-tsin est gardé par les forts de Ta-Kou et par quelques autres travaux de défense.

L'aspect de l'est de la province est celui d'une vaste plaine conquise sur la mer, plaine argileuse ou sablonneuse, souvent inondée, ce qui, en 1860, rendit parfois si pénible la marche de l'armée franco-anglaise. Pendant la saison sèche et quand les cours d'eau n'ont pas débordé, le sol se couvre d'une couche de nitre et d'efflorescences de magnésie qu'il faut faire disparaître avant d'ensemencer; autrement la récolte serait perdue.

Les habitations se trouvent groupées plutôt qu'isolées; on craint les brigands. Les maisons sont bâties sur pilotis, comme dans toutes les contrées basses et traversées par des cours d'eau.

C'est à Tien-tsin qu'eut lieu, en 1870, le massacre de dix religieuses de Saint-Vincent de Paul, de missionnaires, du consul de France, etc. L'incendie des établissements de la Sainte-Enfance suivit ces meurtres accomplis dans des circonstances exceptionnellement dramatiques, et avec une cruauté telle, que les plus odieuses profanations furent, dit-on, commises sur les cadavres. Un seul témoin du massacre a pu donner des détails dignes de créance.

Pour se rendre de Tien-tsin à Pé-kin, on met deux jours si l'on voyage en charrette, et quatre ou cinq jours en se servant d'un bateau.

Pé-kin (*cour du nord*) est sur le Yu-ho. Il a un port, Tong-tcheou. Ce port, à quelque distance de la capitale, sur le Pei-ho et le Chao-ho, se trouve relié à la grande ville par une route et un canal.

Le Pei-ho, fleuve indépendant, passe à vingt kilomètres de la capitale. Le Wen-ho, son affluent, coule à quinze kilomètres; autrefois, son lit était plus rapproché. Des tentatives faites pour amener les eaux de ce fleuve au point voulu afin qu'il alimentât les canaux de Pé-kin, ont dû être abandonnées à cause des inondations qui en résultaient.

Comme dans toute *ville* proprement dite, c'est-à-dire entourée de murs, il y a deux cités distinctes à Pé-kin : la cité tartare et la cité chinoise. Seulement la ville tartare de Pé-kin en renferme une autre, ayant son enceinte propre, la ville impériale, au centre de laquelle s'élève le palais du souverain. Quant à la ville chinoise, elle est au sud de la ville tartare. En principe, les deux populations devaient rester dans leurs cantonnements et ne pas pénétrer l'une chez l'autre. Mais cette prohibition ne fut pas longtemps rigoureuse ; en fait, elle n'est pas observée.

Le temple du Ciel et celui de l'Agriculture, près desquels se trouve le champ que l'empereur doit, chaque année, cultiver un instant avec une charrue d'or, sont dans la ville chinoise.

Le palais impérial de Pé-kin n'est pas le *Palais d'été*. Celui-ci est au nord-ouest et à environ deux heures de marche de la capitale. Il porte le nom de Yuen-min-Yuen. On se ferait une idée très imparfaite et même inexacte de ce domaine princier, si on se le représentait comme un simple palais.

L'habitation impériale n'occupe qu'une partie de cet immense et merveilleux parc. L'ensemble du Palais d'été a été dévasté, en 1860, par l'armée alliée, à laquelle la mauvaise foi et la cruauté des Chinois inspirèrent des représailles que réprouve la civilisation, mais que justifie le sentiment de douleur causé à l'armée entière par les supplices infligés à plusieurs de ses membres. Il y avait dans le parc une série de constructions fort belles, aménagées suivant l'usage pour lequel on les avait élevées : divers temples et des chalets de repos entourés d'arbres, de fleuves, de verdure, de bassins avec jet d'eau, de grottes artificielles.... donnaient à cette résidence un aspect féerique. Entre tous les édifices les plus remarquables, la *maison des livres*, c'est-à-dire la bibliothèque, tenait le premier rang. C'était un véritable palais dont la position dovait aider l'inspiration des houreux qui pouvaient s'y réfugier loin de tout bruit pour travailler dans le silence.

En allant de Pé-kin au Palais d'été, on rencontre le temple où est placée la cloche gigantesque, dont les vibrations sont réputées être en quelque sorte la voix de l'empereur et qui annonce les cérémonies impériales. Elle est couverte d'inscriptions et mesure, dit-on, huit mètres de haut. Le tombeau des Min est à l'ouest de Pé-kin; celui de quelques empereurs de la dynastie actuelle, Ta-tsin, est au sud, dans un parc, près de la ville de Yi-tcheou.

Puisque nous parlons de la capitale et de la *ville jaune*, c'est-à-dire impériale, quelques mots sur le souverain actuel ne seront pas ici hors de propos.

Le prédécesseur du jeune empereur qui vient de prendre les rênes du gouvernement était hostile à la religion chrétienne. Il était fils de la femme de second rang de l'empereur; mais, selon l'usage général en Chine, il fut élevé par la femme de premier rang, c'est-à-dire par l'impératrice. Ce souverain mourut subitement de la petite vérole. Il ne laissait pas d'héritier. Les plus grands désordres politiques étaient à craindre, et la dynastie se trouvait menacée.

La même impératrice, qui était sa mère selon la loi et qui avait pris soin de son enfance, alla aussitôt, pendant la nuit, prendre dans son berceau un petit enfant, fils de sa sœur mariée au frère cadet du prince Kong, et le fit, dès le jour, reconnaître pour empereur par les grands de l'empire. Elle sauva ainsi la dynastie et préserva le pays de troubles publics. Cette impératrice eut avec le prince Kouan-shu, père du jeune souverain, la régence de l'empire. Quant à la femme de l'empereur défunt, ne voulant pas lui survivre, elle avala un bijou, mourut, et ses funérailles eurent lieu en même temps que celles de son mari.

La prise de possession du pouvoir par le jeune prince est trop récente encore pour qu'il soit possible de juger ses actes. Cependant tout fait supposer qu'il apportera dans l'exercice de la magistrature suprême une fermeté éclairée. Il s'est montré courtois et plein de déférence vis-à-vis du souverain pontife, et semble disposé à imposer d'utiles réformes aux fonctionnaires. L'empire n'aura donc, il y a lieu de le croire, qu'à se louer de l'initiative et de l'énergie de l'impératrice régente.

Les rues de Pé-kin sont remarquables par leur malpropreté. Cependant il suffirait de quelques travaux exécutés avec intelligence pour les rendre vraiment belles, car plusieurs sont larges; une, entre autres, qui va du levant au couchant et que suit l'empereur quand il sort, suffit au passage de six voitures allant de front.

Dans la saison des pluies, les voies, même les plus belles, ne sont pas praticables pour les voitures. Chaque année, on fait des travaux de voirie, notamment dans la rue dont nous venons de parler. Pendant un ou deux mois, des centaines de Chinois s'occupent à remonter dans la partie centrale de la voie toute la terre que les eaux ont entraînée sur les bas côtés. Et.... le premier orage qui survient remet les choses au même état! Malgré cela, les travaux se font annuellement par les mêmes procédés, sans qu'on juge utile d'y apporter quelque modification en vue de rendre les réparations plus durables et moins dispendieuses.

L'importance de Pé-kin tient à la présence de la cour; par elle-même, en effet, cette ville n'a point de vie; elle reste en dehors du commerce, qui se fait par Tien-tsin et Tong-tcheou. Mais les examens, qui amènent huit à dix mille candidats, chacun suivi d'un ou deux domestiques, lui donnent à certaines époques une grande animation. Ces jeunes gens appartiennent généralement à des familles aisées; ils ont, la plupart, au moment des examens, des ressources qui leur permettent de vivre sans parcimonie et de se passer quelques fantaisies.

C'est en grande partie à leur présence qu'est due l'activité du commerce d'horlogerie, car les Chinois ont un goût prononcé pour les montres. On attribue souvent aux chrétiens le monopole de l'horlogerie à Pé-kin. Cette appréciation est sans doute trop exclusive; peut-être certain franc-maçon qui, pour contre-balancer l'influence des missionnaires, d'après lui — « les pires ennemis de la civilisation, » — demanda un jour l'envoi en Chine de commis voyageurs d'horlogerie, a-t-il été guidé par la pensée de faire ainsi concurrence aux horlogers chrétiens.

La valeur de la monnaie n'est pas absolument la même dans tout l'empire. Nous dirons que les *sapèques* servent aux transactions de peu d'importance; mais à Pé-kin une sapèque équivaut à un centime, tandis qu'ailleurs sa valeur est moitié moindre.

Les habitants du Tché-ly se servent aussi de billets de banque : *piao-tse.*

Le Tché-ly est sillonné de canaux et de cours d'eau.

Le Grand Canal prend naissance à Tien-tsin. Au nord et au sud-ouest de la province il y a des montagnes, ramifications des monts du Chan-sy et du Ho-nan, mais elles sont peu élevées relativement à la hauteur des chaînes dont elles sont issues. Cependant le Tché-ly possède un *mont sacré*, le HENG-CHAN ou P'E-YO.

Le fleuve Jaune n'a qu'un parcours très peu étendu dans le Tché-ly; il coupe au contraire dans toute sa largeur le nord de la province de Ho-nan. La capitale de cette province, Kai-fong-fou, est près de la rive droite du grand fleuve *incorrigible.* Sous le nom de *Tong-kin* (Cour de l'Orient), elle a été capitale de l'empire pendant les dernières années du XIIIe siècle et les premières du XIVe.

Au XVIe siècle, assiégée par un parti d'insurgés, Tong-kin fut détruite par ses propres défenseurs qui, dans l'espoir d'exterminer l'ennemi, firent une brèche dans les digues du Hoang-ho. Mais l'expédient n'eut pas le résultat espéré, tout au contraire. Les assiégeants purent fuir l'inondation, tandis que les eaux arrivant sur la ville sans que ses défenseurs aient eu le temps ou l'habileté d'en détourner le cours, détruisirent Kaï-fong-fou.

La position de cette ville, qui a été rebâtie, en fait un centre commercial important. Elle est reliée par un canal au Tché-ly d'une part, au Ngan-hai de l'autre; et, soit par des cours artificiels, soit par des rivières, se trouve en communication avec Nan-kin.

La grande chaîne du Pe-lin, qui limite le bassin du Hoang-ho, et le sépare de celui du Yang-tse-kiang, se rattache dans le Kan-Sou aux monts *Loung*, puis passe à travers le Chen-sy au sud du Wei-ho; pénètre dans le Ho-nan, où il se bifurque pour aller au nord, jusqu'à l'ouest de Kai-fong-fou, et, au sud, jusqu'à Chin-yang. Cette dernière ramification est connue sous le nom de *Tan-siou-chan*.

Dans la partie nord de la chaîne, au sud-est de la ville de premier ordre qui porte le nom même de la province, HO-NAN-FOU, se dresse un pic sacré très élevé, nommé *Soung-chan*.

Dans la province du Chen-sy, cette même chaîne prend le nom de *Tsin-ling, montagne Bleue,* disent les Européens. Au nord de Si-i gan-fou, un mont qui se rattache au Tsin-ling est le mont sacré appelé *Houa-chan* ou *Si-yo*.

Le chef-lieu de la province du Chen-sy, Si-ngan-fou, est bâti dans une magnifique plaine, entre le fleuve Jaune et la chaîne du Tsin-ling. La fertilité de cette partie de la province est célèbre dans toute la Chine. Elle est due aux rivières qui la parcourent et à la couche de terre jaune argileuse qui se trouve répandue sur une épaisseur parfois très grande dans presque toute la vallée du fleuve Jaune, principalement dans les plaines.

Entre le Chen-sy et le Tché-ly se trouve le Chan-sy, province montagneuse, mais dont les chaînes sont orientées du nord au sud au lieu de l'être, comme le Pe-ling, de l'ouest à l'est.

Les monts du Chan-sy (monts occidentaux) appartiennent à la grande chaîne de Mongolie, l'*In-chan-garjan*.

Le fleuve Jaune, qui, à sa sortie du Kan-sou, remonte au

nord dans la Mongolie, en suivant la direction des monts *Ala*, se trouve arrêté par ces hautes montagnes, tourne à l'est, puis redescend au sud. De sorte que, dans cette partie considérable de son parcours, il est encaissé entre les ramifications de l'In-chan.

Les montagnes du Chan-sy se présentent sous la forme de deux chaînes à peu près parallèles, entre lesquelles coule le *Fuen-ho*, affluent du Hoang-ho. Elles ont des pics élevés et célèbres. Presque à l'extrémité nord de la province, se dresse le *Tai-chan*, ou mont des cinq pics, sur lequel il y a un grand nombre de temples.

Le cours du Hoang-ho nous a conduits dans six provinces. Passons maintenant au cours du Yang-tse-kiang.

B. Cours du Yang-tse-kiang (improprement nommé fleuve Bleu).

Le Yang-tse-kiang, qui, dès sa naissance et sur un long parcours, ne se trouve séparé du Hoang-ho que par les hautes montagnes limitant le Thibet et la Mongolie, particulièrement par la chaîne de Bayan-khara, le Yang-tse-kiang se détourne brusquement vers le sud en face des monts Tashani. Il coule dans le Miniak, entre les *montagnes neigeuses*, *Sine-chan* et le *Yung-lin*, incline vers l'est après Batang, et entre dans la Chine proprement dite en suivant d'abord la frontière nord du YUN-NAN. Puis, après s'être avancé un peu au sud-est et avoir reçu le Ya-loung, il remonte au nord, sépare le KOUY-TCHEOU du SU-TCHUEN, coupe cette immense province du sud au nord-est.

Son cours, à partir de Sou-tcheou-fou, est étrangement sinueux ; il entre dans le HOU-PÉ ; redescend au sud jusqu'à effleurer la province du Hou-nan au nord du lac Tong-ting ; remonte jusqu'à Han-keou, redescend en pente vers le KIANG-SI, qu'il sépare du NYAN-HOEI ; il coupe cette province du sud au nord jusqu'à son point de jonction avec le KIANG-SOU ;

entre dans celle-ci en amont de Nankin, qui est sur sa rive droite, et va presque directement se jeter dans la mer.

Le Yang-tse-kiang traverse donc ou sépare sept provinces, et parcourt de l'ouest à l'est tout l'empire chinois dans sa partie la plus large.

Les principaux affluents du Yang-tse-kiang dans son trajet en Chine, sont :

Rive gauche. — Le Li-tsin, qui prend sa source dans les monts Yu-ling ; le Ya-long, dont le bras principal naît dans le Bayan-khara, probablement au point appelé mont Tashani ; — le Min, qui prend sa source dans le prolongement du Bayan-khara, sans doute au mont Mama, et se jette dans le Yang-tse-kiang, en aval de Sou-tcheou-fou (Su-tchuen) ; — le Fou-song ; — le Kia-lin, qu'il reçoit à Chou-kin-fou ; — le Han, qui se jette dans un lac et se trouve relié au Yang-tse-kiang par un canal qui va de *Han-keou* à *Cha-tse*.

Rive droite. — Le Ou, qui prend naissance dans les monts ouest du Kouy-tcheou et qui se jette dans le Yang-tse-kiang à Fou-tcheou. Deux grandes rivières, Yuen et Siang, qui par elles-mêmes et leurs affluents arrosent tout le Hounan, se jettent dans le grand lac Tong-ting qui communique avec le Yang-tse.

Le Yang-tse-kiang reçoit en outre, à droite et à gauche, un grand nombre de cours d'eau d'importance secondaire et alimentant des canaux.

La désignation des montagnes de Chine n'est pas aisée, parce que les Chinois leur donnent volontiers, — comme ils donnent aussi aux provinces et aux villes, — un nom tiré de leur position par rapport à celle de la mer, d'un lac, d'un fleuve : *Hou-pé*, *Hou-nan*, « nord et sud du lac ; » *Chang-hai*, *au-dessus de la mer*, etc. Ou bien un nom qui indique leur orientation, de telle sorte que les *Pe-ling*, les *Nan-ling*, « monts du nord, monts du sud, » se trouvent un peu partout.

L'immense bassin du Yang-tse-kiang est nettement déterminé au nord, par deux chaînes parallèles issues du Bayan-khara ou de sa ramification nord-ouest ; l'une est le *Ta-pa-*

ling ; l'autre, plus au nord, nous est déjà connue : c'est la chaîne qui prend le nom de *Pe-ling* dans le Kan-sou, de *Tsin-ling* dans le Chen-sy, et de *Tan-siou-chan* dans le Ho-nan.

Entre cette chaîne et celle du Ta-pa-ling coule le Han, affluent du Yang-tse.

A l'ouest, le bassin du Yang-tse est limité en Chine par les Snavoy ; plus à l'ouest encore, il est borné sur la frontière du Thibet par les montagnes neigeuses (Sine-Chan) ; — au sud, par les monts Leang, dans le Yun-nan, le Su-tchuen, le Kouy-tcheou, et partout un système dit *Nan-ling, monts du sud* qui vont de l'ouest à l'est, ayant plusieurs ramifications dirigées au contraire du sud au nord. Ces monts servent de frontière aux provinces du Kouang-sy et du Kouang-tong, bassin d'un autre grand fleuve, le Si-kiang.

Examinons maintenant rapidement chacune des provinces arrosées par le Yang-tse-kiang, en commençant par son embouchure dans le Kiang-sou.

Nous avons dit qu'à son embouchure le Yang-tse-kiang est divisé en deux bras par l'île Tsong-min, formée par les terres d'alluvion. Cette île est peuplée d'environ deux millions d'hommes. Elle a eu longtemps une réputation peu honorable. Ses premiers occupants furent en effet des condamnés et des pirates ; mais les mœurs des habitants se sont adoucies.

En face de l'île de Tsong-min débouche dans le bras méridional le Wang-pou, sur la rive duquel est bâtie la ville de *Chang-hai* (*au-dessus de la mer*).

Chang-hai comprend une cité murée, chinoise, et une cité étrangère formée par les concessions accordées aux Français, aux Anglais et aux Américains. En arrivant à Chang-hai, en voyant son port couvert de vaisseaux venus de toutes les parties du monde, on a peine à se croire en Chine, dans un royaume qui, en fait, nous est encore si peu accessible. Le luxe et les plaisirs d'Europe se sont réunis dans la ville européenne — que les Chinois habitent aussi. Lumière électrique, gaz, eau filtrée distribuée dans la ville, théâtres, bibliothèques, jardins publics, magasins établis à l'instar de ceux de France, on trouve tout cela sur les concessions.

Quant à la Cité chinoise, elle est ce que sont presque toutes les villes de l'empire : les rues, mal entretenues, sont étroites et sales. Quelques constructions cependant méritent l'attention. La Cité est sous l'autorité d'un gouverneur qui n'a aucun pouvoir sur les Concessions, où les consuls et les conseils municipaux sont maîtres (1).

Chang-hai, pendant la révolte des Taï-ping, — 1852 à 1874 — a eu de grandes craintes. Les Européens l'ont sauvée en empêchant les insurgés de s'établir dans les concessions. La Cité chinoise fut occupée pendant dix-huit mois par les rebelles, mais elle échappa à la ruine. Il n'en fut pas de même de Sou-tcheou, la *Su-ju* de Marco-Polo, et de tant d'autres qui furent pillées et incendiées. Sou-tcheou a repris toute son importance commerciale.

Tching-kiang et Yang-tcheou sont des villes importantes, la première sur la rive droite, la seconde sur la rive gauche du Yang-tse-kiang, toutes deux sur le canal Impérial et autres cours artificiels par lesquels ces grandes villes commerçantes communiquent avec la province entière.

Tching-kiang fut, en 1842, le théâtre d'un drame qui prouve quelle était, à cette époque, la réputation des Européens en Chine. Les Anglais, en lutte avec l'Empire du Milieu, remportèrent une grande victoire qui leur livrait la ville. Des défenseurs de Tching-kiang, voyant que toute résistance était devenue impossible, massacrèrent les femmes, les enfants, et se tuèrent ensuite.... afin de ne pas tomber au pouvoir des *diables aux cheveux rouges*.

Nan-kin (*cour du sud*) est la capitale de la province sur la rive droite du Yang-tse, auquel elle touche par un point de sa courbe, qui est de forme très irrégulière. Elle fut pendant l'insurrection le siège du gouvernement des rebelles (1853-1864), et prit le nom de *Cour céleste*, parce que le roi était le *Roi cé-*

(1) Voir *La vie réelle en Chine.*

leste. Cette grande et belle cité eut, elle aussi, beaucoup à souffrir de la révolte d'abord, puis du siège de deux ans que l'armée tartare fut obligée de faire pour la reprendre aux Taï-ping.

Elle a perdu sa pagode de porcelaine, qui était dans le quartier de la porte du sud, *Nan-men*; ses édifices, ses maisons, ses remparts même furent détruits; et cinq ans après la fin du siège elle était encore presque partout en ruine. La grosse cloche qui devait être devant une porte latérale du temple de Confucius élevé sur une colline à l'intérieur de la ville, cette cloche si grande que plusieurs malheureux y trouvèrent un abri, gisait dans un champ, non loin des ruines de l'arc de triomphe des *Min*.

Malgré tant de malheurs Nankin a repris son rang; ses murs ont été relevés, ses édifices rebâtis, ses jardins replantés; des maisons ont remplacé les chaumières de paille qui avaient été construites à la hâte par la population sans abri, au lendemain de sa prise.

Les murs qui entourent Nankin ont environ vingt-cinq kilomètres de développement, et sont percés de neuf portes. Une dérivation du Yang-tse et un canal mettent la ville en rapport direct avec le Grand-Fleuve, dont l'entrée est protégée par des forts.

Nous devons faire ici une remarque qui s'applique à toutes les villes murées. Les murs sont généralement très épais, surtout quand ils sont très hauts — 15 et même 20 mètres de largeur; — mais cette épaisseur devient trois ou quatre fois plus grande à l'endroit des portes. De sorte que chaque entrée de la ville est comme une vaste salle voûtée. Ainsi s'explique ce fait que les notables de la ville ou les personnes ayant à s'entendre sur un sujet quelconque s'assemblent *sous la porte*.

La ville tartare, où demeure la garnison, est soit au centre, soit à une des extrémités de la ville chinoise, enfermée dans une seconde enceinte. Le centre du commerce s'établit, en règle générale, dans la ville chinoise et surtout dans des faubourgs autour de cette ville. Là, en effet, il n'y a point de règlement à observer pour l'entrée et la sortie, puisque le faubourg n'est pas enclos de murs. Il en résulte une liberté plus grande, soit pour le va-et-vient du commerce, soit pour l'établissement de hangars, de constructions, d'exploitations, etc.... car on peut s'étendre avec plus d'aisance et à moins de frais que dans la ville même.

Dans la province du Kiang-sou, il y a trois lacs, dont le plus considérable, le *Tai-hou*, au sud-ouest, est couvert de barques. Il facilite le transit intérieur avec l'est du Ngan-hou. Il est relié au canal Impérial et à Sou-tcheou. La province est en effet coupée du nord-ouest au sud, dans toute sa longueur, par le canal Impérial ou Rivière des transports, qui sur plusieurs points ensablé de jour en jour davantage, ne peut porter que des bateaux plats ou des barques d'un très faible tirant d'eau.

Les limites politiques ouest du Kiang-sou sont très irrégulières ; elles forment des angles aigus, rentrants et sortants ; de sorte que, en remontant le fleuve et après avoir parcouru un assez long espace dans une province voisine, on se retrouve tout à coup dans celle qu'on croyait avoir quittée depuis plusieurs heures. Ainsi, par exemple, le fleuve, après Nankin, achève de parcourir le Kiang-sou et entre dans le Nganhoei; on avance et cependant la première ville importante qu'on rencontre sur l'immense cours d'eau est Tai-ping-fou.... à la *frontière* des deux provinces, à l'extrémité d'une pointe du Kiang-sou.

La province du Ngan-hoei (*société pacifique*) est sillonnée en tous sens par des fleuves et des rivières. C'est une province industrielle plutôt qu'agricole, car elle n'est guère que de quatrième classe sous le rapport de la culture. Cependant, au sud du Yang-tse se trouve la région du thé vert, source considérable de richesse pour la contrée.

Vou-hou, sur la rive droite du fleuve, prend une part directe au commerce européen en même temps qu'au commerce national, auquel elle fournit principalement du papier très beau, des objets en acier et de la ficelle de couleur.

La capitale du Ngan-hoei est beaucoup plus au sud; c'est NGAN-KIN-FOU *(cour de la paix)*, sur la rive gauche du Yang-tse, et l'une des vil lesles plus remarquables du bassin du Yang-tse-kiang.

Le fleuve continue à descendre vers le sud jusqu'au lac de Po-yang. Là, il coule, sur un petit parcours, en ligne droite vers l'ouest. Il sépare le Kiang-si, au sud, du Ngan-hoei et du Hou-pé au nord.

La ville importante sur cette partie du cours du fleuve est *Kiu-kiang*, où sont amenés tous les produits du Kiang-si. De là, ces produits prennent la route fluviale. Au sud de Kiu-kiang, et sur la rive nord-ouest du lac Po-yang, se trouve Nan-kiang, qui, par le lac, est en relation avec la partie est de la province.

La capitale du Kiang-si est plus au sud; elle se nomme NAN-TCHANG-FOU, bâtie au-dessus de la jonction de deux fleuves, le Tchang et le Kia. Quant à Nan-tchang-fou, elle reçoit en entrepôt les porcelaines qui se fabriquent dans toute le région du lac, surtout vers l'est.

Le Kiang-si, quoique très industriel, a plus d'importance, au point de vue de la culture, que le Ngan-hoei. Dans la partie sud, la population est très dense. La province a la forme d'un quadrilatère entouré de tous côtés par des montagnes (le Yu-ling, le Nan-ling, le Nan-chan) et joignant au nord le Yang-tse sur une faible étendue. Le Kia-kiang la traverse tout entière du sud au nord et la divise en deux parties presque égales. Les nombreux affluents de cette rivière, qui se jette dans le lac Po-yang, contribuent à sa fertilité.

Revenons au Yang-tse-kiang.

En quittant la frontière du Kiang-si, il remonte dans le Hou-pé, la quatrième province de l'empire au point de vue de la culture et de la population. Sa capitale est OU-CHAN-FOU, bâtie sur la rive droite du fleuve, en face d'une autre grande ville (rive gauche) : HAN-KEOU *(bouches du Han).*

Le canal Tai-ping, alimenté par les lacs qui se trouvent à cet endroit sur la rive gauche du fleuve et par le Han, établit une relation entre Ou-chan-fou, Han-keou, Kin-tcheou-fou, et vient aboutir dans le Yang-tse-kiang, à Cha-tse. Ce canal évite de redescendre ou de remonter le fleuve par le nord du lac Tong-ting, ce qui est d'autant plus appréciable qu'il a un cours extrêmement sinueux dans cette contrée. Ou-chan-fou a une importance très grande; le commerce y est actif, moins cependant qu'à Han-keou. On évalue son étendue à 34 et même 36 kilomètres carrés. C'est dans cette région que se concentrent tous les produits du nord-est et du centre de la Chine.

Après Cha-tse, le fleuve remonte au nord-ouest; sa navigation devient moins facile à cause d'un *seuil* qui parfois n'a que deux mètres d'eau. Les gros bâtiments ne peuvent aller au delà de Y-TCHANG.

Le Han coule au pied des derniers contreforts de Ta-paling; mais il y a encore des collines dans l'est de la province; elles vont du sud-ouest au nord-est. Si la navigation des bateaux à vapeur s'arrête à Y-tchang, le commerce par jonques et par barques de moindre tirant d'eau se fait jusqu'à KAI-TCHEOU-FOU, sur la rive gauche du Yang-tse, dans le Su-tchuen.

Là se trouvent d'immenses champs de pavots qui fournissent aux Chinois, à moins de frais que l'Inde, le poison auquel ils renoncent si difficilement, et dont la consommation, en certaines villes, dépasse des *deux tiers* celle du riz !

Quelques Européens résident à Kai-tcheou-fou.

Nous voici donc dans le Su-tchuen, la province la plus vaste de l'empire, la plus pittoresque, l'une des mieux cultivées, et dont les produits sont les plus variés. Sa capitale, CHIN-TOU-FOU, n'est pas sur le Yang-tse, mais bien au centre de la province, à l'est, et non loin du Min-ho, dans une magnifique vallée entourée de montagnes, traversée par le Min, des rivières et des canaux.

Reclus, dans sa géographie, a dit de Chin-tou-fou qu'il est le *Paris* de la Chine, et les savants voyageurs qui ont visité le Su-tchuen assurent, en effet, que cette ville est la plus élégante, la mieux tenue de tout l'empire. Elle a des rapports commerciaux non seulement avec les provinces parcourues par le Yang-tse-kiang, mais encore avec le Thibet et le Kan-sou.

Au sud-ouest de Chin-tou-fou se trouve une ville de premier ordre, YA-TCHEOU-FOU, qui fournit au Thibet presque tout le thé en briques que consomme la population pauvre. C'est en même temps une position militaire importante.

En redescendant le Min, on rencontre KIA-TING-FOU au confluent du Min et de son affluent le *Ta-lou-ho*, place commerçante des plus importantes, qui est l'entrepôt des produits du Thibet et du nord de la Chine, tout comme Sou-tcheou-fou, sur la rive gauche du Yang-tse-kiang, au point de sa jonction avec le Min, est celui des produits du centre de l'empire et du Yun-nan.

Mais avant de rencontrer Sou-tcheou-fou, en remontant le Yang-tse-kiang, on trouve, après Koei-tcheou fou, la ville importante de FOU-TCHEOU sur la rive droite, au confluent du Ou-kiang, entrepôt de commerce de la province de Kouy-tcheou ; puis LI-MIN-FOU et CHOU-KIN-FOU, au confluent du Kio-ling, sur la rive gauche, marchés les plus importants du Su-tchuen (tabac, huile végétale, musc).

Ces deux villes sont séparées seulement par le Kio-ling. Les Anglais ont depuis dix ans un consul à Chou-kin-fou.

Peu après Sou-tcheou-fou, on trouve sur la rive droite LA-OUAN-TAN, à la jonction du *Ta-kouan-ho* et du Yang-tse-kiang. Cette ville est le port d'embarquement de la route du Su-tchuen au Yun-nan, qui va jusqu'à Yun-nan-fou, en passant par Tong-tchouen-fou, au sud-ouest du Kouy-tcheou.

En jetant un coup d'œil sur une carte de la Chine, on voit quel chemin considérable les produits de la riche province du Yun-nan doivent parcourir avant d'arriver à Chang-hai, et combien la route fluviale du Song-koi — nom donné à l'un des bras du fleuve Rouge et même au fleuve entier qui fera la richesse du Tonkin — facilitera le transit.

Le Yang-tse ne se remonte que très difficilement au delà de Louan-tan, et l'explorateur Blakiston dut s'arrêter à la ville voisine sur la rive gauche, *Ping-chan-hien*. Le grand fleuve coule ensuite à la frontière du Su-tchuen et du Kouy-tcheou.

Cette province, dont la capitale est Kouy-yang-fou, compte parmi les moins peuplées et les moins cultivées de l'empire ; mais elle est une des plus curieuses à étudier au point de vue des mœurs. Montagneuse, elle donne asile à des tribus de Miao-tse, qui ont été chassées de la province voisine, le Hou-nan. Ces tribus vivent d'une vie à part; elles refusent, en principe, toute obéissance aux mandarins chinois, cultivent les montagnes, élèvent des bestiaux, tissent et chassent, quand, poussées par la misère, elles ne se livrent pas au brigandage.

Les Chinois s'avancent dans la plaine à mesure que les sauvages remontent sur les hauteurs, mais les marécages du pays occasionnent des fièvres fréquentes. Ce sont les Chinois qui vont trouver les Miao-tse pour faire des échanges, car ces hommes fiers et rudes ne consentent pas volontiers à quitter leurs repaires. La terreur qu'inspirent ces *barbares* des montagnes est un des obstacles à la navigation régulière du Yang-tse au delà de Ping-chan-hien, car le fleuve pourrait être remonté plus haut dans des bateaux plats. Seulement le Yang-tse, longeant la partie du Kouy-tcheou habitée par les Miao-tse, les bateliers sont peu disposés à s'y risquer. Cependant ces *barbares* ont des qualités foncières, entre autres la franchise, qui manque aux Chinois.

Vient ensuite la province du YUN-NAN, capitale Yun-nan-fou, la plus riche peut-être de toute la Chine par ses métaux précieux. Ses mines de cuivre sont très remarquables. Elle est peut-être la moins bien cultivée. La guerre, la peste et la famine ont passé sur cette province. La guerre eut lieu contre les rebelles musulmans, dont le chef, après avoir fait sa soumission, est devenu un des plus courageux défenseurs du trône impérial. La peste et la famine sont nées de la guerre dans le haut Yun-nan, l'une causée sans doute par un grand nombre de cadavres enterrés à fleur de terre, et souvent même enterrés alors qu'ils étaient déjà en putréfaction ; l'autre, résultant de l'ensemble des événements malheureux qui privèrent la province d'une partie des travailleurs par lesquels se faisaient la culture et aussi l'exploitation de quelques mines, en un mot de ceux qui contribuaient par leurs efforts personnels à la richesse du pays.

Pour fuir le fléau, la population a émigré dans les autres contrées de la province, de préférence sur les montagnes, car la peste a respecté les lieux élevés.

La fièvre, le typhus et une autre maladie presque toujours mortelle, le *Ma-kio-onen* (peste qui paralyse les pieds), visitent trop souvent les habitants du Yun-nan.

Le fleuve Rouge, la grande artère du Tonkin, prend sa source dans les monts de cette province, près de Mong-hoa-fou, au sud de TA-LI-FOU. Située sur un haut plateau et en rive d'un grand lac, Ta-li-fou est une place militaire de premier ordre, dont l'importance tient à la fois aux défilés qui en protègent l'accès et aux travaux de défense qui ont été exécutés.

La capitale de la province, YUN-NAN-FOU, est ralliée au Yang-tse-kiang par la route commerciale qui emprunte le cours du Ta-kouan-ho et aboutit à La-ouan, au sud-est du Su-tchuen. Quant à la route du fleuve Rouge, considérablement plus courte que celle de Mékong, elle commence à faire régner au Yun-nan une ère de prospérité qui s'étendra au Tonkin.

La province méridionale du HOU-NAN n'est pas directement arrosée par le Yang-tse-kiang, qui effleure seulement sa pointe extrême nord-est, au-dessus de Yo-tcheou-fou ; mais elle appartient au bassin du grand fleuve. Sa capitale est TCHANG-CHA-FOU, sur la rive droite du *Siang*. Son enceinte murée est vaste. Elle produit des tuiles vernissées et du ciment. Au sud de la capitale et sur la même rive du Siang se trouve *Siang-t'an*, au centre de la partie la plus riche de la province, et l'une des plus grandes villes commerçantes. Elle sert d'intermédiaire entre les provinces du midi et celles du centre, tout comme une autre ville, située à l'ouest de la province, Tchang-te-fou, sur la rive droite du Yuen-kiang, près du grand lac Tong-ting, sert d'entrepôt aux produits du Kouy-tcheou et des régions habitées par les Miao-tse.

Le Hou-nan est montagneux ; sa végétation est très belle, mais ses montagnes sont en partie déboisées, chacun ayant pris dans les forêts le bois qui lui était nécessaire, sans qu'une sage réglementation des coupes ait sauvegardé l'avenir.

Le principal élément de la richesse de cette province est la houille.

Nous avons jusqu'ici nommé *quatorze* provinces. Il nous reste à faire mention de quatre autres, dont deux appartiennent au bassin du Si-kiang.

La province du Tche-kiang est une des plus restreintes de l'empire ; cependant elle tient le septième rang au point de vue de la culture. Son importance commerciale, qui est très grande, tient à sa position même, car le développement de ses côtes maritimes est considérable en proportion de son étendue totale.

Le Tche-kiang était autrefois traversé par un bras du Yang-tse, qui se déversait dans la mer par l'immense embouchure connue actuellement sous le nom de baie de Hang-tcheou, et dans laquelle se jette une rivière, le Tchen-tang. L'aspect de cette embouchure, abandonnée par le Yang-tse-kiang, n'a point l'aspect de celle qu'il a conservée au-dessus de Chang-hai.

C'est à l'entrée de la *bouche* que se trouve la capitale de la province, Hang-tcheou-fou, autrefois *King-tse* et capitale du royaume méridional. L'enthousiasme avec lequel Marco-Polo parla de cette ville, qu'il nomme *Quin-say*, fit penser qu'il suivait le caprice de son imagination. Cependant l'illustre franciscain Odorico de Pordenone et d'autres voyageurs dignes de foi représentèrent, eux aussi, cette ville comme la plus belle de toutes les cités.

Doit-on croire ce que ces voyageurs et missionnaires ont rapporté? Il n'y a vraiment pas de motifs sérieux de mettre en doute leurs récits. La *civilisation* chinoise ne date pas d'hier. Ces hommes ont devancé en tout — ou du moins dans les arts essentiels — le monde d'Occident. Si par les découvertes contemporaines nous sommes contraints de reconnaître la supériorité des antiques constructions des Egyptiens, comme aussi celle des monuments qu'on admirait à Babylone, pourquoi refuser d'admettre comme réelles des merveilles de l'ancienne *Quin-say* par cela seul que ces merveilles n'existent plus?

Les ruines qui sont aux environs de Hang-tcheou-fou témoignent d'ailleurs en faveur des récits de Marco-Polo, d'Odorico de Pordenone, et des voyageurs qui visitèrent ces contrées du XIIIe au XVe siècle. La ville est bâtie sur les bords du Si-hou, lac très beau, au travers duquel passe le canal Impérial. Ce lac aurait été, aux temps anciens, compris *dans l'enceinte* de Hang-tcheou-fou. On conçoit par ce seul fait qu'en lui donnant *cent milles* de tour, les voyageurs n'aient pas exagéré.

Vers le nord le lac est, en partie, divisé par une île qui a été rattachée à la rive est par un pont en marbre, à peu près à la hauteur de l'hôpital. Le camp des Mandchoux, avec son enceinte, occupe le milieu de la façade ouest qui regarde le lac. Le palais du vice-roi est au sud de la cité. L'ancienne demeure des rois (dynastie des *Song*) était au sud de ce palais, sur le bord de la rivière.

Telle qu'elle est aujourd'hui rebâtie après l'insurrection des Taï-ping, Hang-tcheou-fou est une belle cité à laquelle le lac, les maisons de campagne bâties sur ses rives, donnent un cachet tout particulier. En outre, la végétation y est remarquable.

Sa population est d'environ un million deux cent mille âmes.

La partie de la province du Tche-kiang qui s'étend entre le fleuve et la pointe du Ning-po est célèbre dans la Chine entière, non seulement pour ses canaux d'eau douce, mais encore et surtout à cause du magnifique viaduc qui va de *Chao-king* à *Tsin-hai*, au nord-est de Ning-po sur le littoral. Ce viaduc, dont parlent plusieurs explorateurs, entre autres Gobbod et Fauvel, a 144 kilomètres de long et se compose de 40,000 travées. On fait remonter sa construction à environ *onze siècles*. Pour qu'après onze cents ans ce viaduc soit encore en état de servir, il faut certes que les Chinois, par les soins desquels il a été construit, aient eu des connaissances fort étendues en architecture, et aussi qu'ils aient été habiles dans l'art d'extraire les pierres des montagnes et d'élever ces mêmes pierres à une grande hauteur.

Le Tche-kiang est divisé du sud-ouest au nord-est par le prolongement des montagnes qui limitent à l'est la province du Kiang-si.

La ville de Ning-po, dont le port est Tsin-hai, se trouve à l'extrémité septentrionale de ces monts que les Européens nomment les *monts Bleus*. Cité historique en même temps que savante, Ning-po jouit en outre d'une grande renommée dans tout l'empire, pour son climat et la fertilité des plaines qui l'environnent. Les annales rapportent que le vertueux empereur CHUN laboura des champs au sud-ouest de la ville, et comme rien en ce temps, ni par un tel prince, ne pouvait se faire de même manière qu'aujourd'hui, la légende dit que la charrue de Chun était traînée par un éléphant.

Au sud du Tche-kiang s'étend la province maritime du FO-KIEN, dont la capitale, *Fou-tcheou-fou*, sur le Min, est devenue célèbre depuis les opérations militaires et maritimes si brillantes de l'amiral Courbet.

A sa sortie du continent, le *Min* est divisé par l'île *Nan-tai*; il coule ensuite dans un lit relativement étroit avant d'arriver à

LA GRANDE MURAILLE

son embouchure proprement dite qui, elle aussi, est partagée par une île, celle de *Vou-fou*. La capitale, Fou-tcheou, est à 3 kilomètres du Min, et à 55 kilomètres de son embouchure. Mais son faubourg immédiat s'étend jusqu'à la rive du fleuve; un autre, grâce à un pont, couvre une grande partie de l'île Nan-tai, dont il porte le nom. Enfin, sur le fleuve et sur une de ses dérivations qui s'avance vers la cité murée, se trouve une autre ville flottante; c'est la ville des barques, dont la population, très variable, atteint parfois le chiffre de dix à quinze mille âmes.

Alignées, assemblées par quartiers, ayant entre elles leurs *rues d'eau*, ces grandes barques chinoises sont généralement toute la richesse des pêcheurs qui en font leur domicile. Pauvres gens! anciens occupants dépossédés du sol, méprisés par la société, ils se voient, en certaines contrées, — car il y en a sur tout le littoral, — refuser le droit de posséder un coin de terre. On dirait qu'ils ne doivent quitter les flots que pour aller dormir le dernier sommeil dans le champ de repos des pauvres, car ils ont généralement trop peu de fortune pour se donner le luxe de la sépulture de famille. Beaucoup même n'ont pas, à l'heure où la mort vient les surprendre, le cercueil si cher cependant à tout Chinois!

Cette population flottante et méprisée rend cependant de réels services sur le continent. Si, *en droit*, ces parias ne peuvent, même étant riches, quitter leurs barques et les flots, *en fait*, il en est souvent autrement. Ils servent comme porteurs de palanquins; ils exercent des industries considérées comme viles par les Chinois, telles que celles de barbiers ou de comédiens. En outre, comme tous les particuliers ne sont pas également rigoristes, ils sont, dans quelques villes, employés à titre d'intermédiaires par les commerçants étrangers ou chinois.

Ceux qui exercent ces fonctions savent, en peu de temps, se créer des ressources; ils s'établissent alors dans quelque région hospitalière. Lorsque pendant trois générations ils ont, à un titre quelconque, vécu à terre, leurs descendants sont considérés comme *régénérés*. Ils peuvent demeurer où bon leur semble et même se présenter aux examens, c'est-à-dire devenir *lettrés*, ce qui n'était pas possible à leurs ascendants.

L'entrée du cours du Min est obstruée par des pierres, des îlots, des sables, si bien que l'accès de Fou-tcheou est rendu souvent impossible aux navires et même aux jonques.

Son arsenal militaire, dirigé pendant plusieurs années par un Français, ancien officier de marine, M. Gicquel, est à la pointe du continent, en face de la courbe tracée par le fleuve, qui va se jeter dans la mer.

La position de la capitale de la province oblige donc le commerce à se diriger vers un autre port plus accessible, sans que cependant Fou-tcheou puisse être négligé, car il communique par le *Min* avec la région du *Thé noir*. C'est *Amoy* qui est le port le plus important du Fo-kien; il est non pas sur le continent, mais sur une petite île très rapprochée de la côte, comme il s'en trouve un grand nombre dans ces parages.

Les rivières du Fo-kien, comme celles du Tche-kiang, sont indépendantes du Yang-tse.

Quant aux deux provinces du Kouang-tong et du Kouang-sy, elles forment le bassin du Si-kiang, que nous allons rapidement examiner.

C. Le Si-kiang.

Le Si-kiang prend sa source dans le Yun-nan, où on le trouve, ainsi que dans une très faible partie du Kouy-tcheou, sous le nom de *Hong-choui*. Ses affluents principaux sont :

A gauche : le *Hoa*, le *Liou*, qui, soit par lui-même, soit par ses tributaires, sillonne toute la région nord-ouest du Kouang-sy et même une partie du Kouy-tcheou ; — le *Fou* ou *Kouy*, qui a sa source au cœur de la province et entoure la capitale Kouy-lin-fou ; — le *Pé*, au confluent duquel commence le delta du Si-kiang, et qui prend sa source dans les monts Nan-ling au sud du Kiang-sy, communique avec la grande artère fluviale de cette province, ce qui établit une relation directe entre Canton et le Yang-tse-kiang par le lac Po-yang.

A droite : le Nan-kiang, que l'on peut aussi considérer comme un bras secondaire du grand cours auquel il se joint en amont de Suen-tcheou. Le Nan-kiang a sa source à la frontière ouest du Yun-nan et du Kouang-sy : son principal tributaire, le *Tso-kiang,* naît à la frontière politique du Tonkin et du Kouang-sy. C'est après leur jonction que le Hong-chouikiang et le Nan-kiang, coulant dans un même lit, forment le Si-kiang proprement dit.

Les provinces du Kouang-sy et du Kouang-tong sont en outre sillonnées par un grand nombre de cours d'eau de peu d'étendue, mais qui rendent d'importants services au commerce intérieur, en même temps qu'ils facilitent la culture.

Dans le Kouang-sy, cependant, comme dans le Kouy-tcheou, l'activité de la population ne s'est pas portée vers la culture. Il faut que les Cantonais viennent l'exciter pour qu'elle sorte de son apathie.

La capitale du Kouang-sy est *Kouy-lin-fou,* élevée à l'entrée de la brèche du Nan-ling. Au sud de cette ville, le Kouy-kiang, et au nord un bras du Siang [1], sont reliés par un canal qui met en communication le sud et le centre de la Chine. Une autre voie existe à partir de *Pin-lo,* préfecture de la province, et rejoint le Siang.

Bien que la navigation soit difficile sur ces cours d'eau, leur importance est très grande.

Le commerce a son point central à Ou-tcheou-fou, ville considérable au confluent du Kouy et du Si-kiang. Les navires peuvent aisément remonter le fleuve jusqu'à ce point, qui est en même temps frontière des deux provinces du bassin. Là se fait un commerce actif; les produits du Kouang-tong et de l'étranger sont dirigés, soit sur le nord, par le Kouy, soit sur le Yun-nan, par le Si-kiang. Quant à

(1) Ce bras traverse le Hou-nan et se jette dans le lac Tong-Ting, qui communique avec le Yang-tse-kiang.

ceux du Yun-nan, du Kouy-tcheou, du Kouang-sy et même du Hou-nan, ils sont transportés à Canton.

Le Kouang-tong est bien cultivé, mais c'est particulièrement au point de vue industriel et commercial que cette province occupe un rang à part dans l'empire.

Sa capitale Canton (en chinois *Kouang-tcheou-fou)* est située dans le delta que forment le Si-kiang et le Pé-kiang. La vaste plaine d'alluvions qui s'étend tout autour, et qui peut être évaluée à sept ou huit mille kilomètres carrés, est coupée en tous sens par des bras de rivière ou canaux artificiels.

Les îles qui encombrent l'estuaire font que le fleuve se jette dans la mer par plusieurs issues. On distingue l'estuaire de Canton des bouches proprement dites du Si-kiang, dont il est séparé par des îles. Le bras qui passe à Canton s'appelle rivière de Canton ou *rivière des Perles*, et cela non à cause de la présence d'huîtres perlières : c'est un point de défense, le *Hai-tcheou, perle de la mer*, qui lui a valu cette dénomination.

Les bateaux de fort tonnage s'arrêtent à *Hoang-pou*, en aval de Canton.

La ville capitale peut plaire ou déplaire aux étrangers : c'est là une question d'appréciation personnelle. Mais on ne peut lui refuser un aspect très pittoresque.

Ville chinoise et très ancienne, autrefois même capitale d'un royaume distinct, et l'une des cités qui ont accepté avec le moins de résignation la domination des Tartares, Canton aime assez à faire preuve d'une indépendance relative. Les hauts fonctionnaires de la province ne s'inspirent réellement que des désirs de la Cour. Mais parfois le gouvernement, par mesure politique, doit les désavouer. Il le fit notamment après la capture des matelots anglais, alors que le port était déjà ouvert au commerce européen. Il le fit aussi en d'autres circonstances, particulièrement à l'occasion d'hostilités contre les chrétiens. Après le désaveu, il ne reste que le *fait*, mais ce *fait* vient à l'appui de la mauvaise réputation des Cantonais.

Il est probable que réellement une partie de la population mérite le renom défavorable qui lui est échu. Comment en serait-il autrement? Il y a, en effet, un peuple flottant de près de *cent mille* âmes sur les cours d'eau; à cette population il faut joindre les *pirates*, qui trouvent un asile sûr dans les îles de l'estuaire, autour de Macao et de Hong-kong, et qui peuvent compter, — ils le croient du moins, — sur l'appui des intermédiaires du commerce clandestin alimenté par la contrebande et le vol.

Cependant Canton a une cathédrale catholique. Mgr Guillemin acheta au centre de la ville un vaste terrain. C'est là qu'à grands frais, mais avec l'espoir que Dieu bénirait son œuvre, le prélat fit construire une église en granit, dans le style de l'église Sainte-Clotilde à Paris, et avec deux tours gothiques. Sur ce même terrain s'élèvent, au milieu de jardins fort beaux, les bâtiments de la mission, de la Sainte-Enfance et du collège.

Les derniers événements ont eu un terrible contre-coup sur les chrétiens de Canton : leurs biens ont été pillés, leurs maisons incendiées. Mais les Chinois ont respecté la cathédrale, qui *orne la ville*. Ces mêmes événements ont eu pour effet de doter l'estuaire et la côte de travaux de défense considérables. Le gouvernement chinois a fait en outre acquisition de petites canonnières à vapeur pouvant remonter les fleuves et qui lui seraient d'un secours très grand en cas d'attaque de la ville. Les obstacles ne manquent pas dans ces parages et rendraient la défense facile.

Pour arriver jusqu'à Canton, — et, avant, jusqu'à Houang-pou, — il faut passer par ce que les Chinois nomment *Hou-men*, c'est-à-dire la porte du tigre. Ce passage, très resserré, est formé par deux rochers se reliant au continent par des ramifications sous-marines.

La température de Canton est très élevée pendant six mois de l'année; mais elle s'abaisse sensiblement en automne et, pendant l'hiver, il y a des gelées.

Les hautes murailles de la ville disparaissent en quelque

sorte derrière les habitations innombrables construites contre les remparts.

Canton occupe le premier rang parmi les villes d'industrie ; sa population intelligente et active excelle dans l'art de la sculpture sur bois, sur ivoire, et dans la ciselure des métaux. Les laques, les broderies et les soies de Canton sont renommées dans tout l'empire. Les industriels savent même utiliser les produits similaires de ceux de leurs contrées qu'ils trouvent à de bonnes conditions, au Tonkin par exemple, et qu'ils revendent plus cher en les mêlant aux leurs ou en les faisant passer pour originaires de Chine. Ce trafic se fait surtout avec les vernis et certaines soies du Tonkin.

Un des plus grands marchés de l'empire se trouve vis-à-vis de Canton, dans une île du Delta : c'est *Fou-chan*, ville ouverte, dont le commerce est le même que celui de la capitale de la province de Kouang-tong.

Au nord de Canton et sur le littoral, à huit kilomètres de la mer, se trouve la ville de *Soua-tcheou*, nommée aussi *Chau-chau*, nom que les Anglais écrivent *Swateu*. Son importance commerciale est due à la position qu'elle occupe à l'embouchure du *Han*, petit fleuve qui prend sa source au sud-ouest du Fo-kien, dans les monts *Yu-ling*.

Nous avons terminé l'exposé succinct de la division de l'empire.

En résumé :

I. Les deux plus grands fleuves de Chine sont : le HOANG-HO, *fleuve Jaune*, et le YANG-TSE-KIANG, improprement nommé *fleuve Bleu*.

En outre, le Si-kiang au sud et le Pei-ho au nord sont indépendants des deux premiers.

Leurs principaux tributaires sont :

Pour le Hoang-ho : le *Wei* et le *Fuen ;*

Pour le Yang-tse : le *Min*, le *Kia-ling*, le *Han*, le *Ta-kouan-ho*, le *Ou-kiang ;* puis le *Yuen*, le *Siang*, le *Tchang* et le *Kia* communiquent indirectement avec lui par les lacs *Tong-ting* et *Po-tang*.

II. Le prolongement de la grande chaîne thibétaine du Bayan-khara sous le nom de TA-PA-LING et la chaîne parallèle du PE-LING sont les grandes lignes de séparation des bassins du Hoang-ho et du Yang-tse.

Le premier de ces bassins est limité au nord par l'IN-CHAN-GARJAN (dans la Mongolie). A l'est comme à l'ouest il est borné par une ramification de ces monts se dirigeant du nord au sud.

Le bassin du Yang-tse a pour limites ouest les SNOWY; — au sud, les monts du sud NAN-LING et NAN-CHAN; — à l'est, le YU LING.

Quant au bassin du Si-kiang, il est limité au nord par les monts du sud, par d'autres qui portent généralement le nom de You-ling, et par les ramifications des monts du Yun-nan.

III. Le Hoang-ho arrose *six* provinces :

1° Le KAN-SOU, capitale *Lan-tcheou-fou;*

2° Le CHEN-SY, capitale *Sni-gan-fou;*

3° Le CHAN-SY, capitale *Tai-yuan-fou;*

4° Le HO-NAN, capitale *Kai-fong-fou;*

5° Le TCHÉ-LY, capitale *Pé-kin*, siège du gouvernement de l'empire;

6° Le CHAN-TONG, capitale *Tsi-nan-fou*.

IV. Le Yang-tse-kiang arrose *sept* provinces :

1° Le YUN-NAN, capitale *Yun-nan-fou;*

2° Le SU-TCHUEN, capitale *Chin-tou-fou;*

3° Le KOUY-TCHEOU, capitale *Kouy-yang-fou;*

4° Le HOU-PÉ, capitale *Ou-chan-fou;*

5° Le KIANG-SY, capitale *Nan-tchang-fou;*

6° Le NGAN-HOEI, capitale *Ngan-kin-fou;*

7° Le KIANG-SOU, capitale *Nan-kin*.

A ces sept provinces il faut en ajouter une huitième, le

Hou-nan, capitale *Tchang-cha-fou*, qui est seulement effleuré par le Yang-tse-kiang.

V. Deux provinces maritimes :
1° Le Tche-kiang, capitale *Hang-tcheou-fou ;*
2° Le Fo-kien, capitale Fou-tcheou-fou.
Ces deux provinces ne sont pas arrosées par le Yang et possèdent des cours d'eau indépendants.

VI. Le Si-kiang arrose *deux* provinces :
1° Le Kouang-tong, capitale *Canton ;*
2° Le Kouang-si, capitale *Kouy-lin-fou.*

Il importe de noter que souvent la division de la Chine est indiquée autrement que nous l'avons fait, surtout dans les récits des missionnaires. Cela tient à ce qu'autrefois on ne comptait que *quinze* provinces, par suite de la réunion de six provinces en *trois.*

L'usage de ces anciennes dénominations s'est perpétué, et les auteurs chinois eux-mêmes les emploient quelquefois. Alors le nom de ces six grandes régions se trouve modifié de la manière suivante :

Le Kiang-sou et le Ngan-hoei	forment le Kiang-nan.
Le Hou-nan et le Hou-pé	forment le Hou-kouang.
Le Chan-sy et le Kan-sou	forment le Chan-kan.

IV.

Littoral de la Chine. — Villes ouvertes au commerce étranger.

Le premier port important de la Chine méridionale est celui de Pa-koï, dans le golfe qui s'étend, au nord du golfe du Tonkin proprement dit, jusqu'au cap *Vung-chua*, en face de la pointe de l'île d'Hai-nan. La proximité de Pa-koï et du Tonkin a longtemps facilité aux pirates le trafic humain, qui est une branche de leur honnête *négoce*.

Assaillis à l'improviste dans leurs villages, les malheureux Annamites, n'ayant pour se défendre que des piques de bambou durci au feu ou des lances en bois, étaient tués sur place ou liés et transportés sur des jonques. Les pirates pillaient leurs demeures, incendiaient le village, puis conduisaient leurs victimes à Pa-koï, où ils savaient pouvoir les vendre. Si l'occupation du Tonkin par la France et l'ouverture de Pa-koï au commerce étranger n'ont pas mis complètement fin à ces exploits, elles en ont du moins rendu l'exécution plus difficile et, par suite, en éloignent le renouvellement.

Au sud de la péninsule de Lien-tcheou, qui appartient à la province de Kouang-tong, se trouve l'île Hai-nan (*sud de la mer*), séparée du continent par un canal large d'environ vingt kilomètres, peu profond (10 à 25 mètres), *Hai-nan-strait*, disent les Anglais. Ce chenal est nommé par les Chinois le *canal des jonques* ou la *bouche de la mer* (*Hai-keou*), du nom d'un port. Aussi les navires qui ne vont pas dans le golfe du Tonkin ou qui n'en viennent pas, passent de préférence au large d'Hai-nan, à cause des difficultés qu'on rencontre dans ses parages.

Cependant sa capitale, *Kiang-tcheou-fou*, et son port *Hai-keou*, qui se trouve à l'entrée septentrionale du canal, sont ouverts au commerce étranger. Le port, peu profond, ne peut recevoir les gros navires; ils mouillent près de la côte, à cinq kilomètres de là environ.

L'île est riche en métaux précieux; ses montagnes ne sont pas encore déboisées. On doit souhaiter en Chine que les habitants d'Hai-nan exploitent par des coupes réglées ces magnifiques forêts de bois de construction et de bois précieux. Les Anglais viennent acheter divers produits de l'île, entre autres des animaux comestibles, avec lesquels ils ravitaillent Hong-kong.

Le commerce chinois est très actif entre Hai-keou et le port de Hong-ham sur la péninsule de Lien-tcheou.

Les côtes de Chine sont bordées par une multitude d'îles en général peu importantes, à peine indiquées sur les cartes de géographie, encore si incomplètes. Les Chinois ont su utiliser celles qui pouvaient leur fournir quelques ressources, et les pirates les connaissent toutes.

En remontant vers le nord, on trouve dans la mer de Chine plusieurs ports non ouverts au commerce étranger, n'ayant par conséquent qu'une importance secondaire qu'ils doivent à leur position sur des cours d'eau côtiers. Tels sont, par exemple, *Ou-chouen* et *Kong-hai* avant Canton.

Canton, dont nous avons déjà parlé, est ouvert au commerce général. Deux colonies étrangères sont établies à l'entrée de l'estuaire sur deux îles qui se font vis-à-vis : *Macao* et *Hong-kong*.

Macao a été, pendant plus de trois siècles, l'unique centre du commerce qui se faisait entre l'Europe et la Chine. Les Portugais y sont fixés avec le titre de locataires, ou du moins ils paient à l'empire une redevance dont, au siècle dernier, l'empereur Kang-hi a fixé le chiffre à 500 taëls (environ 4,000 fr.). Cette redevance annuelle sauve le principe de *non-abandon* de territoire. Un usage séculaire défend au prince de céder la moindre parcelle de l'empire. La sanction de cette obligation est la privation de sépulture royale.

Kang-hi se sentait assez fort pour refuser d'abandonner

la propriété de Macao. Mais les événements du XIXe siècle ont forcé les souverains de la Chine à s'écarter parfois de la stricte observance de cette règle, et c'est particulièrement au profit des Anglais qu'ont été faites d'importantes concessions.

Au point de vue commercial, Macao n'a plus l'importance des siècles derniers ; mais sa capitale est la ville du jeu par excellence. La fièvre du jeu, qui tue aussi sûrement que celle des bois et des marais, quand on n'y trouve un prompt remède, cette fièvre est la grande ressource pécuniaire de la colonie portugaise : elle ruine les malheureux dont elle se saisit.... mais elle enrichit les fermiers et l'Etat.

Malgré ce fléau, — peut-être, hélas ! *à cause de lui*, — Macao est très visité aussi bien par les Chinois que par les étrangers de Hong-kong et les voyageurs de passage. Les bâtiments qui font le courrier régulier d'Aden à Chang-hai ne s'arrêtent pas à Macao ; ils ne vont pas non plus jusqu'à Canton : l'escale se fait à Hong-kong pendant quarante-huit heures.

Hong-kong s'appelle de son vrai nom *Hiang-kiang, fleuve de parfums*, dénomination bien méritée, car on se trouve, dans cette île, au milieu d'une atmosphère tout imprégnée de suaves émanations. Cependant la flore de Hong-kong n'est pas une flore spontanée ; sa végétation n'a pas le même caractère que celle de Ceylan ou de Singapour, ni même que celle de la Cochinchine française.

Le travail de l'homme, puissamment favorisé par la nature, a fait de Hong-kong un des joyaux de l'Angleterre, qui la possède depuis 1842. Sa capitale, Victoria, sur le versant ouest de l'île, a une belle rade dans le détroit de deux kilomètres qui sépare Hong-kong du continent. Les Chinois, sachant fort bien apprécier le confort des Occidentaux, vivent volontiers dans l'île anglaise, sinon toujours, du moins pendant quelques mois de l'année.

Le commerce local est entre les mains des Chinois de Hong-kong ; partout où ils se trouvent, d'ailleurs, les Chinois ont ce monopole. C'est donc par les commerçants que se trouve constituée la classe la plus nombreuses des fils de Han. D'autres en nombre plus restreint habitent comme locataires, — et même comme propriétaires, — des maisons, des palais véritables, construits par les Anglais.

Le port ouvert au commerce européen après Hong-kong est Soua-teou, dans le Kouang-tong ; puis Amoy (*Hia-men*) et Fou-tcheou-fou, dans le Fo-kien.

En face des côtes du Fo-kien est située l'île Formose, *Taiouan.*

Dans le détroit qui la sépare du continent sont les îles Pescadores, *Pang-hou*, nommées *Iles des pêcheurs* par les étrangers.

Au XVIIe siècle, les Japonais qui occupaient l'île de Formose se retirèrent. Les Hollandais s'y établirent vers 1640.

Environ vingt ans plus tard, un grand pirate, *Tchin-tchinkong*, le *Coxinga* des Européens, s'empara de l'île et la donna aux Chinois, qui s'implantèrent dans le versant faisant face au continent ; l'autre partie resta en la possession des premiers occupants, dont l'origine n'a encore rien de précis.

Les Chinois s'adjoignirent, dit-on, comme auxiliaires, bon nombre de tigres, auxquels ils donnèrent généreusement droit de suzeraineté sur le territoire occupé par les indigènes. Nous sommes assez porté à croire que cette légende n'a rien de fondé.

Ce n'est pas qu'un tel stratagème n'ait pu être inventé par les conquérants de Formose ! Mais nous croyons qu'il y avait des tigres dans l'île avant la victoire de Coxinga. En outre, pour bien dressés que soient des tigres, la rectitude de leurs intentions n'a jamais encore été considérée comme certaine; ils auraient donc pu, par malice ou par inadvertance, sortir des limites qu'on leur traçait, se tromper de victimes, et devenir dangereux pour les Chinois aussi bien que pour les indigènes.

Ne chargeons donc pas les Chinois de tous les méfaits des tigres des montagnes de Formose. La présence des félins dans l'île peut s'expliquer sans l'intervention des conquérants : ou bien, pendant une tourmente terrible, les tigres ont fui le continent et, grâce aux récifs, aux îlots, ont atteint Formose ; ou bien ils se trouvaient dans cette région à l'époque où quelque grand bouleversement, tel que le monde en subit parfois, a fait une *île* de Formose.

Quoi qu'il en soit, la renommée a fait des indigènes les émules des tigres au point de vue de la cruauté. Si leurs mœurs ne devaient pas s'humaniser, mieux vaudrait certainement qu'ils disparaissent. Cependant on reconnaît qu'en général ils n'exercent leur cruauté qu'envers les hommes en qui ces malheureux sauvages voient des ennemis, les Chinois par exemple.

Les étrangers leur fournissent des liqueurs fortes et de l'opium, et font ainsi autant de victime que les tigres.

Les ports de Formose sur le littoral chinois sont d'un accès difficile, périlleux, souvent même impossible, et cela à cause des sables et des récifs. Le meilleur est, au nord, TAMSUI. D'anciens travaux élevés par les Hollandais, conservés par les Chinois, en défendent l'entrée. Au nord aussi se trouve KÉLUNG, au fond d'un havre formé par des rochers saillants et découpés qui aideraient puissamment à la défense de la ville, si les forts y étaient plus nombreux et les feux bien dirigés.

La capitale de Formose est TAI-OUAN. Elle a conservé le nom de l'île entière. C'est une ville chinoise bâtie au sud de la côte ouest. Plus bas encore est le port de TA-KOU et, tout à fait au sud, celui de LOUNG-KIAO.

Quatre ports de Formose sont ouverts au commerce étranger. Ce sont : Ta-kou, Tai-ouan, Tan-choui et Kélung.

La province de Tché-kiang, au nord du Fo-kien, a deux ports *ouverts* : WIN-TCHEOU et NING-PO.

En face Ning-po et à l'entrée de la baie de Hong-tcheou se trouve l'archipel dit de CHUSAN. L'île principale de ce groupe, nommée en chinois *Tcheou-chan* (*mont des navires*), a pour capitale Ting-hai (*mer calme*). Au siècle dernier, les Anglais s'étaient établis dans cette île ; ils durent la rendre à la Chine. Ils s'en emparèrent à nouveau en 1840 et la rendirent encore en 1846.

Tcheou-chan peut, à bon droit, être l'objet de la convoitise des étrangers ; car elle semble la plus belle, la plus fertile, de toutes les îles éparses près des côtes de Chine, ou du moins elle est au premier rang entre les plus enviables.

Les Chusan sont reliées au continent par des rochers sous-marins qui se prolongent très avant dans la direction du nord-est, et auxquels les montagnes du Japon ne doivent pas être étrangères.

Après Ning-po, le premier port ouvert est Chang-hai ; puis, en remontant le cours du Yang-tse-kiang, on rencontre six villes ouvertes, qui sont :

Sur la *rive gauche* du fleuve : Choung-kin-fou ; Y-tchang ; Han-keou ; Chin-kiang.

Sur la *rive droite* : Kiou-kiang et Wo-hou.

Après les bouches du Yang-tse, tous les ports sont fermés jusqu'à Tché-fou dans le Chan-tong, un peu avant l'entrée du Tché-ly.

Dans la province du Tché-ly, le port de Tien-tsin est ouvert. C'est dans cette ville que résident le plus souvent les chefs de la diplomatie étrangère, parce qu'ils y sont, mieux qu'à Pé-kin, en rapports réguliers et faciles avec les gouvernements qui les accréditent auprès de la Cour de Chine.

Enfin, c'est dans la nouvelle province du Leao-tong, au nord du golfe du Tché-ly, dans le golfe du Leao-tong qui lui fait suite, que se trouve le port de Yin-koa. A l'intérieur on rencontre la ville de Niu-tchouang. Tels sont les centres les plus reculés où puisse se faire le commerce étranger.

En comptant Macao et Hong-kong, les stations commerciales de Chine sont au nombre de *vingt-six*.

Jusqu'ici, de toutes les nations, la France est celle qui a le moins profité des avantages résultant, pour le commerce, de l'ouverture des ports aux navires étrangers et de la liberté du trafic.

On peut s'en attrister, mais on ne doit pas s'en étonner, puisque, au Tonkin même, la France s'est laissé devancer par les Chinois, les Anglais, les Américains, les Allemands, les Italiens, etc.

Grâce à la torpeur de notre industrie privée, à ses craintes — légitimes peut-être! — à ses hésitations, les sacrifices de la Mère Patrie profitent surtout aux étrangers : la gloire est pour nous.... pour eux le profit.

Il en sera ainsi tant que l'activité *privée* de la Nation ne se réveillera pas; tant que la masse du peuple, abreuvée d'études théoriques, aura pour objectif les *places* données par le gouvernement, accordées, il est vrai, à la suite de concours, mais à un nombre d'élus relativement restreint, si on le compare à celui des candidats, qui devient de plus en plus considérable.

Du petit au grand, chacun, en France, recherche *un nid tout fait*.... on hésite à s'en construire un!

V.

Population de la Chine.

Depuis longtemps déjà, l'origine des Chinois a fait l'objet d'études et de recherches sérieuses.

Que les savants ne soient pas d'accord sur ce point, comme sur tant d'autres, cela n'a rien qui doive étonner. Mais il faut avouer que sur la question de l'origine des peuples de la Chine, la critique des diverses solutions proposées est beaucoup plus facile que l'adoption de l'une d'elles, parce que des arguments sérieux sont donnés à l'appui de plusieurs.

Pour ramener ce problème à son point de départ, nous

dirons seulement que deux grandes opinions ont été émises et se partagent à peu près tous les avis : l'une, proposée par de Guignes, d'après laquelle les Chinois seraient issus des Egyptiens; l'autre, plus généralement admise en Europe, qui voit dans les Chinois les membres de colonies venues de la Chaldée et de la Mésopotamie.

L'opinion de de Guignes a été combattue, non sans raison, parce que les Chinois semblent avoir une origine plus ancienne que les Egyptiens. Mais peut-être ce savant était-il très près de la vérité, car il se pourrait que les Chinois fussent des *Chamites*. Quelques points de ressemblance physique entre eux et les Coptes permettent de le croire, et plus encore, les très anciennes momies appartenant aux groupes issus de la branche de Cham frappent les chercheurs. Peut-être en outre serait-il possible d'établir réellement une analogie prouvant unité d'origine, entre l'ancienne écriture copte et l'ancienne écriture chinoise.

Malgré cela, et sans doute parce que les études spéciales n'ont pas reçu toute l'extension qu'elles comportent, la majorité des auteurs s'est ralliée — avec des nuances de détails plutôt qu'une divergence quant au fond, — à l'opinion qui fait des Chinois des membres de la famille sémitique.

Les Chinois, quelle que soit leur origine, ne sont pas les premiers occupants de la Chine. Ils ont trouvé, lors de leur émigration, des tribus déjà établies, qui se sont perpétuées en gardant leur caractère, leurs mœurs, et même leur type physique. Les Chinois frappent toutes ces tribus d'une même réprobation, en les nommant *Miao-tse, barbares, sauvages.*

Ces barbares sont au nombre d'environ *dix-huit millions,* cantonnés dans la Chine méridionale, refoulés sans cesse des plaines dans les montagnes.

A quelle époque remonte l'envahissement de la Chine par le peuple aux *cent noms?* Il n'est pas plus aisé de fixer la date de leur venue que de déterminer exactement leur origine. A vrai dire, les deux questions sont sœurs, et quand l'une aura été résolue, l'autre aussi sera bien près de l'être.

Mais, dira-t-on, quelle est sur ce point l'opinion des Chinois?

Les Chinois se désintéressent généralement des recherches qui pourraient les conduire, eux, plus facilement que les étrangers, à la découverte de la vérité. Les investigations, pour être fructueuses, devraient, en effet, avoir lieu en Chine.

Par nature, le Chinois est positif; par goût, il se plaît aux études littéraires, qui sont une distraction. Les patients travaux dont le résultat doit être sans utilité pratique ne l'attirent pas. Ils existent, — il le sait, — cela lui suffit. Peu lui importe d'où ils viennent, et à quel siècle remonte l'établissement de leurs aïeux dans l'empire.

Cependant les Chinois ont une opinion très arrêtée sur la *haute* antiquité de leur race. Cette antiquité remonte, d'après eux, si loin dans les âges, qu'à nous en tenir aux dates généralement acceptées sur l'origine et les grands événements du monde, les Chinois seraient plus vieux que.... la terre.

On le voit, le champ est vaste! On peut chercher, fixer une limite, puis reculer cette limite; aller si l'on veut jusqu'au chiffre de *dix-neuf mille ans*, comme le croit Schlegel, remonter plus haut encore, avec certains mythologistes chinois....

Le domaine du merveilleux n'a point de bornes, et c'est dans ce domaine qu'on se meut avec les mythologistes, — aussi bien avec ceux de Grèce et de Rome qu'avec ceux de la Chine.

Les historiens chinois les plus graves ne vont pas jusqu'à attribuer à leurs compatriotes *une histoire*, par suite une origine aussi ancienne. Le premier chef chinois sur lequel la légende donne des détails paraissant mériter de fixer l'attention est *Fou-hy*, qui aurait régné en 2852 avant Jésus-Christ et pendant *cent quinze ans*.

On voit qu'en ce temps, comme au temps des patriarches bibliques, la vie humaine était plus longue qu'elle ne l'est aujourd'hui!

Les besoins factices que l'homme s'est créés, l'usage immodéré de tous les biens que Dieu lui a prêtés, ont-ils diminué, par l'effet d'un châtiment, la durée du merveilleux mécanisme qui est notre corps? Ou bien, dans sa sagesse, Dieu a-t-il voulu seulement réduire le temps d'exil et d'épreuve qu'il impose à chacun de nous? La Providence a-t-elle estimé que les progrès accomplis permettent à qui le veut de dépenser autant d'activité pour le bien en un an, qu'autrefois en deux, en trois ou en quatre ans?....

Mystérieuse question qu'il serait puéril de chercher à résoudre, mais dont il ne faut pas croire trouver la solution en niant la longévité des premiers hommes.

Cette longévité répondait à un impérieux besoin : sans elle le peuplement du monde n'aurait pu se faire dans le délai au cours duquel il s'est accompli. Nier que l'existence de nos pères ait été plus longue que celle qui nous est accordée, ce serait du même coup attaquer par la base le principe d'unité d'origine pour tous les hommes, unité que la religion révèle et que la science affirme.

L'empire chinois n'eut pas tout d'abord l'étendue qu'il a aujourd'hui, même en ne considérant que la Chine proprement dite, abstraction faite des trois provinces que la dynastie tartare lui a jointes. Cependant les colonies primitives obéissaient à un seul chef, étaient constituées en une *société* et, même aux époques de troubles politiques, après l'accroissement du peuple, après la division de l'Etat en divers royaumes vassaux, — plus ou moins fidèles au gouvernement central, — cette unité de société persista.

Le titre de *peuple aux cent noms*, peuple des *cent familles*, pris par les Chinois dans les documents les plus anciens, est une preuve de cette unité. Le titre de peuple *aux cent noms* se trouve aujourd'hui encore, nous l'avons dit, employé pour désigner les habitants de l'empire, bien que, par suite du grand accroissement de la population, le chiffre des familles distinctes par leur nom (*sin*) ait été quintuplé. C'était donc bien *un peuple* qui s'établissait en Chine; et si, par leur nombre, les émigrants ne répondaient pas à l'idée qu'on doit se faire d'une nation, ils possédaient du moins tous les éléments d'une société politique qui allait rapidement se développer, jeter des racines profondes dans un sol nouveau.

Elle devait dépasser par son extension les limites qu'atteignirent, au cours des siècles, les plus grandes, les plus puissantes sociétés.

Il y a, en effet, cette différence entre l'empire médo-persique, l'empire d'Assyrie, l'empire grec, l'empire romain.... et l'empire chinois, que celui-ci seul possède l'*unité;* que seul il a su se développer sans avoir recours à l'élément étranger; que seul il a trouvé en soi la force vitale nécessaire pour se maintenir durant des siècles au rang qu'il a su gagner.

Les épreuves, cependant, n'ont pas manqué aux Chinois!

En outre des convulsions internes que supporta l'empire au cours de son développement, il eut à triompher de divers dangers extérieurs. Le plus grand, celui contre lequel il lutta plus de vingt siècles, avec une fortune inégale, lui vint du peuple tartare.

Tantôt sous la forme de guerre ouverte, sur des champs de bataille où s'entre-choquèrent de grandes armées; tantôt par des incursions subites, rapides, éphémères dans leur durée, fréquemment répétées, les Tartares furent en quelque sorte les *ennemis-nés* des Chinois. C'est contre eux que fut bâtie la grande muraille.

Un jour enfin la révolution fit le jeu de l'ennemi.

Pour triompher d'une terrible rébellion, le général chinois qui défendait les droits de la dynastie nationale demanda aide et assistance aux Tartares.... Ils vinrent et ne partirent plus.

C'était en 1644. Depuis, la dynastie tartare des TA-TSIN, *grande clarté*, a conservé le pouvoir.

Les incursions des Tartares tenaient, en partie, au caractère ardent et rude de ces hommes du Nord, en partie à la position géographique de leurs possessions : ils avaient, pour se développer et subsister en tant que nation, le devoir social d'agrandir leur champ d'action. Ils dirigèrent leurs efforts vers la Chine parce que, de bonne heure, ils comprirent la supériorité de cette contrée sur les autres régions de l'extrême Orient. Et leur conquête a fait cesser une ère toute d'inquiétude pour les Chinois, toute d'agitation pour eux-mêmes.

L'unité s'est faite entre les deux peuples; elle s'est faite graduellement, non sans quelque résistance, il est vrai, mais enfin complète au point de vue politique : il n'y a plus ni vainqueurs ni vaincus, mais bien *un peuple.*

C'est depuis la domination des Tartares Mandchoux, au XVIIe siècle, que les Chinois portent la longue natte de cheveux à laquelle ils tiennent maintenant comme si leur honneur y était attaché. Et cependant, beaucoup parmi eux, lorsqu'elle fut imposée, préférèrent mourir que de consentir à porter ce qu'ils considéraient comme le signe d'une honteuse servitude, parce que ce nouvel arrangement des cheveux oblige à raser entièrement la tête, sauf le sommet du crâne.

A part ce changement dans la coiffure, les Tartares n'imposèrent aux Chinois aucune modification soit dans leur vie extérieure, soit dans leurs croyances. Ce furent, au contraire, les Tartares qui adoptèrent en partie les coutumes chinoises, et leur prince devint le *père-mère* du peuple entier.

La dynastie des Ta-tsin a produit plusieurs empereurs du plus haut mérite, auxquels la Chine fut redevable d'une ère de prospérité durable. Il y eut ensuite, comme cela arrive généralement, un temps d'arrêt dans la succession d'hommes de génie.

Vers le milieu de ce siècle, le pouvoir fut tenu par des mains peu fermes, et les mécontents, les déclassés, les hommes qui aiment « à pêcher en eau trouble, » comme a dit la Bruyère, crurent le moment bien choisi pour lever l'étendard de la révolte.

L'insurrection, plus ou moins intense, menaça la société et le trône pendant *vingt-quatre ans!* Elle céda enfin.

La mort, elle aussi, semblait vouloir l'anéantissement de la dynastie tartare; elle fit par ses coups redoublés tomber les rênes de l'empire entre les mains d'une impératrice régente.

On put croire que la direction de l'Etat pendant la longue minorité du souverain serait une charge au-dessus des forces d'une femme. Mais cette femme qui, en un jour de deuil, avait par son dévouement sauvé le trône, cette femme dont l'énergie évita au peuple les douleurs d'une révolution, trouva dans son patriotisme ardent et dans son amour quasi maternel la force de résister à toute concession politique qui l'eût entraînée hors de la voie qu'elle s'était tracée.

Soutenue par le régent, souvent aussi aidée par le prince Kong, entourée d'hommes pleins d'énergie et de dévouement, — chose rare en Orient! — l'impératrice a pu mener à bien la mission qu'elle s'était donnée; le prince a pris la direction des affaires en 1887.

Tout permet de croire que le nouvel empereur, sans oublier les traditions de race auxquelles il doit être attaché, saura marcher dans la voie du progrès, qui désormais s'impose à l'Orient.

S'il devait marcher seul dans cette voie, les inquiétudes du catholicisme et de la diplomatie prendraient bientôt fin. Mais il doit entraîner à sa suite toute une pléiade de hauts fonctionnaires, dont un bon nombre ont été souvent hostiles aux Européens.

Puisse le souverain, si jeune encore, avoir la volonté du bien et la force d'imposer cette volonté!

Le chapitre que nous terminons ici était, malgré ses développements un peu arides, indispensable et s'imposait avant tout autre : ne fallait-il pas décrire la scène sur laquelle nous allons voir les Chinois vivre, agir, mourir?

Etranges par leurs mœurs, dans lesquelles se heurtent souvent de nobles vertus et de regrettables défauts, ces hommes ont bien une *civilisation* qui, pour différer de la civilisation chrétienne, n'en est pas moins en progrès réel sur le paganisme moderne des autres peuples encore éloignés des lumières de la foi. Et si, pour ne point blesser la vérité, nous avons à noter bien des travers d'esprit, nous aurons aussi, pour rester narrateur fidèle, à signaler bon nombre de vertus et d'heureuses institutions.

CHAPITRE II.

I. CROYANCES DES CHINOIS. — II. LES DEVOIRS PRIVÉS, D'APRÈS CONFUCIUS. PHYSIONOMIE DE LA FAMILLE. — III. LES DEVOIRS PUBLICS EN THÉORIE. PHYSIONOMIE DE L'ÉTAT. — IV. THÉATRE DE LA VIE RÉELLE PRIVÉE. — V. LA VIE PRIVÉE. — VI. VIE PUBLIQUE RÉELLE.

I.

Le Chinois est dans la société humaine comme un être à part : *il est lui*. Ceci n'est pas une critique, mais seulement l'expression de longues observations qui toutes peuvent se formuler ainsi.

Le Chinois, considéré dans son individualité, présente, avec les autres hommes, de notables dissemblances de mœurs et de caractère. Une conséquence de ce fait est que la société chinoise a aussi un caractère à elle propre.

Les mêmes particularités qui se remarquent chez les hommes pris isolément — ou du moins les traits principaux de ces particularités — se retrouvent dans une collectivité composée de ces hommes. En d'autres termes, de même qu'on rencontre dans un *tout* les qualités et les défauts, la nature des fragments de ce *tout*, on trouve aussi dans l'*Etat* le caractère de la *famille*.

De prime abord, cela peut paraître une observation générale, vraie de tous les Etats. Et toutefois, en considérant plus attentivement les faits quotidiens qui s'accomplissent autour de nous sur la scène où nous vivons, on ne tarde pas à s'apercevoir que l'Etat ne reflète pas toujours l'image, grossie mais exacte, de la famille.

Nous allons voir qu'en Chine, au contraire, les deux institutions reposent sur la même base et sont retenues l'une à l'autre par des liens étroits.

Une disposition d'esprit toute particulière est révélée chez les Chinois par le caractère de leurs fêtes intimes : les fêtes essentielles, celles dont nul ne voudrait négliger l'observance, ont lieu sur la tombe des *ancêtres*. Toutes les autres comportent la participation de ces mêmes ancêtres, dont on suppose l'*esprit* présent au milieu de la famille. En outre, la suprême préoccupation des fils de Han est de s'assurer un cercueil et, mieux encore, d'avoir la certitude de reposer, après leur mort, au berceau de la famille.

Après cette préoccupation personnelle, il en est une autre non moins forte et à laquelle la société doit en partie son extension : laisser après soi un fils afin de *perpétuer le culte privé*, le culte des ancêtres.

Ne croirait-on pas, vraiment, que nous parlons des anciens Romains ? Eux aussi associaient les mânes de leurs aïeux à l'existence de la famille au milieu de laquelle ils avaient vécu; eux aussi avaient un culte privé — différant en quelques points de celui des Chinois; — eux aussi, enfin, s'inquiétaient d'assurer leurs funérailles et surtout de laisser un *héritier du culte*.

Il est très remarquable que toutes les sociétés antiques se soient tournées vers la tombe de l'aïeul, tandis que les sociétés nouvelles dirigent plutôt leurs regards vers le berceau de l'enfant!

Ce n'est point là un fait particulier, isolé, mais bien un fait général.

Plus que tout autre, le peuple chinois *vit du passé;* la protection qu'il accorde à l'enfance, il l'accorde au nom des aïeux, *pour les aïeux;* de telle sorte que c'est, à vrai dire, la tombe qui garde le berceau, le passé qui veille sur l'avenir.

Union des membres de la famille, respect à l'autorité du chef *présent* de cette famille, vénération pour les parents qui déjà ont *passé le grand torrent*.... voilà la pure doctrine de la philosophie chinoise; voilà aussi le secret de la force et de la vitalité des Chinois.

Arrachez de leur cœur ces vertus qui semblent distinctes, et cependant ne sont toutes trois que la manifestation d'une seule; faites que les Chinois n'observent plus cette grande vertu qui les résume et les contient toutes — la piété filiale, — et, tout entier, l'édifice social s'écroulera, parce que la famille, telle qu'elle est constituée, sera sapée à sa base. L'Etat s'appuie sur la famille.... il doit disparaître avec elle.

Est-ce à dire que la piété filiale, telle qu'elle se manifeste *en pratique* dans la vie réelle, soit une pure expression du grand devoir imposé à l'homme par la loi primitive donnée par Dieu aux humains ?

Nous ne le croyons pas.

Au principe éminemment pur se sont mêlées des superstitions qui changent l'esprit de la loi première, ou le travestissent et le rendent méconnaissable.

Il faut maintenant, pour retrouver la vertu même, telle que Dieu l'enseigna, il faut la séparer de certaines pratiques qui l'entourent et la masquent, — tout comme pour rendre à l'arbre sa vigueur et pour en admirer la forme, on en détache les ronces, les plantes parasites, qui vivent de sa vie, l'affaiblissent et le perdent.

Pour continuer cette comparaison de la vertu à un arbre, comparaison que les Chinois emploient volontiers, nous dirons que la piété filiale, telle qu'elle est pratiquée, ressemble à un arbre greffé, il est vrai, mais qui aurait poussé bon nombre de branches au-dessous de sa greffe, c'est-à-dire des *sauvageons*.

Les Chinois n'ont-ils pas su distinguer ces rameaux sauvages et les couper? ou bien se sont-ils plu à les voir grandir?....

Nul ne saurait affirmer qu'ils sont seulement coupables d'ignorance, ou complices du mal.

Cependant, telle qu'elle est, sous sa forme païenne, la piété filiale a sauvegardé la famille; elle a préservé jusqu'ici la société chinoise de la ruine qui frappe, chacun en son temps, tous les empires du monde. Dans sa miséricorde, Dieu a permis que ce peuple, chez lequel la foi s'est éteinte faute d'aliment, soit protégé par la grande vertu de piété filiale.

C'est environ à l'an 600 avant l'ère chrétienne qu'il faut se reporter pour trouver en Chine l'expression nette, précise, entière, des devoirs de l'homme.

Vers ce temps, deux philosophes, LAO-TSE et KONG-FOU-TSE (Confucius), entreprirent de ramener le peuple *dans la voie du bien,* « voie peu fréquentée, je le sais! s'écriait Confucius; voie difficile à suivre! je le sais aussi; mais seule route cependant qui soit digne de l'homme. »

Lao-tse voulut seulement enseigner la *théorie* du bien : il échoua. Confucius fit mieux : il prêcha d'exemple avant de chercher des disciples, et les disciples accoururent en foule pour entendre sa parole.

Ce grand philosophe connaissait bien le cœur humain. La doctrine qu'il enseigna est digne d'un sage, autant que l'Evangile est digne de Dieu. Mais, comme il le dit souvent lui-même, Confucius n'*innovait* rien; il puisait dans le passé. A cette source il trouva des conseils, les meilleurs qu'un homme ait jamais donnés en s'éclairant des seules lumières de la raison.

Mais, soit qu'il ne remontât pas à l'origine même des premières coutumes et que les usages dont il souhaitait la restauration n'eussent pas représenté l'ensemble complet des principes révélés aux hommes, soit qu'il n'eût pas la clef des mystères en partie indiqués par les très anciens livres des Chinois,.... Confucius laissa une immense lacune dans son enseignement. Il offrit au peuple une *morale* excellente, touchant sur plusieurs points à la morale chrétienne, mais il ne put lui présenter une *religion* dans le sens exact du mot.

Quand on présente comme telle la doctrine de Confucius, on oublie que trois éléments sont essentiels à une religion : le dogme, le culte, la morale.

Les deux premiers de ces éléments ne se rencontrent pas dans la doctrine confucienne. Celle-ci est une *morale*, rien de plus. Seulement cette morale — quoi qu'on ait pu dire — n'est pas une morale *sans Dieu*.

Que Confucius ait cru fermement à l'existence d'un Dieu-Providence, cela est hors de doute pour qui a lu ses œuvres, surtout pour qui les a lues écrites en langue chinoise.

Il a cru à l'existence d'un Maître suprême et à la vie au delà de la tombe.... c'est tout ! Sa pensée s'est élevée jusqu'au Ciel, mais elle n'a pas, croyons-nous, cherché à en découvrir les mystérieux secrets.

Pour lui, l'existence de Dieu, « du Ciel, ou souverain Seigneur, » comme il l'appelle, cette existence fait si peu de doute qu'il ne cherche pas à l'*affirmer* : l'affirmer, ce serait admettre qu'on puisse la nier, tandis qu'il la regarde comme un axiome, c'est-à-dire comme une vérité si évidente qu'il est inutile de l'expliquer, de la développer, de la *démontrer*.

Tout fait supposer que la génération qui l'entourait, si éloignée qu'elle pût être de ses devoirs, n'était jamais allée jusqu'à dire : le Ciel n'est pas !

Coufucius venait après Lao-tse, qui, lui, avait touché à la grave question de la divinité ; il l'avait fait en des termes qui peuvent surprendre autant qu'émouvoir : « Le souverainement *un* a produit *deux ;* de *deux* est né *trois ; trois* a tout produit ; » ou bien, selon la glose : « Tout a été fait par *un*, érigé par *deux*, perfectionné par *trois* (1). »

Si les affirmations de Lao-tse avaient soulevé des protesta-

(1) *Tao-te-kin*, liv. III, chap. XLII.

tions, Confucius aurait sans doute soutenu ces affirmations, les aurait expliquées et développées.

Il ne l'a point fait, parce qu'il ne l'a pas jugé nécessaire : il est resté moraliste et n'est pas devenu théologien.

Un autre philosophe, *Se-ma-kouang*, en développant l'enseignement de Lao-tse, n'avait pas, lui non plus, cherché à expliquer ce qu'il jugeait inexplicable. Il se contenta de cette déclaration : « Cela, la bouche ne peut le dire, les lèvres ne peuvent l'expliquer, il faut le comprendre par la seule intelligence. »

Ainsi donc, quand, affirmant que la croyance en Dieu est inutile à l'homme, on a donné comme *preuve* que le peuple chinois a son intelligence uniquement nourrie par une morale vide de Dieu, on a fait fausse route.

C'est bien une MORALE et non une RELIGION qu'enseignait Confucius ; seulement cette morale est assise sur un principe *divin ;* elle suppose reconnue, admise de tous, l'existence du Maître suprême des mondes.

Ce n'est point là une morale sans Dieu !

Si nous avons insisté sur ce point, c'est que deux courants se sont établis qui égarent les esprits, courants auxquels il faut résister sous peine, non seulement de voir compromettre la vérité historique, mais encore de laisser porter atteinte à la vérité religieuse que tous nous devons défendre.

L'un de ces courants mènerait les hommes à ce point d'irréligion où l'on dit : le Christ a emprunté sa loi aux Chinois et aux Hindous !

L'autre conduit à l'athéisme pur, qui soutient l'*inutilité* de la religion et de la foi.

Nous ne prétendons pas donner ici l'exposé des arguments religieux devant lesquels tombent ces affirmations mensongères. Mais nous croyons devoir leur opposer un double argument tiré du paganisme même.

Non, le Christ n'a rien pu emprunter à l'Orient. Si l'Orient a gardé le dépôt de la loi révélée, s'il a conservé la tradition, si quelques philosophes de l'antiquité sont allés — comme plusieurs le croient — jusqu'à annoncer la venue du Rédempteur et son sacrifice, du moins n'ont-ils rien pu dire qui ne fût dans la révélation de la loi divine faite aux hommes. Cette loi contenait en germe toutes les promesses, toutes les espérances.

Non, le Christ n'a rien emprunté à l'Orient, parce que le christianisme est aussi ancien que le Verbe même, et ne date pas, comme beaucoup le pensent, de la venue du Rédempteur.

Non, la foi n'est pas *inutile* à l'homme, car la morale de Confucius suppose, dans tous ses développements, que l'existence d'un maître suprême est admise sans conteste.

Et maintenant, que sont devenues les croyances des anciens Chinois? Les ont-ils conservées, comme ils ont gardé la morale de Confucius?

Ces croyances, dans leurs mystères, sont devenues lettre morte, et les Chinois païens ne comprennent plus le sens des livres antiques qui les renferment.

Nous croyons fermement que les vestiges de la religion primitive, retrouvés dans les très anciens textes, existent *réellement;* mais nous croyons aussi que, depuis bien des siècles, les Chinois se sont tenus à l'écart des grandes préoccupations de l'origine de l'homme et de ses destinées.

L'indifférence a, chez eux, étouffé la religion.

Ce fait de perdre le sens des caractères d'écriture peut sembler incroyable à ceux qui ne connaissent pas la langue chinoise. Les quelques notions grammaticales que nous exposerons permettront au lecteur de se rendre compte de la possibilité de ce fait.

Ne sait-on pas d'ailleurs qu'il existait en Chine une colonie juive qui, désespérant de jamais retrouver le sens de ses livres, incompris de tous, et qu'on ne pouvait même plus lire, était prête à embrasser l'islamisme, quand la venue d'autres juifs les arrêta dans leur projet?

Privés de religion proprement dite, les Chinois, qui n'ont embrassé ni le christianisme, ni le bouddhisme, ni l'islamisme.... s'en tiennent à la simple morale de Confucius et à quelques vestiges de la tradition.

Voici comment on peut résumer et préciser les croyances spiritualistes des Chinois :

1° Croyance à un *Dieu-Providence,* qu'ils nomment « le Maître des mondes, le Ciel, le souverain Seigneur.... »

Cette croyance suffit à leurs aspirations, qui ne les portent ni à rechercher la nature, ni à définir les attributs du Seigneur suprême. Elle est prouvée par l'ensemble de la morale qu'ils pratiquent; par les sacrifices offerts dans le temple du Ciel, sacrifices dont l'empereur est le ministre; par quelques chants populaires, dans lesquels le Ciel est représenté comme connaissant les pensées secrètes des hommes; enfin, par des pénitences publiques imposées au peuple en temps de calamité pour fléchir le Ciel.

Cependant cette croyance revêt parfois une forme qui semble la modifier, et réellement la rend moins spiritualiste.

Les Chinois voient dans la nature deux *forces* sans cesse agissant d'un commun accord pour la reproduction ou la conservation de toute chose.

Ils nomment ces forces YANG et YN. *Yang* est la force active, la lumière; *Yn*, la force passive, l'obscurité. Par image, Yang est le soleil : *tai Yang*, le grand Yang; et Yn, la lune.

Quand, au lieu d'appliquer l'image au monde externe, ils l'appliquent à l'humanité, les Chinois disent que YANG est l'*homme*, YN, la *femme*.

A un autre point de vue, l'*être humain* est lui-même tout à la fois Yang et Yn, *esprit et matière*, et par là se trouve en union avec le Ciel et la Terre; aussi dit-on : « le Ciel, la Terre, l'Homme, *trois puissances.* » Le synonyme de ces trois puissances est *san-tsai*, trois talents, trois habiletés.

Mais ces deux forces, Yang et Yn, ne sont que les modalités du principe suprême, le TAI-KY, « à la fois le commencement et la fin, l'origine et le but de tout, » à la fois esprit et matière (1).

2° Croyance à l'existence d'*esprits*, agents directs du Tai-ky, ou esprits intercesseurs.

Cette croyance revêt une forme superstitieuse par suite du *culte* rendu aux esprits, qu'on ne se contente pas de prier, mais auxquels on offre aussi des libations, des sacrifices.

Au nombre de ces esprits on doit ranger ceux des *morts*. Il y a des nuances entre les diverses classes d'esprits, mais le principe reste le même pour tous. Il y a aussi de *mauvais esprits*, auxquels on adresse des invocations pour ne pas être tourmenté ou molesté par eux. Le culte du Bien et du Mal se continue donc au delà de la tombe.

Quand un criminel est exécuté, les Chinois ont grand soin de faire du bruit autour du supplicié au moment où il meurt, afin, disent-ils, « d'effrayer son méchant esprit et qu'il n'habite pas la contrée. »

3° A côté des *esprits* proprement dits, préposés à la garde des éléments, et à côté des mânes, prennent place les *génies*, ce que nous appellerions les diablotins, les farfadets.

Confucius désapprouvait absolument cette croyance superstitieuse, — ce qui n'a pas empêché qu'elle se soit propagée dans le peuple.

Les Chinois semblent croire parfois que les animaux comprennent les discours de l'homme, ce qui laisse supposer que, selon eux, le corps des animaux renferme l'esprit des morts.

Il y a bien des siècles, un grand mandarin, nommé gouverneur d'une province où se trouvaient des crocodiles, résolut de persuader à ces sauriens de regagner la mer.

Un matin le voici donc qui se dirige vers leur domaine aquatique.

Désireux de ne négliger aucune des règles de la politesse

(1) V. *La langue chinoise* (IIe partie, *Esprit*, chap. des Forces de la nature dans les heures), en préparation.

chinoise, il se fait précéder de quelques cadeaux, des moutons et des chèvres. L'histoire ne dit pas s'il leur fit porter sa carte de visite.

Les présents ayant été agréés, — c'est-à-dire mangés par les seigneurs de l'endroit, — le noble mandarin, couvert de ses habits de cérémonie, s'approche des rives du logis. Il salue les hôtes, qu'il ne voit pas, mais dont il n'ignore point la présence, puis s'exprime ainsi :

« Depuis longtemps, messieurs les crocodiles, vous désolez le pays ! Vous dévorez les animaux qui s'aventurent près de votre demeure ; vous mangez les hommes qui naviguent sur vos eaux ; si vous leur laissez la vie, du moins vous leur prenez quelque membre. Vous devez comprendre que cet état de choses ne peut plus durer.

» Autrefois vous doutiez peut-être de la puissance de notre souverain ; mais aujourd'hui, vous ne pouvez plus méconnaître le pouvoir de l'illustre père-mère ! Il m'envoie dans ce pays avec mission de le protéger : je dois me conformer à ses ordres.

» Voici donc ce que je vous propose : il faut trois jours pour aller d'ici à la mer ; je vous en donne cinq. Pendant cinq jours vous voyagerez, et si les hommes vous rencontrent, ils ne vous feront point de mal. Mais si, après ce temps, on trouve un seul de vous dans ces parages, nous vous ferons une guerre sans pitié.

» Tremblez et obéissez ! Et maintenant, *vieux crocodiles, comme j'ai grand'peur de vous...., il convient que nous nous séparions !* »

Il paraît que les crocodiles, sensibles à cette démarche du gouverneur, consentirent à transporter ailleurs leurs pénates.

Ceci n'est pas un conte ; c'est le récit fidèle d'un événement prétendu historique, contenu dans un très ancien livre qu'un savant, — un Anglais, — à la recherche de documents sur la gent crocodile, eut la bonne fortune de découvrir. Nous ne voyons pas nettement l'utilité de ses recherches ; mais il ne convient pas de les critiquer, puisque nous leur devons de connaître le discours du mandarin et quelques recettes précieuses au point de vue culinaire : soupe aux *écailles* de crocodile ; — ou au point de vue médical : pommade de *graisse* de crocodile, etc.

Que prouve le discours du gouverneur?

Il prouve que les Chinois admettent la possibilité d'être compris par les animaux : ce que nous avons dit au sujet des Bonzeries, qui entretiennent des *aïeux* des Chinois, c'est-à-dire des boucs, des chèvres, des poissons...., etc., indique suffisamment que les animaux sont réputés par certains païens comme animés d'un esprit humain.

Les croyances de Confucius avaient un caractère plus grand, plus noble, dont se ressent toute sa morale.

Il a résumé cette morale pratique en cinq grands devoirs qui occupent la vie entière, depuis le berceau jusqu'à la tombe.

II.

« Entre tous les devoirs, le premier pour l'homme est de nourrir ses parents. »

Ainsi parlait Confucius.

L'éducation des enfants est la contre-partie de ce premier devoir. En réalité elle s'impose aux Chinois, non pas avec moins de force, mais avec moins d'étendue, en ce sens que beaucoup croient y avoir satisfait dès qu'ils ont élevé *un fils*.

Père, mère, aïeux.... doivent être tous soutenus, nourris et réjouis par leurs descendants. La pratique est ici d'accord avec la théorie.

Quant aux devoirs *envers* les enfants, ils ne tiennent que le deuxième rang.

La raison en est simple : sans les parents, l'homme n'existerait pas ; ils sont la souche dont il est issu ; sa vie est leur vie, ses biens sont leurs biens ; tout ce qu'il a, force, honneur, richesse...., remonte à ses ascendants. Il n'est donc aucun devoir humain qui puisse primer le devoir de l'homme envers ses parents. Et ce devoir exige que l'homme en mourant laisse des enfants dignes de perpétuer le nom des aïeux, de rendre en outre aux aïeux les *honneurs* qui leur sont dus.

De là résulte que les Chinois élèvent leurs fils avec autant de soin qu'ils le peuvent, et qu'ils leur donnent une certaine somme d'instruction morale.

Pourquoi cette instruction? dira-t-on peut-être.

Parce que les mérites des enfants *remontent* aux parents, de même que leurs fautes retombent sur eux.

Tel est, dans ses grandes lignes, le devoir de piété filiale.

Il n'est pas rare qu'*après leur mort,* des Chinois soient anoblis, revêtus de titres honorifiques, par l'intermédiaire de leurs enfants.

En sens inverse, certains crimes couvrent d'opprobre la famille du coupable, et même entraînent la punition des *fonctionnaires* de la cité où le crime a été commis : tel est le parricide.

« Si vous aviez *bien élevé* cet homme, alors qu'il était enfant, dira-t-on au chef de la famille; et vous, fonctionnaire, si vous aviez veillé sur vos administrés, si vous leur aviez souvent rappelé leurs devoirs.... un tel forfait qui blesse le Ciel et la Terre n'aurait pu se produire! »

On a souvent cité le fait de l'incendie d'une maison où un parricide avait été commis. Les mandarins furent déplacés avec déchéance de *classe,* les examens furent suspendus, comme si l'Etat entier avait porté le châtiment d'un tel crime!

On conçoit aisément de quelle importance est le devoir de piété filiale : au point de vue social, c'est grâce à lui que le niveau intellectuel de la nation se maintient à une hauteur remarquable dans les classes élevée et moyenne. — Grâce à lui, ce niveau ne descend pas, dans la classe pauvre, aussi bas qu'on pourrait le craindre; — grâce à lui encore, les familles se perpétuent de siècle en siècle; — grâce à lui enfin, la vieillesse est entourée de vénération, et le *principe d'autorité* se trouve respecté dans la famille, comme dans l'Etat.

Pénétrons dans la famille chinoise.

Entre la famille telle que nous la comprenons en France, et la famille telle qu'elle existe encore en Chine, il y a des dissemblances bien grandes.

Le père, la mère, l'enfant : voilà les trois membres essentiels à la famille. C'est à ces trois membres que, pour beaucoup, elle se borne en Europe. Si nous leur adjoignons un quatrième élément, les frères et sœurs, nous ne sommes dans le vrai qu'autant que le père et la mère vivent, ou tout au moins l'un d'eux. Après que la mort a frappé la souche de la famille, on peut, en fait et en général, considérer celle-ci comme détruite.

Les liens de la parenté ne peuvent être brisés; mais, à vrai dire, ils sont rarement raffermis par l'affection !

Chacun cherche sa voie, chacun veut sa part. La maison-mère disparaît : elle est vendue, son prix partagé; le foyer est éteint; les fils des frères et des sœurs se connaissent à peine, l'égoïsme prime l'affection.... la famille n'existe plus!

C'est un tout autre tableau qui s'offre aux regards en Chine.

La famille y est la réunion de personnes portant le même nom patronymique, *sin*. L'autorité se transmet de père en fils; elle appartient au plus ancien de la branche aînée. Ce chef est respecté de tous.

Les fils ne sont pas animés de l'impatient désir de quitter le toit qui abrita leur enfance. S'ils doivent s'en éloigner, c'est pour un temps, jamais sans esprit de retour.

Quand ils sont mariés, ils continuent, le plus souvent, à demeurer dans la maison paternelle, qui s'agrandit pour les abriter tous, leurs enfants aussi.

Tel est le principe d'union, et dans la vie réelle on s'en écarte le moins possible, surtout à la campagne.

Le chef de la famille exerce une magistrature sur tous les membres qui lui sont soumis ; il exerce même, *avec un conseil*, le droit de mort sur les coupables, et en qualité de juge.

Il n'est pas rare de ne rencontrer dans un village qu'*une seule famille;* seulement, cette famille se compose de mille, de deux mille personnes. Le nom seul rappelle au plus grand nombre que leur souche est la même, car le degré de parenté devient si éloigné, qu'il n'est plus que nominal. Aussi des groupes nouveaux se sont formés, dès longtemps, ayant leur chef à part. Mais le principe demeure, et les alliances ne peuvent se contracter entre les branches de la même famille : le mariage est, en effet, défendu entre personnes portant le même nom patronymique.

Confucius, et après lui ses disciples, disait que le foyer, l'intérieur de la famille, est la meilleure école pour l'homme qui aspire aux emplois publics. « Sans sortir de sa famille, cet homme trouve à exercer tous les devoirs et tous les droits qui seront son partage au dehors. »

L'obéissance envers les parents, le soin de leur personne, est, comme nous l'avons dit, le premier de tous les devoirs. Ici, par *parents*, il faut entendre la *mère* aussi bien que le *père*. Si, en tant qu'épouse, la femme ne jouit que d'une initiative très limitée ; si même, en fait, elle est souvent annihilée, en tant que mère, au contraire, elle exerce une autorité incontestée.

Aussi, dans le traité de la piété filiale, les devoirs de l'enfant envers sa mère sont-ils assimilés à ceux qu'il doit à son père; et même on sent percer l'émotion de l'auteur, quand il parle des droits que la mère a acquis à la reconnaissance, à l'amour de ses enfants.

La femme *mère* revêt un caractère nouveau, et, chose digne de remarque, un caractère en quelque sorte religieux : on la nomme le *Temple*.

Demande-t-on à un Chinois si le *noble temple* existe? il sait qu'on s'informe des nouvelles de sa mère.

Le devoir de piété filiale proprement dit comporte la double obligation « de nourrir le corps des parents et de réjouir leur cœur. »

« N'auriez-vous qu'un peu de riz ou de millet, — dit le livre de la Piété Filiale, — vous devriez le partager entre vos père et mère avant de songer à vous-même! »

Voici un des motifs de ce devoir.

« Le Ciel crée tout; il crée les plus petites herbes comme les plus grands arbres. Mais les toutes petites herbes, il les laisse parfois mourir sous le souffle de la gelée d'hiver! Vous, si vos parents ne vous avaient pas réchauffé, habillé, nourri, tenu à l'abri sous un toit, vous seriez mort ou de froid ou de faim! »

Les parents sont donc représentés comme achevant l'œuvre du Ciel; c'est en raison de leurs bienfaits que le fils doit « réjouir le cœur » de son père et de sa mère. Et comment *réjouit-on* leur cœur? « En répondant à l'espoir légitime qu'ils ont conçu; en étant courageux travailleur, ou magistrat distingué. » En un mot, pour honorer ses parents, il faut se conduire en homme de bien, *devenir un bon homme*, comme dit le texte, ou *faire bien l'homme*, comme aurait dit Montaigne.

Quant aux parents, ils doivent, pour honorer leurs ascendants vivants et morts, élever leurs enfants, les diriger dans la voie du bien, les instruire de tous les devoirs de l'homme, et ensuite les mettre, autant qu'ils le peuvent, en état de se distinguer dans les lettres, afin que les honneurs dont ils seront revêtus rendent illustres les aïeux mêmes.

Il y a donc deux obligations dans ce corollaire du devoir suprême : perpétuer la famille; donner à l'Etat des sujets distingués, si cela est possible, mais surtout des hommes de bien.

Pour répondre à la première de ces deux obligations, les Chinois se marient jeunes. La loi, comme autrefois la loi primitive et celle de Moïse, les autorise à prendre des femmes de second rang. Mais l'épouse légitime, la *racine* de la famille, est seule associée aux honneurs et aux titres de son mari. Son deuil sera porté par *tous* les enfants, pendant vingt-sept mois (autrefois, c'était pendant *trois ans*), tandis que le deuil des femmes de second rang ne sera porté que par leurs propres enfants, et durant quarante jours.

« Le Ciel ne distingue pas ce qui est léger de ce qui est lourd, a dit un haut fonctionnaire dans un édit contre l'infanticide.

» Vous devez élever tous vos enfants, vos filles comme vos fils. »

Ceci prouve que dans la vie réelle, dans la pratique, les devoirs ne reçoivent pas toujours leur entier accomplissement. Il est certain que l'obligation morale de perfectionner sa famille n'a pas de limites et que, en théorie, *tous* les enfants doivent être élevés.

En fait, il n'en est pas toujours ainsi, nous le verrons.

Quant à l'obligation d'instruire les enfants, c'est à tort qu'on la supposerait satisfaite par la seule instruction des *fils* : les filles aussi doivent recevoir une culture intellectuelle. Mais cette culture ne sera ni aussi étendue ni exactement la même que celle donnée aux jeunes garçons. C'est une obligation pour les parents de développer l'intelligence de tous leurs enfants.

« Attendrez-vous que votre fille soit passée dans une autre famille, en qualité de bru, pour lui apprendre ses devoirs et développer ses sentiments vers le bien? » disent les instructions familières.

La mission de la femme, mission pure, sainte entre toutes et partout, qui consiste à *élever* ses enfants; mission qui en fait leur premier éducateur, exige en effet que l'intelligence des jeunes filles *reçoive une nourriture*.

Ainsi, en résumé, le premier grand devoir comprend :

1° Les obligations des enfants vis-à-vis de leurs parents : subsistance assurée, obéissance, satisfaction donnée à *leur cœur*, en se rendant dignes d'eux.

2° Les obligations des parents envers leurs enfants : les *laisser vivre*, les nourrir, les instruire.

Le second devoir fixe les relations des *frères entre eux.*

On comprend toute l'importance de ce devoir en songeant que la mort du père, chef de famille, fait passer l'autorité entre les mains du fils aîné. Ses droits sont, à coup sûr, moins étendus sur ses frères que ne l'étaient les droits du défunt sur ceux-ci et sur lui-même. Aussi dit-on seulement que les frères puînés doivent témoigner une grande déférence à leur aîné. En retour, celui-ci leur doit sa protection, ses conseils, une sage direction s'ils sont jeunes encore, et même, dans ce cas, il doit les instruire comme son père l'eût fait.

Si les frères ne sont qu'au nombre de deux, la déférence n'a évidemment qu'un degré, elle ne s'adresse qu'à un seul. Mais s'ils sont plusieurs? L'aîné de tous est bien celui auquel est due la déférence générale. Mais les autres frères n'oublieront pas qu'ils ne sont pas de même âge, et que les plus vieux ont droit au respect des plus jeunes. Cependant, tous se traiteront comme des amis.

Le troisième des grands devoirs règle la manière d'être des époux entre eux.

Le mari doit à sa femme *protection* et secours ; la femme doit à son mari *obéissance* absolue et passive. On dit que l'époux est comme le *Ciel* de l'épouse. Cette manière de s'exprimer, toute figurée qu'elle est, indique bien tout ce que la femme est en droit d'attendre de l'homme auquel ses parents l'ont unie et dont les *ancêtres sont devenus siens.*

Il est son protecteur, mais, en fait, il est aussi son maître. C'est de lui que viendront à la femme les satisfactions, le bien-être, les honneurs, — de lui aussi que viendront sans doute mille ennuis, mille peines !

On ne peut s'en étonner, puisqu'il en est ainsi partout, même en Europe. Mais du moins les Européens ne vont-ils pas jusqu'à *vendre leur femme,* ce que les Chinois peuvent faire.

Aussi, par une sage précaution, s'efforce-t-on d'inculquer aux jeunes filles le sentiment de leur infériorité.

Leur *Livre d'or* dit : qu'elles tiennent le dernier rang parmi les créatures; qu'elles doivent être dans la famille comme de *timides souris* ou comme des *ombres.*

Comme confirmation de cette appréciation de son rôle dans la société, la jeune fille, quand elle lit le chinois, quand elle peut analyser les caractères d'écriture, voit que la *laideur* ou une *femme laide* s'indique par un caractère composé de celui de *femme* et d'un autre qui veut dire *parler.* De telle sorte que la femme laide est celle qui *parle....* ce qui n'empêche pas les dames de causer.

Cela signifie seulement que la femme ne doit pas porter la parole : à l'homme le commandement, à elle la soumission.

C'est dans le même sens qu'on dit dans l'Inde et dans le midi de l'Europe, qu'une *poule ne doit pas chanter;* et dans ces pays, on tue avec empressement la poule qui chante à la *manière du coq*, non pas celle qui chante comme doivent chanter les poules.

Sans entreprendre d'expliquer le symbolisme des caractères chinois, nous devons signaler ici une manière d'écrire *beauté :* on se sert du signe de la *femme*, associé à celui d'un *balai.* Est-à dire que la femme n'est belle qu'à la condition de tenir un balai entre les mains? Certes non! mais c'est une image (1).

La femme n'est belle de la beauté *morale*, la seule vraie, que si elle accomplit tous ses devoirs, même les plus humbles.

L'infériorité sociale de la femme se traduit, dans l'usage, de mille manières; mais elle est plus apparente que réelle.

Un Chinois écrivant à un autre Chinois au sujet de la naissance d'un petit enfant pèse bien les termes dont il se sert. Il ne s'avisera pas d'employer la même formule à l'égard d'une fillette et à l'égard d'un petit garçon. Dans le second cas il dira :

(1) V. *Les Chinois peints par un Français.*

« J'ai appris que *vous chantez la moitié* d'une tablette précieuse, LOUANG-TCHANG (ou : *que vous jouez avec....*). J'en ressens une grande joie.... joie immense, qui transforme mon visage ! »

Si le nouveau-né est une petite fille, l'ami ne se réjouit pas.

« Matin et soir, dit-il, *je dressais le cou* (c'est-à-dire : j'attendais avec impatience), espérant la nouvelle que vous aviez une demi-tablette précieuse, et que vous m'invitiez à manger des petits pains cuits à l'eau bouillante. Hélas ! on m'annonce que vous chantez *une tuile,* LOUANG-OUA (ou : *que vous jouez avec....*) Mais.... le Seigneur suprême aura soin de la vertu héréditaire, et bientôt nous verrons dans vos bras un joli petit garçon [1] ! »

On le voit, les félicitations au sujet de la naissance d'une petite fille — *une tuile !* — se bornent à formuler l'espérance qu'un jour naîtra un garçon — *demi-tablette* précieuse.

L'usage de désigner un fils par cette expression, « une demi-tablette précieuse, » résulte de ce fait qu'en vertu d'une ancienne coutume, le chef de l'Etat, lorsqu'il confère une dignité, envoie au promu une tablette précieuse sur laquelle est indiqué le titre accordé : c'est la *tablette de l'ordre,* MIN-KOUEI ; quant au caractère *tchang,* il indique la moitié d'un *kouei.*

Désigner ainsi le petit garçon, c'est le représenter comme étant pour sa famille une sorte de petit brevet d'honneur.

Mais la fillette !.... c'est une simple tuile, une *brique,* ou bien encore une *vile marchandise féminine.*

Pauvre fillette ! Nous avons dit que l'opprobre dont on la couvre à son entrée dans le monde disparaît quand, à son tour, elle joue dans la famille le rôle de mère ; et nous verrons, en visitant le foyer chinois, que la condition de la femme n'est pas telle qu'on pourrait la supposer d'après une pareille réception au seuil de la vie.

(1) V. *La langue chinoise*, IIe partie, *son Esprit*, chap. IX. Lettres et poésies. En préparation.

Parents et enfants ; — frères entre eux; — époux entre eux : tels sont les objets respectifs des trois premiers devoirs privés. Le quatrième est relatif aux *amis.*

« Soyez *sincères* avec vos amis ! » a dit Confucius. Et ailleurs il ajoute : « Soyez sincères avec tous. »

C'est à ce devoir de sincérité qu'il borne ses conseils.

Mais, hélas ! ici plus qu'ailleurs, nous verrons les Chinois ne pas toujours se souvenir des avis de Confucius, ou, pour mieux dire, nous constaterons qu'ils entendent ces avis dans le sens le plus étroit. Ils se croient hommes de bien pourvu qu'ils soient sincères *avec leurs amis !*

L'amitié a partout les mêmes droits, les mêmes exigences, les mêmes prérogatives, les mêmes épanchements. Si elle revêt, dans la société chrétienne, un caractère tout spécial, c'est par la même raison qui transforme toutes les vertus quand on les pratique avec l'esprit chrétien : Dieu joue dans nos relations un rôle que les païens ne lui prêtent pas. Mais l'amitié a en Chine, comme ailleurs, des droits impérieux.

Elle exige le dévouement réciproque et sans calcul; sans ce dévouement, elle n'est plus l'*amitié.* Les Chinois le savent, et pour venir en aide à un ami, ils n'hésitent pas à s'imposer des sacrifices.

Confucius insistait seulement sur un point : il voulait que l'amitié fût sincère, c'est-à-dire qu'elle existât réellement et non pas seulement par la forme; qu'une démonstration extérieure correspondît à un sentiment d'attachement profond : en fait d'amitié, il voulait la *chose* plus que le *nom*, et souhaitait que l'hypocrisie ne l'effleurât jamais.

L'homme ne se trouve pas seulement en rapport avec ses parents, ses enfants, son épouse et ses amis. Là se borne, il est vrai, le cercle de la vie intime; mais, hors de ce cercle, il y a les *indifférents*, les *étrangers.* Aussi, ne voulant point laisser de vide dans le grand tableau qu'il traçait, le philosophe n'oublia point les *étrangers.*

Soit que par là on entende seulement les Chinois n'appartenant pas à la famille, soit qu'on prenne ce terme dans un sens plus large et comme se rapportant aux personnes *étrangères à l'empire,* le devoir est le même envers tous. On doit se montrer vis-à-vis d'eux *bienveillant et sincère.*

C'est en abordant cette classe de devoirs généraux qu'on trouve dans la doctrine de Confucius les plus nobles maximes. Comme un disciple lui demandait un jour de quelle manière il convenait que l'homme se conduisît à l'égard de ses bienfaiteurs d'une part, et de l'autre à l'égard de ses ennemis, le philosophe répondit : « Il faut rendre le bien pour le bien, et l'*équité pour l'injustice.* »

C'est là l'expression du *summum* de vertu humaine, car seuls l'amour et la miséricorde d'un Dieu ont pu dicter les paroles de l'Ecriture sainte : « Rendez le bien pour le mal. »

Confucius n'est pas allé jusqu'à prescrire à l'homme de *faire du bien* à ses ennemis ; mais du moins a-t-il voulu écarter de leur esprit toute idée de vengeance : « Vous serez, dit-il, *équitables* envers vos ennemis comme envers vos amis. »

Nous aurons bientôt encore à admirer d'autres pensées de ce *barbare.*

Voilà donc, en substance et tracés dans leurs grandes lignes, les devoirs sociaux, mais cependant d'*ordre privé.*

L'exposé de ces devoirs nous a montré ce que l'on peut appeler la physionomie de la famille chinoise.

Il reste maintenant à expliquer comment l'apprentissage du gouvernement des hommes et celui des devoirs sociaux d'*ordre public* peuvent se faire « sans sortir de la famille. »

C'est la physionomie de l'Etat qui va se dessiner.

III.

Deux définitions, que nous empruntons aux livres classiques de la Chine, précisent le grand principe qui domine la société chinoise, et d'où découle son organisation.

« L'empereur est le père-mère du peuple.... »

« Le peuple, c'est un enfant. »

De là on peut conclure que la société chinoise est édifiée à l'image d'une grande famille composée de toutes les familles de l'empire.

Placé au faîte de la hiérarchie sociale, armé d'une autorité souveraine, tenant son mandat du Ciel, le maître de l'Etat est le chef d'une grande famille. Mais il n'en est pas seulement le chef : il détient tout le pouvoir des parents, c'est-à-dire qu'il est à la fois comme le père et comme la mère du peuple.

En lui doivent s'allier la force et la douceur, la justice et la miséricorde, la vigilance incessante qui poursuit son but sans faiblesse ni défaillances, la tendresse sans bornes qui répare les fautes avant que les châtiments atteignent les coupables....

« Le peuple est comme un enfant.... » Il faut connaître ses besoins, les deviner même; connaître aussi ses souffrances et ses aspirations, pour soulager les unes et pourvoir aux autres ou les contenir; il faut l'élever, le diriger, l'instruire, l'aider, l'obliger à remplir ses devoirs.

En retour, le peuple doit au prince : obéissance, fidélité, dévouement, respect.

Tel est le grand principe social, tel est l'immense devoir du prince, telles sont les obligations des sujets.

Tout cela correspond au premier des devoirs privés qui règle les rapports des parents et de leurs enfants.

Mais, dira-t-on, le prince ne peut, par lui-même, tout voir, tout connaître, ni veiller à tout?

Il ne le peut, en effet. C'est pourquoi il a délégué une partie de son autorité aux magistrats, en quelque sorte comme le père peut déléguer à son fils aîné, ou comme il lui transmet à sa mort, une partie de son pouvoir sur les autres enfants : les magistrats sont les *frères aînés* du peuple.

La nature de l'autorité qu'ils exercent est ainsi nettement indiquée.

Si, dans la vie réelle, le caractère de ce pouvoir se trouve modifié, c'est par suite d'une altération coupable de l'esprit qui devait en principe présider aux relations des magistrats avec leurs subordonnés. Cette altération est malheureusement assez générale; mais, en ce moment, nous ne devons pas nous y arrêter. On ne peut bien connaître et apprécier exactement une institution, si on ne l'étudie en elle-même avant d'en examiner la mise en pratique.

Entre toutes les qualités que les anciens Chinois considéraient comme nécessaires à l'exercice d'une magistrature quelconque, à tous les degrés de la hiérarchie sociale, la *droiture d'intentions* et la *bonté de cœur* étaient regardées comme tenant le premier rang. Ce n'est pas seulement la doctrine confucienne qui juge ainsi ces deux qualités. Les livres qui renferment les conseils du philosophe rapportent à ce sujet un passage très remarquable d'un acte officiel d'un ancien royaume de l'empire, le royaume de Tsin. En voici la traduction.

« S'il existait un ministre totalement dépourvu d'habileté, mais dont le cœur fût si complètement pur qu'il pût refléter les qualités des hommes de bien, leurs talents et leur sagesse; un ministre *qui aimât les bons et les sages* et dont le cœur fût capable de contenir cette sagesse et cette bonté : celui-là pourrait protéger le *peuple noir* (les Chinois). Mais si un ministre habile déteste ceux qui possèdent la sagesse et la vertu, celui-là ne peut protéger le peuple.... Malheur! malheur! si un tel homme arrivait au pouvoir!.... »

On voit par là combien les principes sur lesquels repose l'autorité publique sont élevés, combien ils sont purs et dégagés des imperfections qui, dans la pratique, les dénaturent ou du moins les travestissent.

On voit aussi que le philosophe avait raison de dire : « Au foyer domestique le sage s'initie aux devoirs de la vie publique. »

Mais Confucius et les disciples préférés qui propagèrent sa

doctrine n'auraient pas rempli tout entière la tâche qu'ils s'étaient imposée, s'ils n'avaient tracé la voie que l'homme doit suivre.

Ce n'est pas assez de dire : Soyez hommes de bien ! Encore faut-il expliquer comment on devient juste et bon.

Les conseils de Confucius à ce sujet peuvent se grouper et se réduisent ainsi à trois avis; ils sont remarquables à plus d'un titre, et, parmi les Occidentaux, beaucoup devraient les méditer.

Le premier de ces conseils s'adresse à tous les hommes, sans aucune exception; le second, au prince, et, par déduction, aux magistrats exerçant l'autorité en son nom; le troisième a encore un grand caractère de généralité, mais on devine qu'il est formulé surtout pour la classe des humbles.

1° Avis général. « Tous les hommes, sans distinction, depuis le premier jusqu'au plus vil, ont un grand devoir à remplir : se rénover soi-même, se perfectionner tout le jour, tous les jours et chaque jour davantage. »

On se perfectionne, on obtient sa propre rénovation en dirigeant ses sentiments, en s'en rendant maître, en tournant vers le bien....

Que d'images ou gracieuses ou puissantes accompagnent ce conseil général ! A l'insistance du philosophe, on comprend quelle importance il attache au perfectionnement de l'homme, perfectionnement sans lequel la famille et l'Etat doivent fatalement incliner vers le mal.

Il faut que l'homme « taille et polisse son cœur comme l'artiste taille les pierres précieuses et polit l'ivoire ; — il faut que l'homme extirpe de son intérieur tous ses défauts, et qu'il les remplace par de solides vertus. On n'est pas habile à conduire les autres dans la route du bien si l'on ne peut marcher soi-même dans cette voie. »

2e Avis : *au prince.* « Le peuple est noble, il est grand.... Sa possession est plus précieuse que celle de tous les biens de la terre.... Le sûr moyen de conquérir le peuple est de s'emparer de son cœur, *de se faire aimer de lui* en lui donnant tout ce dont il a besoin, en ne lui imposant pas ce qu'il a en haine. »

Dans cette conquête du peuple, le prince ne doit pas oublier que les biens les plus désirables sont les qualités du cœur et celles de l'esprit.

3e Avis : *plus spécial aux humbles.* « Les richesses ne sont un bien que si on les emploie à s'élever vers le bien. Aussi ne doit-on pas *user sa personne* à la production des richesses. Le travail est une loi salutaire. Quelle que soit la situation que nous occupons, elle nous est départie par le ciel. Que ta maison soit haute ou qu'elle soit basse, *souviens-toi qu'elle t'est donnée, et montre-toi satisfait de ton sort.* »

Ces conseils ont reçu de longs développements ; ils sont présentés par la philosophie confucienne sous mille aspects. Mais ils sont si nets, si éloquents par eux-mêmes, qu'à vrai dire il suffit de les présenter sous leur forme première pour qu'on en comprenne l'utilité sociale et la valeur morale.

Restait enfin un dernier point à traiter.

Au temps de Confucius il y avait, aussi bien qu'il y a de nos jours, des personnes trouvant le bien difficile à faire, la vertu pénible à acquérir, la *route du sage* fatigante à suivre.

N'y aurait-il pas un sentier plus uni, plus facile, une sorte de *petite vertu* de proportions restreintes et par suite plus aisée à embrasser ? Voilà ce qu'on cherchait, ce qu'on demandait à Confucius. Et Confucius répondit :

« Dans la vie il n'y a que deux voies : celle de l'humanité, et celle de l'inhumanité ! »

La voie du bien, la voie du mal : telles sont les seules routes ouvertes devant l'homme. Entre elles, en vain on chercherait un sentier intermédiaire : il n'en est pas. Et si l'on croit trouver un moyen terme dans l'*indifférence*, on se trompe, car l'indifférence est *un mal*, attendu qu'elle laisse faire le mal.

Que d'enseignements dans la morale de Confucius, dans cette morale qui nous arrive de l'extrême Orient et à travers tant de siècles, dans toute sa pureté, dans toute sa fraîcheur !

Quel est donc le secret de la pureté de cette doctrine? D'autres peuples païens ont eu, eux aussi, leurs philosophes, et dans nos écoles, aujourd'hui encore, on entend leurs préceptes. Ces préceptes sont présentés comme l'expression d'une civilisation déjà avancée, comme le reflet d'intelligences développées, comme l'œuvre de penseurs.

Et cependant, quelle est donc la doctrine païenne qu'on oserait montrer, expliquer, vanter tout entière? Il faut dans ces doctrines élaguer, choisir, commenter les textes....

Rien de cela n'est utile pour la morale de Confucius, parce que les enseignements du grand philosophe ont été un écho de la morale dont Dieu avait pris soin de tracer les grandes lignes aux hommes avant de les disperser dans le monde. Mieux encore! cette morale s'est inspirée des développements qu'avait reçus la loi primitive lorsque Dieu se choisit un peuple.

Il n'est pas douteux pour nous que Confucius et, avant lui, Lao-tse aient eu des relations avec les Israélites. Quoi qu'il en soit d'ailleurs de ces relations et de leur étendue, la morale de Confucius est digne d'admiration.

L'énoncé des grands devoirs de l'homme, soit au point de vue purement privé, soit au point de vue social, nous a fait entrevoir la physionomie de la *famille* chinoise et celle de l'*Etat* que gouverne le Fils du *ciel*.

Abordons maintenant la *vie réelle*. Nous n'aurons pas toujours à admirer! Mais en aucun pays, comme aussi pour aucune science, la *pratique* ne répond jamais très exactement à la *théorie*. Nous ne prétendons pas que la perfection se soit réfugiée en Chine. N'oublions pas cependant, avant de porter un jugement sévère, que depuis longtemps la perfection a fui l'Occident.

Soyons bienveillant pour autrui, afin qu'on le soit pour nous.

UNE PORTE DE VILLE EN CHINE

2

IV.

De même qu'au théâtre la scène se présente aux regards des spectateurs avant les personnages, de même aussi nous devons, avant de regarder vivre les Chinois, examiner la scène sur laquelle chacun joue son rôle.

Nous entrerons dans la ville, puis dans la maison, et, là enfin, nous verrons les Chinois s'exercer tantôt bien, tantôt mal, à la pratique de leurs devoirs privés.

Nous avons dit, dans le chapitre réservé à la géographie, que le nom de *ville* de premier, de second ou de troisième ordre, n'est mérité par une cité qu'autant que l'agglomération des habitations est entourée de *murs*, d'une enceinte *continue*. Si le mur n'existe qu'en partie, cette partie aurait-elle dix kilomètres, il n'y a pas de *ville* proprement dite.

Généralement l'enceinte des villes a la forme d'un carré, d'un parallélogramme ou d'un hexagone, rarement la forme circulaire.

Nankin, avec sa forme ovoïde, est une exception à la règle.

La première enceinte en renferme une autre qui limite la ville tartare, c'est-à-dire le quartier militaire.

Au contraire, c'est au dehors du premier mur que s'étendent les faubourgs, parfois plus considérables que la *ville*, et pour peu qu'un cours d'eau baigne la cité, un autre quartier, celui des jonques ou de barques de moindres dimensions, complète l'agglomération.

Les bourgs, les villages, les hameaux, n'ont point de murs pour les protéger. Cependant, par coquetterie ou par prudence, il en est qui s'entourent d'une forte haie de bambous, voire même d'un fossé en avant de la haie. Cette mesure n'est pas générale comme elle l'est au Tonkin, et la majeure partie des villages chinois n'ont aucune enceinte.

L'aspect d'une ville chinoise ne rappelle pas celui d'une cité européenne, à moins que, comme à Chang-hai [1], les établissements étrangers, les constructions élevées par les Européens à côté des remparts, n'aient une importance considérable. Mais encore, au milieu de ces établissements, on n'est pas dans une ville chinoise !

Dans les cités des hommes *aux cheveux noirs*, les rues sont étroites, peu régulières, peu propres aussi, sauf quelques heureuses exceptions, comme dans les villes rebâties depuis la révolte des Taï-ping. Encore est-il plus juste de dire que dans ces villes neuves il y a une, deux ou trois voies larges, et que les autres sont étroites. Parfois elles le sont assez pour qu'on puisse placer des bambous d'une fenêtre à l'autre, bambous qui servent à faire sécher le linge, ainsi que cela se voit à Chang-hai. Le pavé est alors toujours humide et glissant.

La Chine possède d'anciennes routes qui ont été fort belles en leur temps, mais qui, mal entretenues ou non entretenues du tout, offrent généralement peu d'agrément aux piétons. Il est vrai que pour les longs trajets et même dans les villes, les personnes qui peuvent en supporter la dépense se servent de moyens de transport en usage dans la contrée : *djinriska* ou petite voiture japonaise, sur le littoral du midi et à Chang-hai ; *palanquin* partout, *brouette*, *charrette*, dont le *talika* turc donne une idée assez exacte.... tels sont les modes de transport qui exigent l'emploi de porteurs ou de *pousseurs*, sauf la charrette, qui est traînée par un buffle ou un cheval, suivant les pays. Mais toutes les routes ne permettent pas l'usage de la charrette. Les porteurs peuvent passer par des sentiers où les roues, le buffle ou le cheval laisseraient le voyageur en détresse.

Le prince a de bonnes raisons pour croire les routes de son empire merveilleusement belles. Partout où il doit passer on fait, par avance, disparaître les moindres ornières. Si la route est dallée, on la met en parfait état ; si non, elle est bien battue, recouverte d'un sable fin ou plutôt d'une terre jaune

(1) V. *La vie réelle en Chine* (Chang-hai).

qui abonde dans la région du fleuve Rouge; on va jusqu'à *lisser la route à la truelle !*

Le chemin est donc très uni, très beau, et l'empereur peut supposer qu'ils sont tous de même, ce qui lui donne la plus haute idée de son administration et de son empire.

Dans les villes, des constructions gracieuses, d'autres imposantes, — palais d'un haut fonctionnaire, demeure d'un riche particulier, temple de Confucius ou temple bouddhiste, — rompent l'aspect monotone des habitations ordinaires, qui sont les plus nombreuses.

Il n'est pas rare de rencontrer dans les grandes villes des étangs, des collines, des bois et même des prairies. Pour peu qu'une dévastation précédente soit encore récente et que la population ne soit pas revenue ou qu'elle n'ait pas reconstruit tous les édifices, ces anomalies sont certaines.

On trouve aussi des théâtres en plein air, dans lesquels les spectateurs sont protégés par une large tente. Les petits commerces de la rue ne font pas défaut, les mendiants non plus, surtout dans les villes fréquentées par les étrangers. On voit dans ces villes des plaies horribles couvrant les jambes, les bras ou la figure de malheureux auxquels on offre une aumône de grand cœur, autant par commisération que par désir d'en être débarrassé. Puis on est tout surpris, le lendemain, de voir ces mêmes quémandeurs guéris et gagnant quelque argent comme portefaix, ou bien encore, affligés d'un mal nouveau, excitant la pitié des passants avec d'autres plaies que celles de la veille.

On s'informe.... et l'on apprend que l'art chinois s'exerce même sur les membres de l'homme : un peu d'huile, quelques couleurs, quelques drogues et beaucoup d'habileté avaient causé les maux d'hier; — un peu d'eau ou d'eau-de-vie de grains a tout fait disparaître.

Le métier est assez lucratif, paraît-il, et les méchantes langues disent qu'il y a des patrons de mendiants en Chine, comme en France, hélas! comme partout sans doute.

Après les mendiants, ce qui frappe surtout le regard dans les grandes villes, c'est le coloris des maisons et leur ornement extérieur par de longs *cartouches*. Les tuiles qui couvrent les toits sont vernissées, les murs sont peints, le tout en couleurs vives, généralement en rouge ou en bleu, parfois aussi en gris. La couleur jaune est actuellement la couleur impériale : les humbles mortels n'auraient pas l'audace de s'en servir, soit pour la peinture de leurs maisons, soit pour leurs habits.

Il y a bien une *ville jaune*, mais elle est à Pékin, et c'est la résidence de la cour.

Nous parlons de tuiles vernissées, de murs peints,.... cela suppose que les maisons ont des murs et sont couvertes de tuiles. Mais on devine que toutes ne sont pas aussi confortables ! Beaucoup, surtout dans les faubourgs et les campagnes, en un mot dans les contrées pauvres, sont faites de torchis, ou de terre glaise desséchée au soleil ; elles sont couvertes de paille.

Quand l'enduit est bien lisse on s'efforce de le peindre.

La construction d'une maison de ce genre n'est ni longue ni dispendieuse. A l'emplacement fixé pour les quatre angles on creuse un trou dans lequel on enfonce un gros bambou ou une pièce de bois, le plus dur de la contrée. Les intervalles entre les angles forment les quatre faces. D'autres gros bambous marquent les ouvertures, — une porte et deux fenêtres au midi, — et les divisions intérieures. Des bambous ou des bois relient par leur sommet montants et traverses, et forment ainsi l'ossature de l'édifice. La charpente s'y appuie. Il ne reste plus qu'à remplir de briques, de pierres, de panneaux de bois ou de torchis tous les intervalles qui doivent être pleins, et à poser de la paille ou des tuiles sur la charpente.

Les toits des pauvres sont, dans le nord, en forme de terrasse, plats, au lieu d'être à deux pentes ; une balustrade en fait le tour. Cette balustrade porte des créneaux en terre. Les brigands viennent-ils pour piller le village ? chaque famille fait élection de domicile sur le toit de son habitation, après avoir fermé et barricadé toutes les ouvertures du rez-de-chaussée. Du haut du toit on se défend, comme du haut d'un petit fort, avec tous les engins dont on dispose.

Dans les contrées les plus exposées aux visites des voleurs, les engins et les armes sont toujours prêts. Chaque nuit quelques hommes veillent du haut des toits à la sécurité de tous, et donnent l'alarme dès qu'ils croient à quelque attaque.

Autant qu'on le peut, on garnit avec des pierres, des briques ou du bois, le soubassement de l'habitation, jusqu'à un mètre environ au-dessus du sol; en un mot, on emploie dans la construction de cette partie du mur des matériaux solides. Mais quand on ne peut en faire la dépense, on se contente de terre battue.

Dans les contrées où l'on fabrique une grande quantité de poteries, il n'est pas rare de rencontrer des villages où quelques habitations ont un aspect étrange : les maisons sont construites avec des vases de rebut ou à demi brisés, ou encore avec des briques creuses et des tuiles. L'emploi de ces matériaux est général dans ces contrées ; on rogne, on brise les morceaux de poterie qui font saillie, on bouche les trous des briques creuses; on parvient ainsi à obtenir un mur uni, poli, et même peint. Le contraire a lieu quelquefois, et c'est là ce qui paraît étrange : les briques sont autant de petites fenêtres, au travers desquelles on peut voir ce qui se fait dans les maisons; puis, une marmite grossière présente sa forme ventrue à côté d'un morceau de vase au long cou....

La pauvreté rend partout industrieux, habile à se servir de mille choses qui semblent aux riches inutilisables. Mais elle ne se fait pas toujours riante; les chaumières, les masures, sont de tous pays!

Les maisons appartenant à des familles aisées, surtout dans la Chine méridionale, ont toutes leur façade, au-dessus du soubassement, formée par des panneaux de bois et *vitrés*, soit avec du papier huilé, soit avec de la corne transparente, soit.... avec des écailles d'huîtres.

La porte et les fenêtres sont ainsi, — quand il y en a ! En cas d'absence, on les remplace quelquefois par des bottes de paille, ou une natte. Les bottes de paille prouvent qu'il fait froid et que la pauvreté a empêché le propriétaire d'achever la maison. Quant à la natte, elle peut n'être pas un signe de pauvreté : en été, dans les régions chaudes, l'usage de démonter les portes, les fenêtres, et de les remplacer par de jolis stores en jonc ou en écorce de bambou, est assez répandu.

A vrai dire, la paille dont nous venons de signaler l'emploi pour boucher les ouvertures est la suprême ressource des voyageurs européens qui, sur les routes du Nord, cherchent un abri dans une auberge. L'abri ne leur semble pas complet s'ils gardent béante la fenêtre, par laquelle entrent sans gêne le froid, le vent, la pluie. Comme ils voyagent pendant le jour, il ne leur déplaît pas qu'il fasse sombre dans la masure où ils passent la nuit. Mais ce mode de clôture ne peut être rangé parmi ceux d'usage général.

Les pauvres font comme ils peuvent, hélas ! et souvent s'estiment bien heureux d'avoir pour plusieurs une pièce unique, même si la clôture est incomplète.

Les riches, au contraire, déploient, dans la construction et l'ameublement de leur demeure, tout le luxe, tout le confortable dont ils ont la notion. Ce sont les deux extrêmes, et ce n'est ni dans l'un ni dans l'autre qu'il faut chercher le type de l'habitation en usage.

Celle-ci se compose d'une petite cour d'entrée entourée d'un mur percé d'une porte — une vraie porte — sur la rue. Quant à la maison même, elle se compose d'un rez-de-chaussée et d'un premier étage. Au rez-de-chaussée, trois pièces : la pièce centrale, qui est la salle de réception des étrangers ; celle de droite en entrant est l'appartement réservé aux dames ; celle de gauche est la partie réservée aux hommes.

Au premier étage sont les chambres à coucher.

En arrière de ce bâtiment se trouvent, dans une petite construction annexe, la cuisine, la chambre des domestiques, la *chambre aux herbes*, enfin ce que nous nommons les communs.

Tel est le type général, qui peut être modifié en mieux ou en moins bien, agrandi ou restreint.

Sa dernière expression sera la grotte creusée dans la montagne ou le *hangar* — car c'est plutôt un hangar qu'une salle — dans lequel se réunissent, pour une nuit, les pauvres sans asile ou, quotidiennement, le père, la mère, les enfants et même les animaux domestiques.

Mais, nous le répétons, c'est là l'expression suprême de la pauvreté, et le plus souvent d'une pauvreté peu honorable due à l'oisiveté et au vice; autrement, si pauvre qu'on soit, on divise son logis en trois *compartiments.*

Au contraire, l'extension de la maison conduit non pas au *palais*, qui est d'un genre à part, mais à la *maison de famille.* Cette habitation se trouve à la campagne, et généralement partout où, la place ne faisant pas défaut, on peut acquérir un terrain de quelque étendue.

La maison de famille est construite selon le type que nous avons indiqué; seulement elle se double, elle se triple.... A mesure que la famille devient plus nombreuse, que les fils se marient et que, par conséquent, les ménages s'ajoutent aux ménages, on construit en arrière une autre maison pareille à la première, séparée d'elle par un intervalle de trois à quatre mètres, mais reliée à elle par deux petits bâtiments ou par un mur. En arrière de la seconde on en bâtit une troisième, puis une quatrième.... toutes reliées entre elles, de sorte qu'entre chacune se trouve une petite cour intérieure. On voit souvent sept ou huit maisons, les unes à la suite des autres, formant une véritable cité dont les habitants sont tous très proches parents.

Puisque nous avons parlé de la maison de famille, nous devons dire aussi quelques mots du *champ de la famille.*

En principe, les terres sont divisées de telle sorte que chaque lot se trouve en bordure d'un chemin ; mieux encore : les Chinois considérant l'irrigation comme indispensable à la culture, les divisions primitives eurent lieu entre les cours d'eau.

Ce fut, croyons-nous, Kong-Ouang, prince de la dynastie des Tcheou, qui, au VIIIe siècle avant Jésus-Christ, procédant à une attribution régulière des terres, concéda à chaque chef de famille une part de *cent arpents* (*meou*), part qui fut ensuite réduite à *soixante-dix* sous les Han postérieurs.

L'évaluation de l'arpent chinois varie suivant l'époque à laquelle on se reporte, et aussi suivant les auteurs que l'on consulte. On peut l'estimer à une étendue de 240 *pas* de long (ayant chacun 6 pieds de $0^{m}358$) sur un *pas* de large, soit $1{,}109^{m}940$.

En adoptant ces chiffres, qui d'ailleurs ont été souvent modifiés et peuvent l'être encore, on trouve, comme évaluation de la part de chaque colon, *onze hectares* environ sous les Tcheou (100 meous), et seulement *sept hectares soixante-seize ares* sous les Han (70 meous).

L'étendue du *meou*, étendue variable, nous importe beaucoup moins que l'indication du groupement des parts.

Ce groupement se fit, en principe, à l'image d'un caractère d'écriture qui porte le nom de *tsing*, 井 (1).

On voit que ce caractère renferme *neuf carrés*, dont huit extérieurs et un central. Les huit parts extérieures du terrain divisé, ayant chacune *cent* ou seulement *soixante-dix meous*, furent attribuées à *huit* colons. La partie centrale fut commune entre eux ; de là son nom de champ commun, *kouang-tien* ; et son produit fut destiné à payer l'impôt. Sur ce carré aussi on élevait les habitations.

Ces divisions de neuf champs, dont un commun, furent elles-mêmes groupées par *cinq*, sur lesquels vivaient donc *qua-*

(1) Nous devons à l'obligeance de M. le directeur de l'Imprimerie nationale, à Paris, les caractères chinois qui figurent dans le cours de cet ouvrage.

rante colons; et, dans les plaines de grande étendue, les groupes coloniaux furent plus considérables : ils allèrent jusqu'à comprendre *dix mille parts.*

De cela il ne faudrait pas conclure que la propriété n'est pas libre en Chine. Elle l'est, au contraire, et chacun peut vendre, acheter, échanger. Mais la répartition des terres par le gouvernement a été nécessaire à certaines époques, et depuis elle a été imposée encore lorsque des troubles ou des guerres ont dépeuplé une ou plusieurs provinces, une région de grande étendue.

L'irrigation des terres se fait partout où elle est possible, c'est-à-dire dans presque toute la Chine, et en raison des besoins de la culture. En étudiant les productions parfois si curieuses et si intéressantes de ce vaste empire, nous verrons comment elle s'obtient.

Après avoir dessiné à grands traits l'extérieur du théâtre sur lequel le Chinois joue son rôle, nous allons l'examiner au dedans et au point de vue de l'ameublement.

Tout d'abord nous devons rappeler au lecteur que la Chine est un empire trop étendu pour que ce qui est vrai au sud soit rigoureusement exact au nord, à l'est, à l'ouest. Cette remarque ne doit jamais être oubliée. En outre, la religion chrétienne, qui transforme l'homme intérieur, modifie aussi quelques-uns de ses usages extérieurs. Autant que possible, et sur les points importants, il convient donc de signaler les différences notables existant dans les coutumes.

Nous voici dans la pièce centrale : la salle de réception ou « chambre des étrangers. »

Tout au fond, contre le mur, faisant face à la porte, exhaussé par deux ou trois marches, est l'autel domestique. Sur cet autel se trouve la *tablette* des ancêtres, c'est-à-dire un tableau richement encadré, renfermant la liste des aïeux de la famille. Au-dessus est la tablette des Cinq Caractères :

au ciel, à la terre, à l'empereur, aux parents, aux maîtres.

Les familles chrétiennes qui n'ont pas supprimé l'autel remplacent du moins la tablette des Cinq Caractères par *celle* du vrai Dieu : image religieuse, croix, texte d'Ecriture sainte.

D'autres familles, païennes ou chrétiennes, transportent l'autel domestique dans une pièce réservée à la vie intime. Les païens riches le placent dans un pavillon spécial, pavillon qui est parfois un véritable temple — le *temple des ancêtres*. A côté de la tablette des ancêtres on voit souvent la tablette de Confucius.

A gauche de l'autel, une cloche, ou pour mieux dire un triangle en métal sonore suspendu à une petite barre reposant sur deux pieds gracieusement tournés ; on frappe sur ce triangle.

A droite, des vases en porcelaine ou en bronze, dans lesquels on place des *bâtonnets odorants*, — bougies en cire végétale coloriée et parfumée qu'on allume pendant les prières.

En avant de l'autel, un canapé, *sur* lequel on a placé une table. Cette table, plus longue que le canapé n'est large, repose sur ses pieds et dépasse le niveau du siège d'environ vingt centimètres. La table *à cheval* au milieu du canapé est souvent remplacée par un petit banc. Table ou banc est utile pour placer le thé et les fruits que le maître de la maison offre à ses visiteurs aussitôt leur venue.

Deux personnes peuvent prendre place sur le canapé, l'une à droite, l'autre à gauche de la table. Notons qu'en Chine la place d'honneur est à la gauche du maître de la maison.

Quand il n'y a pas d'autel dans la pièce centrale, le canapé est contre le mur. Alors il n'a point de dossier, mais seulement des coussins et des côtés. Des chaises sont placées à droite et à gauche, contre les deux autres panneaux de la pièce. Deux sièges sont toujours séparés par une petite table.

Des caisses ou de grands vases contenant des arbres nains, — des pêchers, des pommiers ou autres arbres, dont les branches ont été tordues, entrelacées, et qui sont d'un effet curieux ; — des fleurs dans des vases de plus petites dimensions ; — des bahuts laqués.... tels sont les meubles essentiels de la salle de réception.

Appendus au mur, quatre ou cinq cartouches, — longues bandes de papier, de coton ou de soie, — couverts de dessins au coloris vif et gracieux ou de maximes philosophiques...., complètent cet ameublement.

Tout cela est d'ailleurs plus ou moins luxueux, suivant la fortune des habitants de la maison.

Ne supposez pas, quand on vous parle d'un *coussin* chinois, qu'il s'agit d'un petit objet doux, flexible, tel que nos pères en plaçaient sur le fond de bois de leurs chaises et tels que nous les employons nous-mêmes. Le coussin chinois est tout autre. Epais de quatre à cinq centimètres, rembourré de paille ou de coton, suivant les contrées, piqué sur la largeur et la longueur, il est recouvert d'un côté d'une étoffe aussi belle, aussi riche qu'on peut se la procurer, et de l'autre d'un tissu de paille ou d'un morceau de cuir.

En un mot, ce coussin peut être très joli, très gracieux, — il l'est, en effet, presque toujours, — mais plus il est *dur*, mieux il est réussi. Il y en a sur le fond des chaises, des fauteuils et du canapé.

A droite et à gauche de la grande salle de réception, se trouvent, nous l'avons dit, deux pièces réservées l'une aux dames, l'autre aux hommes de la famille. Ces deux pièces sont meublées avec une certaine recherche, surtout celle qui constitue le domaine inviolable des femmes et où elles reçoivent leurs amies. Il n'y a point de règles fixes pour leur ameublement ; les sièges et les tables à thé en sont les principaux ornements. Au reste, nous avons donné à ce sujet de plus amples détails dans une étude précédente (1).

Nous voici dans les chambres.

L'ameublement est sommaire : un lit, deux chaises, une

(1) V. *La vie réelle en Chine* (Chang-hai.)

armoire, un bahut, une petite table, un berceau d'enfant, parfois des cartouches.... C'est tout, et c'est assez, car les pièces ne sont pas grandes. Mais on conçoit qu'il n'y ait pas de règle fixe pour cet ameublement qui doit, avant tout, répondre aux besoins des personnes qui habitent les chambres, pas plus d'ailleurs qu'il ne peut y en avoir pour le luxe de l'ameublement, son élégance ou sa richesse. Le goût et surtout la fortune de la famille font loi.

Le meuble qui attire le plus l'attention est le *lit.*

En parlant des lits chinois, n'oublions pas de faire une distinction entre les régions chaudes et les régions froides.

Demandez à un habitant de Canton ou de Chang-hai *si son lit n'a pas de fumée....* il ne vous comprendra pas ; — demandez à un Chinois du Tché-ly si la *paille ouvrée* ou le *jonc* de son lit est solide, il ne comprendra pas non plus la question.

Au midi et au centre de l'empire, le lit se compose de quatre pieds supportant un fond de bois ou de jonc tressé ou de paille ouvrée, à la manière de nos chaises cannées. Pour ce meuble comme pour les autres, il n'est pas de limites à sa beauté, à sa richesse ; mais, par contre, il peut se réduire, au midi comme au nord, à une planche posée sur deux chaises, deux bancs, deux tables.... et même il peut avoir, comme dernière expression, le sol nu.

Le lit est le meuble auquel on tient le plus et pour lequel se font de grands sacrifices ; on peut dire qu'après le cercueil, c'est l'objet le plus précieux pour les Chinois. Il en est qui atteignent un prix très élevé.

Arrivons à la literie. Sur le fond de bois ou de jonc on pose un *matelas....* La même réserve que l'on doit apporter à l'éloge des coussins chinois, au point de vue de leur moelleux, doit être faite aussi pour les matelas des hommes aux cheveux noirs. Ces matelas ne sont autre chose que des *couvertures piquées*, coton placé entre deux étoffes piquées en tous sens. Ajoutez à un matelas de ce genre un traversin aussi dur que possible — parfois même c'est un rouleau de bois, — puis une couverture pareille au matelas, mais plus mince : cela constitue une literie luxueuse! Il n'est pas rare, en effet, qu'une seule couverture serve à la fois à garnir le fond du lit et à abriter le dormeur. Dans cette hypothèse, la couverture est un peu plus large; avant de se coucher, on en rejette une partie en arrière, avec laquelle on se couvre ensuite.

Et les draps? dira-t-on.

Les draps sont inconnus. Les lits sont larges; les personnes malades peuvent avoir près d'elles tout ce qui leur est nécessaire soit pour se soigner, soit même pour se distraire : la place ne manque pas.

Tels sont les lits du midi et du centre. Passons maintenant au nord.

Dans cette région, le meuble change! Les brusques variations et l'abaissement de la température pendant la nuit ont fait adopter des lits qui ne sont plus ni en jonc ni en bois, mais bien *en terre* ou *en briques.*

Ces massifs de maçonnerie sont traversés par des petits canaux que doivent parcourir l'air chaud et la fumée.

Dans les intérieurs aisés, il existe des foyers spéciaux destinés à chauffer les lits et qui font l'office de calorifères. Mais dans les familles pauvres, les petits canaux des lits aboutissent d'un côté à une ouverture dans le mur extérieur, et de l'autre au fourneau où se fait la cuisine. La fumée doit donc, avant de trouver une issue au dehors, circuler à travers tous les conduits, et chauffe ainsi le lit, qui sert de canapé pendant le jour. Le lit, à son tour, quand le feu est bien nourri, chauffe la pièce durant plusieurs heures; ce massif de briques ou de terre glaise reste longtemps chaud.

Un seul feu, chez les pauvres, sert donc à préparer la nourriture et à réchauffer la famille, double emploi très appréciable dans un pays où le combustible est rare.

Quand les lits se trouvent dans des pièces séparées, ils sont chauffés par deux ou plusieurs foyers; mais ce n'est pas le fait des pauvres. Chez ceux-ci le massif est assez étendu pour recevoir tous les membres de la famille.

La couverture ouatée et piquée, qui sert de matelas, est souvent remplacée par des nattes de jonc, ou du feutre, ou des tapis faits avec des rognures de peaux de mouton. Cette dernière substitution est un vrai luxe, d'autant que certains de ces tapis sont teints et fort beaux. Dans les hôpitaux païens du nord, à Pé-kin, par exemple, les massifs (*kan*) des salles sont de grandes dimensions ; ils peuvent recevoir cinquante, soixante et même cent personnes. Mais comme on a lieu de craindre que les malades ne volent leur matelas, le feutre qui remplit ce rôle est *cloué*.

Une couverture piquée et un traversin complètent la literie ; il arrive souvent aussi dans le nord ce que nous avons signalé au midi : on manque de couvertures ; alors le feutre est replié, quelquefois en forme de sac dans lequel le malade se glisse.

En principe, toutes les maisons bâties dans les plaines d'alluvions et les régions voisines des fleuves sont établies sur pilotis. Un escalier ou une échelle y donnent accès ; on évite ainsi les inconvénients de l'inondation, qui sans cela apporterait souvent quelque trouble dans l'ameublement et l'ordre intérieur.

Quand l'emplacement le permet, on creuse un petit canal autour du carré où s'élève l'habitation. La terre extraite de ce canal est rejetée sur le carré; le sol se trouve ainsi exhaussé d'environ un mètre. On foule la terre et, si cela est possible, on mêle à la dernière couche des cailloux, des débris de poterie. Les pauvres se contentent, au lieu de parquet, du sol ainsi préparé; mais l'usage est de le recouvrir de carreaux rouges ou de dalles coloriées qui sont généralement très belles.

Ayant donné quelques indications sur la *scène* de la vie réelle, voyons comment les Chinois s'y conduisent.

V.

Le caractère général de ses croyances et de ses devoirs a donné au Chinois une gravité dont il se départ rarement, même dans ses plaisirs. On dirait vraiment qu'il naît sérieux.

Les enfants chinois n'ont point dans leurs jeux l'expansion bruyante que les nôtres manifestent souvent hors de propos, qu'ils poussent généralement jusqu'à l'exagération, et qui fait redouter aux gens paisibles le voisinage des collèges ou des écoles.

Il est convenu en Europe, en France surtout, que *crier* est un excellent exercice pulmonaire. Soit! mais les Chinois se passent fort bien de cet exercice; ils tombent même dans l'excès inverse de celui de nos écoliers — et ne s'en portent pas plus mal.

Les maîtres européens qui, dans l'extrême Orient, instruisent tant d'enfants indigènes, se sont dès le début efforcés d'animer les récréations; ils ont obtenu le résultat qu'ils désiraient; mais l'enfant chinois qui, dès le berceau, entend vanter le *respect de soi-même*, qui voit pratiquer le *décorum*, est porté par son éducation à ne pas dépasser certaines limites du laisser-aller. Il devient gai, il s'anime, sans cependant être bruyant.

Le respect de soi-même était recommandé par Confucius comme une règle de conduite essentielle. Le principe de ce conseil a survécu, et quand on manque à ce devoir — ce qui n'est pas rare, — les apparences sont sauves cependant. Ceci revient à dire que le respect de soi-même est toujours *apparent*, même quand il n'est pas réel; si on n'a pas la *chose*, du moins on en montre l'*image*.

Les personnes qui ont visité seulement le littoral de la Chine, les villes ouvertes depuis plusieurs années au commerce étranger, sont en général disposées à attribuer à tous les Chinois bon nombre de défauts et de vices.

Au contraire, celles qui ont pénétré dans les villes encore à l'abri des entraînements étrangers sont d'accord pour reconnaître, d'une part, que les qualités natives des Chinois compensent largement leurs défauts, et d'autre part, que le mal, lorsqu'il existe, se cache de telle sorte qu'il ne produit pas de scandale.

Le vice d'ivrognerie, par exemple, est en Chine un article d'importation : ce sont les Européens qui l'ont enseigné et l'enseignent au peuple. Mais encore, si le Chinois s'enivre, c'est chez lui ou chez un ami, loin des regards indiscrets. Le nombre des habitants des ports qui se montrent dans les rues en état d'ivresse est plus faible que celui des étrangers de passage. Cela n'est certes pas à l'avantage de la civilisation occidentale.

La gravité du Chinois n'est pas de la mélancolie; elle résulte d'un sentiment de dignité personnelle comprise dans un sens un peu spécial, et se manifeste par un maintien qui semble de commande, mais qu'on imite involontairement après qu'on a vécu dans un milieu tout chinois.

Le type idéal de la beauté pour l'homme est une beauté *massive;* il faut être *homme de poids.* La femme, au contraire, doit être svelte, puisqu'elle est dans la famille comme une *timide souris* ou comme une *ombre.* Il serait illogique de la vouloir d'une forte corpulence! Mais les esprits malins — des diablotins, des mauvais génies! — font qu'en général les femmes ne ressemblent pas à des souris, moins encore à des ombres. Privées d'exercice par la déformation de leurs pieds, retenues au logis par la coutume, elles ont, dans les villes, plus de disposition à l'embonpoint que les hommes appelés au dehors par leur état.

Dire à une dame que son visage ressemble à la *pleine lune,* qu'elle a le teint couleur de *graisse nouvellement fondue....* c'est témoigner de l'admiration pour elle; lui assurer que les oies sauvages descendront du ciel et que les poissons sortiront de l'eau pour la regarder.... c'est lui faire de gracieux compliments.

Mais c'est là le petit côté de la vie; et ces détails ne sont point de nature à faire connaître une société. L'éducation chinoise développe plus la raison et le bon sens que l'imagination.

Les Chinois sont *pratiques*. Les jeunes filles apprennent à tenir le ménage, c'est-à-dire qu'elles sont initiées aux mille devoirs qui s'imposent à une maîtresse de maison. Dans leurs distractions mêmes, elles se rendent utiles ou agréables à la famille. Quand elles ont fait leurs vêtements, brodé leurs petits souliers.... elles peignent sur étoffe ou papier, elles brodent, et par là contribuent à orner la demeure commune.

L'instruction est donnée aux jeunes filles, autant que faire se peut, près de leur mère, dans l'intérieur de la famille. Celles dont les parents ont de la fortune et qui, elles-mêmes, ont du goût pour la littérature, font des études assez étendues. Mais en général, pour la majorité des jeunes personnes, ces études sont très sommaires.

Et les petits garçons?

Pour eux, la règle est bien différente. La première ambition de l'enfant est de devenir un *lettré*, car s'il n'a pas de grades académiques, s'il n'a pas subi avec succès au moins l'examen du baccalauréat, il n'atteindra aucun échelon de la hiérarchie administrative. L'étude est donc la voie unique qui mène aux honneurs, et le père de famille a le devoir de maintenir ses fils dans cette voie.

L'instruction coûte peu, parce que le maître d'école installé dans le village par l'initiative privée reçoit une somme minime fixée d'avance, produite par une cotisation pour laquelle chacun donne ce qu'il peut. C'est là du moins ce qui se produit très souvent.

Il serait inexact de dire que tous les Chinois savent lire, déchiffrer tous les caractères de l'écriture ; mais on peut poser comme règle générale que l'instruction est le but vers lequel les parents s'efforcent de diriger leurs fils. Les enfants arrivent à l'école bien convaincus qu'ils remplissent, en s'instruisant, une obligation du grand devoir de piété filiale. Ils savent aussi que leur maître, — l'homme auquel ils devront de *vivre par l'intelligence* et d'atteindre peut-être un jour aux plus hautes dignités, — a droit au même respect que s'il était leur propre père.

Et comme les devoirs réciproques ne se neutralisent pas, voici une des conséquences de ce respect, une des formes extérieures qu'il revêt.

Il est de règle que dans la ville comme sur les routes, tout Chinois descende de palanquin ou de voiture quand passe un fonctionnaire, et cette règle atteint même les *lettrés* quand le fonctionnaire qu'ils rencontrent est d'un grade supérieur au leur. Si donc un jeune mandarin et son jeune maître d'école se croisent sur le chemin, le maître descendra de palanquin s'il a un titre moins élevé que celui de son élève. Mais celui-ci descendra aussitôt de son palanquin ou de sa voiture ; fût-il membre de la haute académie, il ne s'affranchira pas de ce devoir.

L'élève ne s'assied devant son maître que si celui-ci l'y invite expressément. En un mot, toutes les formes extérieures du plus grand respect sont un droit pour le maître ; les Chinois l'oublient rarement et croient se respecter eux-mêmes par l'observance rigoureuse de cette obligation morale.

Pauvres maîtres de France ! honnis si souvent, oubliés si vite ; envers qui les parents se croient largement libérés quand ils vous ont compté vos honoraires ; pauvres maîtres ! ne souhaiteriez vous pas que, sur un point au moins, nos enfants devinssent un peu Chinois ?

C'est surtout dans la période d'instruction primaire que l'écolier est initié au devoir de l'homme. La *morale* est la base de tout l'enseignement ; mais la part qui lui est faite est plus large au début des études, parce qu'il faut *armer* l'enfant, façonner son jugement, cultiver son cœur, avant de faire *briller son esprit*.

Aussi ses premiers devoirs, tout comme les lectures et les récits par lesquels le maître soutient l'attention de l'écolier, ont-ils pour sujet soit un fait historique qui intéresse la gloire nationale, soit un acte de piété filiale pieusement conservé dans les annales de la nation. Faut-il quelques exemples?

Tantôt c'est un enfant qui pleure parce qu'il n'éprouve pas, sous les coups que lui donne sa mère, une douleur égale à celle qu'une semblable correction lui avait fait éprouver la veille.

« Ma mère est malade, dit-il tout en pleurs, car sa main n'a plus la même vigueur! »

Tantôt c'est un grand mandarin qui, les devoirs de sa charge remplis, rentre au plus vite près de sa mère pour la distraire et la servir.

Une autre fois, c'est un joueur qui a ruiné sa famille, réduit ses parents à la mendicité, et qui ne peut plus ni trouver un asile ni s'assurer un cercueil!.... Ou bien encore c'est un homme élevé par son mérite au pouvoir suprême et qui, victime d'un complot de ses frères, complot qu'il déjoue, ne divulgue pas le crime auquel il a échappé. Mieux encore, loin d'user de sa puissance pour punir secrètement ses meurtriers, il s'offre pour toute vengeance de combler ses frères de bienfaits.

C'est enfin un voleur qui, sur le point de mourir, reproche à sa mère d'être cause de sa perte, parce qu'elle ne l'a pas puni lorsque, étant enfant, il commettait de petits larcins.

Il est rare que ces exemples aient une forme impersonnelle; ce ne sont point des *pièces de littérature* (style chinois) sorties de l'imagination d'un auteur bien intentionné. Ces faits sont présentés aux écoliers avec le cachet d'authenticité auquel l'enfance, plus encore que l'âge mûr, attache une si grande importance. Ils se sont passés *en telle année*, dans *telle contrée*, entre *telles et telles* personnes. Et comme on sait que plusieurs empereurs ont exigé que de tous les points de l'empire les fonctionnaires envoyassent à la cour le récit des actes les plus remarquables accomplis dans leur ressort respectif, nul ne doute de la parfaite exactitude de l'exemple.

De cette méthode d'enseignement il résulte que l'enfant auquel une humble condition sociale ou une intelligence peu développée ne permettent pas de s'instruire longtemps, emporte au fond de son cœur, comme un précieux trésor, le germe de bien des vertus.

Il est totalement ignorant des sciences et des lettres, car on n'est pas *lettré* parce qu'on sait lire quelques caractères. Mais il a une donnée précise de ses devoirs; il a présents à l'esprit des exemples que, plus tard, il cherchera à imiter. Avec un tel début dans la vie, si l'enfant trouve au foyer domestique la pratique des vertus dont il connaît la théorie, nul doute qu'il ne devienne un homme de bien.

Il verra son père offrir aux aïeux les hommages de la famille entière; il verra sa mère, toujours douce et bonne, l'encourager dans le bien, pardonner ses erreurs, redresser son jugement; il verra que le travail s'impose à tous comme une loi de régénération, non comme un châtiment; il verra, aux jours de fête, la famille réunie offrir à son chef un témoignage de respect....

Mais où trouver de tels foyers? Ne sont-ils pas, en tous pays, des exceptions bien rares à la loi d'indifférence, d'égoïsme et de *jouissance* qui domine les sociétés!

Le livre chinois très élémentaire des Trois Caractères (*san-tse-kin*) débute par une maxime contraire, en apparence du moins, à cette idée admise chez nous, que « l'homme *naît* mauvais. »

Les Chinois disent : « La nature première de l'homme est bonne,.... mais les mœurs éloignent du bien; si l'éducation fait défaut, la nature dégénère.... »

On voit de suite que la contradiction est seulement apparente : la nature reconnue comme *bonne* par les Chinois est la nature première, primitive, avant qu'elle soit modifiée, altérée par l'homme lui-même (1).

Mais, en outre, l'auteur a eu en vue le mal moral, œuvre

(1) Ce texte peut avoir une grande importance au point de vue de la notion de la faute originelle chez les Chinois.

résultant de l'usage même de la vie, de l'abus des biens et de la liberté dont l'homme se croit maître sans contrôle.

Le philosophe chinois qui écrivait, sous la dynastie des Song, que « l'homme s'éloigne peu à peu de la nature première et bonne, » ne se méprenait pas sur le caractère de ses compatriotes : c'est bien l'usage de la vie qui a modifié en mal ce caractère, et leurs enfants héritent de leurs défauts comme ils héritent de leurs qualités.

Aussi longtemps qu'on s'arrête à l'homme *extérieur*, aussi longtemps qu'on regarde l'*écorce* du Chinois, on ne trouve vraiment rien à répondre; mais si, pour suivre le conseil de Confucius, on se met à sonder « les poumons et le foie » de ce même Chinois, si l'on regarde l'homme intérieur.... le tableau impressionne tout autrement.

Lorsqu'une source n'est pas alimentée, elle tarit; il en est de même de la vertu. La vertu purement humaine n'est, à vrai dire, qu'une apparence, une ombre de la vertu réelle; elle manque de force et n'en peut communiquer aucune; elle ne peut vivifier l'homme, puisque c'est à l'homme même qu'elle doit une vie factice.

La source de la vertu est plus haut! Elle est en Dieu.

Avec ce qu'on peut appeler un embryon de foi, avec le culte des ancêtres et celui des génies pour tout culte, les Chinois se sont habitués à puiser leur force en eux-mêmes, et peu à peu ils en sont venus à façonner la vertu; ils l'ont faite à leur taille.

Le prince seul sacrifie au Ciel; le chef de famille ne porte ses hommages qu'aux ancêtres. En même temps qu'il est le ministre de leur culte, il est leur futur *collègue*, car il participera à leur pouvoir.

Les hommages qu'il leur rend, ses fils les lui rendront un jour.

Quelle est la puissance des ancêtres? Quelle sera celle du chef actuel de la famille lorsqu'il aura passé le *grand torrent?* Un doute sur ce point vient-il à naître dans l'esprit de ce chef, nul n'a qualité pour le lever, car il est lui-même le *chef du culte* privé.

Que devait-il resulter, à la longue, d'un pareil état de choses?

Fatalement, les Chinois devaient être amenés à attendre beaucoup, sinon *tout*, de leurs propres forces; à s'attacher aux biens péniblement acquis, à s'efforcer d'en conquérir d'autres.... Ils se pelotonnent, pour ainsi dire, dans l'existence qu'ils se sont faite et redoutent, comme un ennemi, quiconque menace les habitudes transmises par leurs pères, parce qu'ils craignent de perdre au change en s'en créant d'autres.

Plus encore ! ils repoussent tout ce qui leur paraît de nature à exiger un effort supérieur aux forces qu'ils s'attribuent, une lutte plus ardente, un courage plus grand.... Ils craignent et repoussent tout ce qu'ils ne connaissent pas.

Les défauts des Chinois sont faits d'une sorte d'égoïsme sauvage et de lassitude. C'est par égoïsme qu'ils manquent de sincérité; par égoïsme qu'ils violent la foi jurée; par égoïsme barbare qu'ils tuent leur ennemi; par égoïsme qu'ils prélèvent des profits là où ils devraient s'en abstenir....

C'est par lassitude qu'ils abandonnent leurs enfants; par lassitude qu'ils les tuent. Et comme « l'habitude devient une seconde nature, » c'est cette seconde nature qui est mauvaise chez le Chinois.

Qu'il la dépouille : aussitôt on verra apparaître la nature *première et bonne* dont parle le philosophe.

Voilà ce que nous croyons être la vérité sur le caractère chinois.

Doit-on les blâmer sans réserve? Gardons-nous de l'affirmative. Et pour faire comprendre cette restriction, limitons de suite la nature de l'*égoïsme* du Chinois.

Cet égoïsme a pour cause, chez le pauvre, la misère, produite par la difficulté de *faire le vivre*, et la croyance que l'homme, maître de la vie de ses enfants ou de ses ennemis, peut en disposer à son gré.

Il a, chez les grands, son origine dans le désir de ne pas perdre l'influence et les biens qu'ils ont acquis dans l'exercice de leurs fonctions.

L'égoïsme se trouve ainsi précisé et limité. Il redoute surtout l'étranger, l'inconnu et, en second lieu, une difficulté plus grande à subvenir aux besoins quotidiens de la vie matérielle. Il n'étouffe ni la commisération, ni la pitié, ni l'affection. Mais il peut dominer parfois ces sentiments.

Ce qui manque aux Chinois pour exercer leurs qualités les plus nobles, c'est beaucoup moins la volonté d'être utiles à leurs compatriotes, que la science de faire le bien. La *volonté* existe chez eux : on fait creuser des puits d'eau douce là où l'eau commune est saumâtre ; — on en creuse sur les grandes routes, afin que les voyageurs puissent se désaltérer ; — on ouvre des *asiles de nuit*, où les malheureux trouvent un abri et deux rations de la nourriture en usage dans la contrée ; — on bâtit des orphelinats pour les petites filles, des hôpitaux pour les malades, des hôtelleries sur les routes ; — on entretient sur les fleuves des *barques de miséricorde* où les voyageurs trouvent asile et secours....

Ce ne sont donc pas les institutions de bienfaisance qui font défaut. Et cependant cette bienfaisance ne produit pas les heureux effets qu'on attend d'elle, car il lui manque le souffle de la Charité chrétienne. Nous verrons bientôt celle-ci à l'œuvre, au milieu des mêmes hommes, agissant avec des ressources restreintes, demeurant sans cesse sous le coup de persécutions violentes, et malgré tout, progressant, se faisant aimer de ceux qui souffrent et respecter même de ses persécuteurs.

On peut dire qu'en général les Chinois sont inconscients de leur égoïsme, ce qui, d'ailleurs, est le fait de tous les égoïstes en tout pays. Ils ne se rendent pas un compte plus exact de leur *lassitude* morale.

La misère, dans un pays païen et peuplé comme la Chine, prend un aspect plus lugubre que celui qu'elle revêt en Occident : c'est la misère noire, qu'aucun rayon d'espoir ne vient éclairer !

Il y a, — le fait est incontestable, — bon nombre d'établissements de secours ; mais la bienfaisance est comme stérile. En supposant qu'elle rassasie tous les affamés, qu'elle leur procure du riz à tous...., elle est inhabile et impuissante à réchauffer leur cœur, à relever leur courage abattu !

Chacun connaît les effets de la misère, et nul n'est désireux de s'engager dans la voie qu'on sait y conduire.

Lors donc que des enfants nombreux naissent dans une famille peu aisée, on garde un ou deux petits garçons *pour les ancêtres!* Puis on vend — *au prix de* 15 *c. environ la livre,* — on abandonne ou on tue les fillettes dont, plus tard, le mariage, par ses fêtes et ses frais obligatoires, absorberait tout le pécule de la famille (1).

La vie, pour le pauvre, est faite de souffrance et de combats ; l'enfant qu'on plonge dans le vase d'ignominie ou dans le cendrier.... souffre bien peu ! « Elle souffrirait bien plus pendant toute une vie de labeur, de peines, de soucis. Quant à la famille, l'enfant, sûrement, serait cause de sa ruine. Nous sommes si pauvres, d'ailleurs, que nous ne pouvons songer à nourrir une bouche de plus ! »

Ainsi raisonne le Chinois, et, la conscience tranquille, il se débarrasse de la fillette.

L'infanticide, nous l'avons dit ailleurs (2), l'abandon et le vol (3) des enfants, ne peuvent être niés, puisque des documents officiels ont été publiés dans le but d'extirper ces *coutumes barbares.*

« Etes-vous certains, disent les auteurs des proclamations, de n'avoir pas un peu de riz pour nourrir vos enfants? Savez-vous ce que l'avenir vous réserve, et si, en tuant vos filles, vous ne sacrifiez pas la gloire de vos familles ?

» Vous tuez vos filles dans la crainte des dépenses que

(1) V. *La vie réelle en Chine* (Chang-hai).
(2) *Idem.*
(3) V. *Les Chinois peints par un Français.*

vous causerait leur mariage. Mais d'ici à ce temps, ne serez-vous pas plus riches? Et puis, pourquoi faire des fêtes ruineuses?

» Nous défendons qu'on dépense comme par le passé; voici des règles établies suivant les fortunes : qu'on les observe, qu'on obéisse en tremblant! »

C'est fort bien, c'est fort beau.... mais les pauvres Chinois, pressés par la misère, continuent à se débarrasser de leurs fils infirmes et de bon nombre de leurs filles.

Encore bien que l'infanticide n'ait pas le caractère que certains auteurs lui prêtent, son existence, son exécution par un moyen *direct* — comme l'asphyxie dans le vase de bois, dans la terre ou dans l'eau, — ou *indirect*, comme l'abandon devant la maison de personnes riches, ne peuvent être mises en doute.

Le gouvernement et de riches particuliers s'efforcent d'établir des asiles pour recevoir les filles des familles très pauvres. Mais soit que les Chinois aient la certitude que leurs enfants seraient mal soignés dans ces asiles, soit qu'ils hésitent à faire connaître leur misère, à révéler leur honte, ils en usent peu.

Au contraire, dès que les orphelinats catholiques sont connus dans une contrée, les enfants y affluent jusqu'au jour où une tourmente sociale arrête l'œuvre dans son essor.... Alors on attend, on rebâtit, et de nouveau les petites créatures ont un abri.

Que faut-il donc pour que, sous toutes ses formes, l'infanticide disparaisse, ou du moins pour qu'il ne se produise, en Orient comme en Occident, que par exception?

Il faut apprendre au Chinois qu'il n'est pas *maître* de la vie de ses enfants; lui apprendre qu'il est chargé d'une mission sur terre, et qu'il rendra compte un jour de la manière dont il aura rempli cette mission.... Il faut qu'il ouvre les yeux à la foi chrétienne.

On ne doit pas croire cependant que le meurtre de leurs

petits enfants laisse toujours les Chinois sans remords ou, du moins, sans craintes superstitieuses.

Ces pauvres gens ont une étrange croyance : ils pensent que l'esprit des enfants qu'ils ont tués vient leur *redemander une vie*. De sorte que si après avoir tué une fillette ils ont un fils, et que ce fils vienne à mourir, ils disent que c'est l'*esprit de sa sœur* qui est venu le tuer.

Beaucoup admettent aussi que les parents coupables d'infanticide sont eux-mêmes en butte aux tracasseries et aux poursuites ennuyeuses ou mortelles des *petits esprits*. Sur cette croyance s'appuient les plus ardentes exhortations à la conservation de tous les enfants. Des images représentent les tourments des parents coupables ou de leurs fils ; d'autres, au contraire, rappellent les récompenses et les honneurs dont sont généralement comblées les personnes qui ont élevé tous leurs enfants ou celles qui ont empêché le meurtre de petits voisins.

Rien de plus étrange que les gravures représentant les tourments des coupables. Tantôt ce sont des petits diables saisissant leurs parents par les cheveux, leur arrachant le fils qu'ils chérissent, leur apportant des maladies. Tantôt c'est un *lettré* qui subit les épreuves écrites du doctorat. Il va toucher au but de tous ses efforts, il espère sortir vainqueur de cette lutte dont le prix est une brillante carrière. Le voici devant la table ; son pinceau est levé.... il va écrire....

Tout à coup des diablotins apparaissent ! L'un touche à son pinceau, l'autre tire le papier au moment où le lettré croit parvenir à écrire ; un troisième l'empêche de se servir de l'encrier ; un quatrième lui chatouille les jambes.... Ses cheveux se hérissent, le temps s'écoule.... Il se remet cependant, ce pauvre candidat ; et vite, il essaie d'écrire.... Mais l'épreuve commune est finie, les concurrents ont remis leur mémoire, lui seul ne peut donner qu'une page mouchetée de signes hiéroglyphiques, à gauche, à droite, en haut, en bas, suivant le caprice des diablotins.

On dit que ce candidat est *fou....* il meurt de chagrin et d'épouvante !

Malheureusement, tout le monde se contente de *convenir* qu'il est horrible de tuer les petits enfants.... et les anciens errements continuent à être suivis quand les atteintes de la misère dépassent le courage des pauvres.

La misère et la famine sont sœurs. Lorsque la récolte manque, les cultivateurs, qui en auraient vendu une partie, se trouvent sans argent et sans nourriture. Quant aux provinces industrielles, ne trouvant pas facilement à échanger ou à vendre leurs produits, elles sont en peu de temps à bout de ressources. Le commerce étranger peut modifier cette situation ; mais encore faut-il que l'épargne suffise aux premiers besoins.

C'est pendant de telles crises que l'intervention du gouvernement devient nécessaire. Les éléments de secours ne manquent pas, et quand les ordres de la cour ont été bien exécutés, les greniers d'abondance renferment d'énormes amas de riz qu'on distribue au peuple. Dans ces circonstances douloureuses, l'Etat, en effet, n'oublie pas ses devoirs envers la société souffrante ; les riches particuliers eux-mêmes ne restent pas spectateurs impassibles de la misère et de ses drames ; les sacrifices pécuniaires sont nombreux, les dons abondants, et l'on peut dire que l'égoïsme a disparu.

Mais d'une part la misère est si grande, que ni les libéralités de l'empereur ni celles des « bons riches » ne suffisent à la soulager, et d'autre part, ces libéralités passent par tant de mains avant d'arriver aux pauvres, qu'elles se trouvent, en fin de compte, singulièrement diminuées.

Chaque année, à l'entrée de l'hiver, le souverain fait distribuer, principalement dans les contrées du nord, un nombre considérable de vêtements ouatés. Mais.... le Fils du Ciel est trompé tout comme les autres monarques ! Il donne l'argent nécessaire pour que les vêtements soient faits en bonne étoffe et qu'ils soient bien fournis de coton.... On rogne, hélas! sur l'extérieur comme sur l'intérieur : l'étoffe est de la dernière qualité, le coton a été épargné.

Les pauvres, soit qu'ils apprécient peu ces vêtements, soit qu'ils leur préfèrent quelque monnaie, ont coutume de les vendre. Cependant, depuis quelques années, le souverain, ayant été averti, a pris une mesure qui empêche cette vente : tous les vêtements portent un chiffre spécial; les *paletots* sont marqués au milieu du dos.

La sobriété et la frugalité des Chinois facilitent la tâche des bienfaiteurs des malheureux.

La nourriture habituelle de tous, riches ou pauvres, a pour base le riz : sans riz, point de repas. Les heureux du siècle ajoutent à ce plat fondamental des mets variés dont certains — comme les *nids d'hirondelles,* par exemple, — coûtent cent, deux cents francs....

Ce sont là d'heureuses et relativement rares exceptions. La classe aisée se contente de moins. La chair préférée est celle du porc, qui est très bonne en Chine. Le poisson abonde dans toutes les régions traversées par les fleuves et les rivières. Il y en a aussi dans les canaux, mais moins estimé, à cause de l'odeur de vase qui lui est propre. Les rizières mêmes sont empoissonnées par les soins des cultivateurs, qui, au moment de la submersion des champs, achètent du *frai.* Les Chinois, habiles pisciculteurs, connaissent les espèces qui conviennent le mieux aux eaux dans lesquelles le poisson doit vivre et se développer rapidement; ils en ont qui, dans les rizières, en deux mois, trois mois au plus, sont en état de servir à l'alimentation.

Les légumes et les fruits sont très variés et très abondants.

On peut donc, sans faire de dépenses comparables à celles qu'exige la nourriture en France, se procurer des aliments nutritifs et agréables. Au reste, les Chinois sont moins *exclusifs* que les Européens. Ils n'ont pas les mêmes répugnances, les mêmes préjugés, et mangent.... tout ce qui est mangeable.

Les *rats*, par exemple, soit à l'état frais, soit desséchés au soleil, servent à l'alimentation. Il en est de même des sauterelles. L'*âne* est un mets très recherché et avec raison, car sa chair est exquise, pourvu que le baudet ne soit pas trop âgé. La viande de chien comestible et celle du porc sont d'un usage général.

Les Chinois servent leurs aliments découpés en petits cubes et arrangés en forme de pyramide ou de demi-sphère.

En général, ces aliments sont mêlés, ou bien on sert deux ou trois plats à la fois; de sorte qu'avec leurs bâtonnets les convives saisissent les morceaux qui leur conviennent. Les assaisonnements sont d'un usage commun; on en sert plusieurs, et le choix a lieu suivant le goût : le gingembre, l'assa-fœtida (!) (*kou-ky*), le girofle, la cannelle, les piments.... sont fort appréciés.

Les hors-d'œuvre préférés consistent en poisson salé depuis longtemps, en œufs pourris (*py-tan*), c'est-à-dire en œufs de canard qui, étant demeurés trente à quarante jours dans un mélange de chaux vive et de cendres, sont cuits durs et.... *odorants*. On les sert coupés par filets minces; point de repas soigné sans *py-tan*. Mais les Européens n'en supportent que difficilement l'odeur et ne se décident à en manger qu'après un long séjour en Chine. Alors ils arrivent à l'apprécier.... tout comme de bons Chinois.

Ce que nous appelons les « œufs pourris » n'est qu'un hors-d'œuvre qui sert à aiguiser l'appétit. Voici un autre plat, plus répandu encore, qui se trouve sur toutes les tables et qui, dans certaines contrées, dispute au riz son rôle d'aliment prépondérant : c'est le *teou-fou*, nom qui littéralement signifie *haricots pourris*, ou, pour mieux dire, décomposés. Hâtons-nous d'ajouter que cette dénomination ne donne aucune idée du teou-fou.

C'est un *fromage* fait avec le *lait* que donne une sorte de petit haricot assez semblable par sa forme à notre haricot-*riz*, mais dont la plante et la fleur ressemblent fort peu à celles de nos haricots ou de nos pois, ou moins encore de nos fèves, avec lesquelles cependant ce haricot a quelque rapport. Quand ce petit légume est parvenu à maturité, on arrache les pieds, on laisse les gousses jaunir, puis on en sépare les grains. Dès qu'ils sont secs, et même dès qu'ils sont sortis de la gousse, ils perdent environ la moitié de leur volume. Aussi, avant de faire le *lait*, doit-on laisser tremper les haricots pendant quelques heures, surtout s'ils sont cueillis depuis longtemps ; ils reprennent alors leur volume primitif.

Voici comment on procède pour obtenir le lait.

Les haricots étant trempés, on les met sous la meule, — que possède toute famille, — avec de l'eau à raison de cinq grains par cuillerée d'eau. On tourne la meule et il coule du *lait*. Ce lait est épais ; il contient des pulpes, des morceaux mal écrasés. On doit donc le passer à travers une étoffe fine et sans apprêt.

Ce n'est point par image que nous appelons *lait* le produit de ce haricot écrasé dans de l'eau. Le liquide ainsi obtenu est d'un blanc jaunâtre ; il *enfle* au feu et il caille. Il caille, non seulement par addition d'une substance *ad hoc*, mais aussi de lui-même, naturellement. L'expérience nous l'a prouvé. Nous croyons même que la substance mêlée par les Chinois au lait de haricots n'a aucune propriété coagulante : ce n'est autre chose, si l'analyse ne nous a pas trompé, que du plâtre grossier. Il est possible qu'en certaines régions les Chinois emploient un ingrédient plus actif. Quoi qu'il en soit, le plâtre enlève au lait de haricots une partie de son âcreté.

Le lait se coagule rapidement en masse compacte, imitant à s'y méprendre ce qu'on nomme le *caillé*. Placée dans un moule, cette masse se débarrasse du *petit-lait* ; le fromage est fait. On le mange à l'état de caillé ou à l'état de fromage sec ; mais alors on mêle généralement du piment au lait.

Ce mets est-il bon ? A l'état de caillé, les Européens l'acceptent sans répugnance et ne tardent pas à le trouver agréable ; à l'état de fromage *fait*, qu'il soit ou non pimenté, il rallie moins de suffrages.... l'odeur n'en est pas appétissante. Mais il ne faut point médire du *teou-fou :* il est pour le pauvre une précieuse ressource, et nous voudrions voir cultiver en France le petit haricot qui le produit [1].

Les Chinois, contrairement à une opinion assez répandue, connaissent le pain et ils en usent. Mais leurs pains sont petits, cuits au four, à la vapeur d'eau ou bien à l'eau bouillante, et parfois *blanchis au soufre.* Ce pain de froment n'entre dans l'alimentation du peuple qu'au temps des grandes fêtes : le vrai pain du Chinois, c'est le riz. On décortique le riz peu avant de l'employer, ce qui lui conserve un goût, un parfum que nous ne lui connaissons pas en Europe.

Bien que cette nourriture faite de riz et de teou-fou puisse paraître le minimum de l'alimentation, la vérité cependant est que, dans certaines provinces, dans le Tché-ly *sud-est* par exemple, le pauvre la considère comme luxueuse.

En est-il plus triste ? Pourvu que le Chinois ait de quoi sustenter sa famille et soi-même, il est content, ou du moins résigné sans tristesse. Et que mangent ces pauvres déshérités ? Ils ont du maïs, du sorgho, puis aussi des aliments conservés dont ils usent pendant l'hiver, et des aliments frais au printemps, en été, en automne.

Dès que la végétation commence, chaque famille achète ou, mieux encore, va cueillir de la chicorée, des jeunes feuilles de mûrier ou d'orme.

« Avec ces feuilles, raconte Mgr Dubar, on fait de la salade ou bien on les jette dans une marmite avec de l'eau, du maïs ou du sorgho qu'on agite.... en cinq minutes le plat est prêt. »

Lorsque la luzerne est poussée, les pauvres s'empressent d'aller en ramasser quelque peu ; ils prennent aussi des *feuilles de choux,* car ils ont des variétés de choux qui ne pomment pas. Aussi longtemps que leurs larcins se bornent à cela, les propriétaires « ferment les yeux, » ils laissent faire,

(1) Ce vœu se réalisera bientôt, car avec la farine de ce haricot *(soja hispida)*, déjà cultivé en grand en Hongrie, M. Lecerf, pharmacien-chimiste, a obtenu un pain dont les diabétiques peuvent faire usage sans aucun inconvénient.

si même ils ne donnent pas aux malheureux quelques parcelles de leur récolte.

Les pauvres recueillent aussi les légumes de rebut. Les feuilles de choux, les légumes *variés* et souvent *avariés*, attachés à des cordes dans la cour de la maison, sèchent quelque temps, « après quoi on les met macérer avec du sel et du piment. » Tel est le début des provisions hivernales.

On complète ces provisions en se procurant, d'une manière ou d'une autre, de grosses raves. Ce précieux légume coûte peu. Pour une somme équivalant à 75 c. on en obtient *cinquante kilogrammes*. Cette rave est mise dans des récipients contenant de l'eau, du sel, du piment, et on la laisse à l'air libre. La fermentation se produit. Inutile, croyons-nous, d'insister sur l'odeur que dégage ce mélange. Mais Mgr Dubar assure que la rave, une fois pelée, est bonne.

La boisson nationale en Chine est le thé; mais cette infusion n'est pas à la portée de tous, bien que le thé de qualité inférieure ne coûte pas cher. Suivant les contrées on remplace cette boisson par une infusion de feuilles d'orme, une décoction de jujubes, ou bien par.... de l'eau chaude! Le thé se boit chaud, léger et sans sucre, dans de très petites tasses.

La valeur du thé ne résulte pas seulement du choix de la variété de la plante même, mais encore de la cueillette des feuilles. Les jeunes pousses sont plus estimées et forcément d'un prix plus élevé, puisqu'elles sont d'un rendement moindre que les feuilles plus développées.

Les Chinois ne font pas usage de vin de raisin, et cela depuis qu'un sage empereur des temps anciens défendit de cultiver la vigne autrement que pour en récolter des raisins de table. Ce souverain avait compris de quelle importance il était pour le bien du peuple que l'ivrognerie ne fût pas favorisée. Ajoutons que depuis l'ouverture de plusieurs ports au commerce étranger, les Chinois se procurent du vin et savent l'apprécier.

Ce que les Chinois produisent, vendent et consomment

UNE RUE DE MACAO

sous le nom de *vin*, n'est autre chose que de l'eau-de-vie faite avec les tiges de sorgho, la canne à sucre et les grains (maïs, millet, riz....).

Une prudente mesure vient encore protéger le peuple : la quantité de grains dont on peut extraire l'alcool est limitée. Sans cette entrave apportée à la distillation, il eût été à craindre que les céréales ne vinssent à manquer pour la nourriture.

Dans certaines occasions, le Chinois se départit de sa frugalité. Le premier jour de l'an, le *quinzième* jour du huitième mois, la naissance d'un fils, le mariage.... sont marqués par des fêtes qui toutes comportent un repas : repas qui, selon la fortune et la circonstance, est ou seulement meilleur que ceux des jours ordinaires, ou, — lors d'un mariage surtout, — devient un festin qui entraîne la ruine de la famille.

Les alliances se préparent de très bonne heure, presque dès le berceau, et la date du mariage se fixe bien longtemps d'avance. On choisit un jour qui soit de *bon augure*, et, ce jour-là, on va en grande pompe chercher la jeune fille dans sa famille, pour la conduire dans sa nouvelle demeure. Un grand repas est offert aux parents et amis. Les tables sont en général disposées de manière à recevoir chacune huit convives. Il y a autant de tables que la salle peut en contenir; mais souvent la salle n'est pas assez vaste pour que tous les invités puissent prendre part en même temps au repas. Dans ce cas, les premiers servis cèdent leur place à d'autres.

Les frais de la noce sont tellement considérables qu'il est d'usage de placer dans la pièce une corbeille où chacun dépose un cadeau.

Les Chinois ont un costume commode, beaucoup plus riche que celui des Européens. Leur vêtement de dessus, sorte de grand paletot ample, large, long, recouvre la partie supérieure d'une jupe. Le tout est en soie, d'une même couleur ou de deux couleurs. Le bleu de ciel, le rose, le grenat, le noir, sont les teintes préférées.

Les souliers sont larges, de la forme de nos *espadrilles*. Mais les hommes de la classe aisée portent des bottes en satin noir, confortables et très élégantes.

La coupe du costume des dames est, à peu de chose près, la même que celle des vêtements d'hommes. Seulement le paletot boutonne sur le côté, et les couleurs employées sont plus vives, plus gaies, plus variées.

La coiffure des hommes n'est pas uniforme; les saisons et les circonstances la modifient. *Bonnet* ordinaire, sorte de toque demi-sphérique, en satin uni ou brodé; bonnet en fourrure; cloche en jonc tressé avec goût; chapeau ou bonnet de cérémonie se repliant comme les *barrettes* de nos prêtres et tout couverts de broderies éclatantes. Les dames se font une charmante coiffure avec leurs cheveux. Comme elles ne sortent pas à pied dans les rues, elles n'ont que faire d'un chapeau. Mais l'arrangement de leurs cheveux leur en tient lieu et le remplace avantageusement. Cet arrangement artistique ne se fait pas chaque jour; pour le préserver de toute déformation, les dames se servent, comme nous l'avons dit, de traversins très durs, et même de rouleaux de bois.

Les salaires sont en Chine très peu élevés : 50 c. par jour environ. Les ouvriers habiles gagnent davantage, surtout les sculpteurs, qui sont de véritables artistes ; mais leur journée de travail leur rapporte rarement plus de 1 fr. 25 c.

Que faire, comment subsister avec de tels salaires? dira-t-on sans doute.

On vit heureux, cependant! Cela s'explique d'abord par la frugalité des Chinois; ensuite par l'extrême division de la monnaie ; enfin par le prix peu élevé des aliments. On gagne peu.... on dépense peu.

La monnaie courante, à vrai dire la seule *monnaie* chinoise, est le *tsien*, connu sous le nom de *sapèque*. Cent sapèques valent environ 50 c. L'artisan qui gagne 1 fr. 25 c. recueille donc 250 sapèques; et même l'évaluation de la sapèque est-elle parfois très inférieure à celle que nous donnons ici et qu'on peut regarder comme l'évaluation généralement admise dans les provinces du Midi.

En dépensant dix ou quinze sapèques par jour, l'ouvrier se nourrit. Pour ce prix, il n'aura certainement pas de *vin!* mais heureusement pour lui, il sait fort bien s'en passer. On voit que tout est relatif.

Les sapèques sont des morceaux de cuivre à peu près carrés, s'arrondissant par l'usure, et percés d'un trou à leur centre. On les enfile en chapelet. Après chaque cent on fait une marque au cordon. Quand il y a *dix centaines*, c'est-à-dire mille sapèques, on a une *ligature*. Cette ligature, qui, suivant l'évaluation que nous avons indiquée, représente 5 fr. de notre monnaie, pèse 4 kil. 500 gr. On la porte attachée à la ceinture. Il y a aussi des sapèques en zinc, dont la valeur est moindre.

On conçoit qu'avec une telle monnaie, les transactions importantes ne puissent se faire aisément. Aussi les Chinois ont-ils admis l'introduction dans l'empire des *piastres* espagnoles, qui, seules des monnaies européennes, ont cours dans l'extrême Orient. Cependant la méthode nationale suivie pour les transactions consiste à se servir de *barres d'argent*, qu'on divise suivant les besoins et dont on pèse les morceaux.

Depuis bien des siècles, les Chinois connaissent le papier-monnaie. Son usage est un peu tombé en désuétude, mais on s'en sert fréquemment dans le nord de l'empire. Il ne faut pas confondre ces billets, dont le cours varie d'ailleurs, suivant la rareté du numéraire ou les paiements à faire aux troupes et aux fonctionnaires, avec une *imitation* de papier-monnaie qu'on brûle à certaines époques en l'honneur des ancêtres, au lieu et place des véritables billets de banque.... Les Chinois sont des hommes *pratiques!*

Malgré cette modification économique apportée aux anciens usages, les funérailles comme les mariages, et plus encore peut-être, sont parfois une cause de ruine.

Pour bien habiller le cadavre de son père ou de sa mère, pour lui procurer un beau cercueil, pour lui faire des funérailles telles que le cœur d'un fils les désire, le Chinois vend, s'il le faut, ses meubles, il hypothèque sa maison, ses champs, les vend même.... C'est la ruine pour plusieurs années. Mais peu lui importe! il ne faillit pas à ce devoir.

On a même vu des Chinois se *faire voleurs* pour satisfaire à cette obligation de piété filiale, et croire qu'en agissant ainsi ils avaient bien mérité de leurs aïeux!

Le mort doit être revêtu de ses plus beaux habits; quand on peut lui en mettre *sept* les uns sur les autres, tout est au mieux. On enferme avec lui dans le cercueil du papier-monnaie (*imitation*), pour *payer ses dettes*. Il ne quitte pas la maison le surlendemain du jour où *son esprit est monté*, comme cela arrive aux morts européens : il reste au logis trois semaines, un mois, souvent *plusieurs mois*.

Deux causes permettent de garder les morts aussi longtemps dans la demeure commune. La première est une sorte d'embaumement par du mercure qu'on met dans la bouche du cadavre; la seconde est le *lutage* des cercueils, qui sont ensuite recouverts d'un vernis ou d'une laque qui ne permet le dégagement d'aucune émanation.

On garde le corps d'un proche parent — celui d'un père, d'une mère, d'un aïeul, d'un fils...., — d'abord pour honorer sa mémoire en n'ayant pas l'air de se débarrasser au plus vite d'une dépouille inutile, ensuite pour avoir le temps de recueillir la somme nécessaire aux funérailles. Enfin on le garde aussi quand le défunt meurt loin du berceau de sa famille où il doit être conduit.

Ce troisième motif de garde n'existe que pour les familles aisées. Le transport du cadavre peut être retardé pour plusieurs causes. La révolte des *Taï-ping*, par exemple, a retenu pendant plusieurs années bien des morts loin de leur sépulture définitive.

Les enfants du mort s'exercent à le pleurer selon les rites, et le cortège funéraire de simples particuliers appartenant à la classe moyenne semble vraiment un pompeux convoi précédé et accompagné d'une musique parfaitement discordante. Le cercueil est placé sur une sorte de brancard caché par des draperies de soie, surmonté d'un dôme, porté par vingt, trente, cinquante.... personnes.

Les sépultures chinoises ne sont pas des caveaux comme les nôtres : toutes sont *sur* le sol. Elles consistent, en principe, en une voûte allongée, fermée de tous côtés, sauf celui par lequel le mort doit être introduit. On glisse le cercueil par cette ouverture, puis on scelle l'entrée. Après quoi on fait des libations de vin.

Les tombes peuvent être recouvertes de terre : ce sont les sépultures des humbles. Elles peuvent se transformer en mausolées ou en temples : ce sont les sépultures somptueuses. Le penchant des collines et des montagnes est l'emplacement préféré pour dormir son dernier sommeil : cet emplacement porte bonheur aux morts.

Le deuil des père et mère devait autrefois se porter pendant *trois ans*. Ce temps a été réduit à vingt-sept mois.

La mort des parents semble arrêter le cours ordinaire de la vie des enfants. Les magistrats, fonctionnaires, de quelque ordre qu'ils soient, doivent se retirer dans la solitude pendant leur deuil.

La couleur du deuil est le *blanc*. Les habits doivent être frangés, la natte attachée avec du *fil blanc ;* la barbe des fils est en désordre. La règle est de ne pas couper cette barbe — d'aucuns mêmes disent de ne pas la peigner, — pendant les quarante premiers jours du deuil.

Deux fois l'an, au printemps et à l'automne, la visite aux tombeaux est obligatoire. Chaque famille va nettoyer ses tombes ; elle offre ensuite un sacrifice aux mânes des parents. Cette obligation s'étend jusqu'au cinquième degré de parenté.

Il y a là une coutume touchante par l'idée qu'elle exprime : les descendants viennent offrir à leurs aïeux une part des biens qu'ils leur ont procurés. C'est à un véritable repas qu'on les convie; mais.... ce sont les membres de la famille qui, sur place, consomment les aliments présentés aux morts. Ces mets sont au nombre de *cinq*, et le porc y tient sa place.

Les repas funéraires offrent de l'analogie avec les agapes des premiers chrétiens; ils donnent lieu aussi aux mêmes abus qui ont fait condamner ces dernières par saint Ambroise.

Tels sont, dans leurs grandes lignes, les usages de la vie privée.

Mais il nous faut parler d'une autre coutume, jusqu'ici passée sous silence, et qui se trouve dans la nation comme une cause permanente d'un mal mortel.... la coutume de fumer l'opium.

On fume l'opium couché ou, du moins, à demi étendu sur un lit de repos, à moins qu'il ne s'agisse que d'aspirer deux ou trois bouffées de poison [1].

C'est aux Anglais, — en particulier, dit-on, à Wheler, vice-résident des Indes en 1740, et au colonel Watson, — que la Chine doit cet usage.

Les Anglais ont trouvé utile de donner aux Chinois le goût de l'opium, afin d'avoir un débouché pour leurs produits de l'Inde.

Les Chinois sont maintenant habitués à l'emploi de ce terrible poison, et cela au point qu'ils cherchent à se passer des étrangers pour satisfaire à ce qui est devenu chez eux une invincible passion. Cette passion, ils la déplorent, ils voudraient s'en affranchir.... mais bien peu ont la force de caractère nécessaire pour réussir dans cette entreprise louable autant que difficile.

La culture du pavot, agent de mort et de ruine, a, dans certaines contrées, remplacé celle des plantes utiles à l'exis-

(1) V. *La vie réelle en Chine* (Chang-hai).

tence. Le produit obtenu est inférieur à celui de l'Inde, mais il coûte moins cher, et le pauvre, qui autrefois était retenu par une dépense au-dessus de ses moyens, fume aujourd'hui l'opium national.

On fume peu, tout d'abord ; la sensation éprouvée n'a rien d'agréable. On continue en augmentant le nombre de pipes. Alors viennent et l'ivresse narcotique, et la surexcitation cérébrale, et le sommeil. Des troubles digestifs se manifestent ; le visage prend une teinte jaune caractéristique ; les joues se creusent ; le regard devient hébété ; la démarche hésitante, vacillante ; les bras et les jambes ont des tremblements pénibles ; l'intelligence s'affaisse, revient quelque temps et momentanément sous l'excitation de la fumée ; puis elle s'éteint.... la paralysie et la mort surviennent.

Voilà l'œuvre de l'opium !

Elle est sœur de l'œuvre de l'alcool.

Et voici que, sous prétexte de combattre la passion de l'opium, on propose de lui donner l'*alcoolisme comme dérivatif* (1).

Plantez de la vigne, pauvres Chinois ! ou pour aller plus vite, laissez couler chez vous des flots de vins étrangers.... Vous fumerez tout autant, et de plus vous vous habituerez à l'alcoolisme, comme vous vous êtes habitués à l'ivresse de l'opium.

Vraiment, on se sent pris de compassion pour ce peuple, et sa haine pour l'étranger se justifie quand on envisage sous cet aspect l'œuvre du commerce.

C'est la *question de l'opium* qui a fait ouvrir les premiers ports. Dieu fasse que la passion de l'alcool ne soit pas, pour les Chinois, le résultat de l'extension nouvelle du commerce dans l'extrême Orient !

Est-ce donc là l'œuvre civilisatrice ? N'est-ce pas plutôt l'*œuvre de mort* que les étrangers importent en Chine ? Puisse

(1) V. *Les fumeurs d'opium en Chine*, par le docteur LIBERMANN.

le « respect de soi-même » et l'expérience acquise à leurs dépens avec l'opium, détourner les Chinois d'une passion nouvelle pour eux, passion qui en ce moment tue la société occidentale.

Jusqu'ici du moins les Chinois ont su conserver le culte du passé, la vénération de l'aïeul, le respect au principe d'autorité ; ils ont su arrêter au seuil du foyer domestique les scandales de la rue. Leur vie privée reste *murée :* s'il y a des troubles dans cette vie, le public les ignore et ne peut s'en délecter.

Que la Chine accepte franchement la régénération par le christianisme, et nulle, entre toutes les nations, n'aura plus le droit de se prétendre supérieure à cette nation chinoise que Dieu a jusqu'ici gardée de la ruine. Il l'en a gardée sans doute parce que, dans sa sagesse et sa puissance, il lui réserve un rôle actif sur la scène du monde.

Mais ne jetons pas nos regards sur la Chine de l'avenir, sur la Chine chrétienne telle que les convertis la font pressentir ; ne le faisons pas avant d'avoir vu tout entier, dans son ensemble, le tableau de la Chine païenne.

C'est la vie réelle *publique* qu'il nous reste à examiner.

VI.

Vie publique réelle.

Aussi longtemps que nous resterons dans les sphères élevées de la *vie publique* des Chinois, rien ne viendra attrister nos regards.

Ce n'est pas cependant que dans ces sphères le principe des grands devoirs soit toujours respecté. Mais d'une part la forme, le *décorum,* y a un rôle si étendu qu'il cache les défauts ; d'autre part, les charges — si lourdes parfois ! — confiées au prince et aux premiers magistrats obligent ceux qui en sont revêtus à vivifier leurs forces, à les étayer en quelque sorte, pour les rendre plus fermes, plus durables.

Ceux-là puisent aux sources mêmes d'où découle leur pouvoir ; ils s'entourent aussi de toutes les institutions capables de grandir leur prestige, d'affermir leur autorité, en lui donnant la consécration du temps ou l'approbation des sages les plus vénérés.

Le respect de la nation pour le passé facilite ou dicte cette conduite. Comme il n'est point de coutume, si vieille qu'on la suppose, qui soit réellement abrogée même quand elle semble tombée en désuétude, on applique, dans les circonstances graves, d'anciens usages dont la manifestation reporte l'esprit à plusieurs siècles en arrière.

Il semble alors que la société soit bien telle que la concevait Confucius.

Nous avons dit que le chef de l'Etat exerce sur le peuple entier un pouvoir analogue à celui du chef de la famille sur cette famille même.

Plus encore : le prince est à la fois comme le *père* et la *mère* de ses sujets.

Bien que les dynasties aient changé au cours des siècles, ce principe de l'autorité souveraine n'a pas varié : Chinois ou Tartare, l'empereur est le *grand père-mère* de la nation, *ta-fou-mou*. En outre, pour que l'analogie entre l'Etat et la famille soit complète, il doit être le pontife souverain, et sa voix doit porter jusqu'au Maître des mondes l'hommage de la nation, ou son propre hommage qui résume et contient celui de tous.

Ici encore le *principe* et le *fait* sont en accord : le souverain peut avoir une religion privée, il peut être bouddhiste.... mais cela seulement *en tant qu'homme*. En tant que souverain, il appartient à la doctrine de Confucius, doctrine des *lettrés*, et agit comme chef de cette doctrine en même temps que comme père du peuple.

Enfin, le chef de la famille exerce l'autorité avec le concours d'un conseil composé des plus anciens membres de cette famille. Le chef de l'Etat est assisté d'un *grand conseil* qui est comme le soutien du trône. Ce conseil est formé des *plus dignes;* et comme l'empereur, tout Fils du Ciel qu'il est, peut commettre des fautes; comme aussi, en tant que prince et père du peuple, nul n'oserait lui adresser des représentations,.... il existe des CENSEURS IMPÉRIAUX chargés de faire connaître au prince ses propres fautes.

En outre, des historiens écrivent librement leurs mémoires, puis les jettent dans une sorte de *boîte aux lettres* qui demeure fermée aussi longtemps que règne la dynastie : on n'ouvre la cassette des historiens qu'à la chute de la dynastie sous laquelle ils ont vécu.

Ces institutions n'existent pas seulement en théorie; elles sont une réalité, elles fonctionnent. Mais la renommée dit que plus d'un homme de bien a payé de sa vie le droit de reprocher une faute, de s'opposer à une mesure qu'il jugeait contraire à l'équité ou en désaccord avec l'intérêt de la nation, en un mot le droit de soutenir franchement et hautement son opinion.

Pendant les grandes calamités, on exhume du passé un usage remarquable et d'un caractère touchant : la *confession publique* de l'empereur.

Le chef de l'Etat assume alors la responsabilité des fautes commises dans l'empire; il s'en accuse en vertu de ce principe « qu'un homme suffit à perdre une nation, » et que si le prince donnait à tous l'exemple des plus nobles vertus, tous le suivraient dans la voie du bien.

Si donc le Ciel envoie des malheurs au peuple en châtiment de ses fautes, c'est que le chef de l'Etat n'a pas été à la hauteur de ses devoirs.

Quand il a fait cet aveu pénible, l'empereur implore la clémence du Ciel. Le souverain qui se prête à cette pieuse cérémonie va ainsi au-devant des remontrances que le peuple, par la voix de ses poètes, chantres de ses douleurs, ne manquerait pas de lui adresser sous forme d'allégorie.

Cependant la grande voix du peuple ne se fait plus entendre comme aux siècles passés. Elle avait alors des accents qui se sont transmis d'âge en âge par le *Livre des vers*. Les odes qui composent ce livre, presque toutes écrites contre les exactions des gouvernants, sont des élégies remarquables par la vigueur de l'expression, l'ardeur du sentiment.

Soit que ce peuple montre plus d'apathie ou de résignation, soit qu'il redoute davantage le châtiment d'une critique même détournée, soit enfin que le gouvernement des Tsin ait un caractère d'équité qui faisait défaut aux dynasties précédentes, les plaintes du peuple sont rares et ne s'élèvent pas jusqu'au trône. Et cependant les sujets du Fils du Ciel ne manquent pas de sujets d'ennui ! Le despotisme des mandarins, les agissements des *lettrés*, suffiraient à justifier la mauvaise renommée des fonctionnaires chinois, si le caractère du peuple n'excusait, dans une certaine mesure, la méthode suivie par les dépositaires du pouvoir public.

Confucius considérait le respect de l'autorité comme tellement utile à la sauvegarde de la nation, qu'il souhaitait que rien ne vînt l'effleurer et l'amoindrir — rien, pas même le scandale de procès faits aux magistrats oublieux de leurs devoirs. N'y a-t-il pas, en effet, en tous pays, des hommes qui négligent leurs obligations, et faut-il s'étonner s'il s'en trouve en Chine ?

Les anciens sages de ce pays voulaient que le peuple ne sût pas qu'il était dirigé par des magistrats indignes ; ils voulaient qu'il ignorât ce *mal social*, parce que le respect de l'autorité, et par suite le principe même de l'autorité, pouvaient être amoindris par cette connaissance, tandis qu'ils se trouvaient protégés par l'ignorance des fautes.

C'est par la culpabilité des grands dignitaires que le danger d'un scandale semblait devoir être le plus sérieux. Comment aurait-on confiance dans les magistrats inférieurs si les grands dignitaires n'étaient pas regardés comme les gardiens vigilants et impeccables des intérêts publics, de l'honneur de la nation ?

Ceux-là donc, lorsqu'ils avaient commis une faute capitale, devaient *se citer* eux-mêmes devant le grand conseil, avouer leur crime et solliciter la grâce de mettre fin, de leurs propres mains, à une existence qui déshonorait le corps social dont ils faisaient partie (1).

Ainsi, nul ne portait la main sur le grand dignitaire revêtu d'une autorité dérivant de la suprême autorité. Les fonctionnaires sont en effet comme participant au mandat souverain donné au prince dont ils sont les délégués.

Ainsi encore, tout scandale était évité pour la foule, qui ne voyait pas accuser ses protecteurs naturels.

Cet usage imposant et plein de dignité est, croyons-nous, tombé en désuétude dans sa mise en scène et dans ses détails; mais le principe de non-intervention du bourreau a subsisté: le prince peut envoyer aux grands du royaume l'ordre de mettre un terme à leur existence. C'est là une *faveur* réelle, — bien qu'on puisse en douter tout d'abord; — c'est une faveur, puisque cet ordre permet aux coupables d'échapper à une exécution ignominieuse. On tente de sauvegarder ainsi le principe d'autorité, soit en ne faisant pas savoir au public que les dignitaires peuvent être coupables, soit en plaçant ceux-ci au-dessus de la loi commune concernant le châtiment des crimes.

Quant aux magistrats d'ordre inférieur, leurs imperfections ne sont plus, hélas! et depuis bien des siècles, un secret qu'on puisse cacher au peuple. La nation sait que les mandarins ne sont pas tous sans reproche; à vrai dire, c'est aux mandarins que s'adressent les plus vives critiques portées par les Européens contre les Chinois.

C'est en effet dans la classe des *lettrés*, en général, et des mandarins, c'est-à-dire des fonctionnaires, en particulier, que l'égoïsme sauvage dont les Chinois semblent réellement atteints se montre avec le plus de complaisance.

Ce n'est point qu'il n'y ait d'heureuses exceptions! A ce

(1) V. *Les Chinois peints par un Français.*

sujet même, disons de suite que le Chinois vraiment *homme de bien*, simple particulier ou fonctionnaire d'un rang élevé, remplit son personnage avec une fermeté, une persévérance, un courage, dignes d'un éloge sans réserve. L'histoire garde dans son livre d'or le nom de certains hommes qui, entre une capitulation de conscience et la mort, ont choisi.... la mort.

Beaucoup parmi les Occidentaux n'imiteraient pas cet exemple; beaucoup aussi parmi les Chinois ne sont pas hommes de bien jusque-là : la vertu n'est commune ni en Orient ni en Occident.

La classe que nous observons en ce moment est celle des mandarins *civils*.

Les charges administratives et judiciaires ne sont pas distinctes; mais dans les centres importants, les divers pouvoirs sont généralement répartis entre plusieurs fonctionnaires.

On peut faire appel d'un jugement devant le magistrat supérieur appartenant au même ressort que le premier juge, puis ensuite demander à Pékin justice contre la décision prononcée sur appel.

On peut aussi avertir les différents ministères que tel ou tel mandarin viole ses devoirs, n'exerce pas régulièrement son mandat.

Alors on envoie un haut fonctionnaire, qui le plus souvent survient à l'improviste, et d'habitude remplit sa mission avec habileté et justice. Ces inspecteurs impériaux sont très redoutés des mauvais magistrats, tandis qu'au contraire, ils sont l'unique espoir des populations molestées par les mandarins de la région.

En écartant l'hypothèse des *plaintes*, cette grande inspection est faite annuellement dans l'empire par un petit nombre de dignitaires, qui ne doivent jamais faire connaître par avance ni la région qu'ils visiteront ni l'époque de leur venue. C'est là une institution utile.

Tous les mandarins sont des *lettrés*, car les grades littéraires ouvrent seuls, en Chine, la porte de l'administration des affaires. Mais, on le comprend aisément, tous les lettrés ne sont pas fonctionnaires.

En raison même des avantages que procure l'instruction et des titres que donnent aux emplois publics les grades académiques, le nombre des candidats se présentant aux trois examens littéraires est considérable. Et bien que beaucoup d'entre eux soient éliminés aux épreuves de la licence et plus encore à celles du doctorat, il y a en Chine des lettrés sans place, comme il y a en Europe des bacheliers, des licenciés, des docteurs sans emploi.

Les lettrés, il faut le dire, ont tous acquis plus ou moins cette *seconde nature* dont parle le philosophe, qui s'éloigne de la nature *primitive et bonne :* l'usage qu'ils ont fait de l'existence, ce qu'ils ont vu de la vie, tout les porte à l'égoïsme; l'ambition vient développer cette imperfection. Ceux qui sont assez heureux pour avoir conquis une charge publique usent de leur autorité pour le bien général sans doute, mais assez souvent aussi pour le service de leurs intérêts privés.

Ceux qui n'ont obtenu aucune fonction *se remuent* beaucoup afin d'atteindre à la possession du pouvoir, but de toute une vie d'étude.

Parmi ceux-là se trouvent des mécontents, des incompris, des déclassés en un mot.

L'égoïsme, qui développe l'ambition inassouvie, constitue donc un danger social, danger qui prend la forme d'intrigues sourdes ou de révoltes ouvertes.

Entre bien d'autres, il est une chose que les Chinois n'aiment pas à recevoir; il en est une aussi qu'ils n'aiment pas à donner : ils n'aiment pas à *recevoir* des coups de rotin, ils n'aiment pas à *donner* leur argent. Cependant ils préfèrent *payer* que d'être mis en prison ou exécutés. Cette double répugnance comme aussi cette préférence nous paraissent très naturelles, et nous les croyons partagées par des hommes qui ne sont pas Chinois.

Généralement, — pour ne pas dire toujours, — c'est à l'aide de cette disposition d'esprit que les mandarins dirigent le peuple ; et s'ils sévissaient sans faiblesse contre les coupables au profit des innocents, on ne pourrait leur reprocher que de prélever peut-être, sur les sommes versées entre leurs mains, une part supérieure à celle qui régulièrement leur est attribuée et qui grossit légitimement leurs faibles émoluments.

Mais en l'état actuel des choses, il semble difficile de nommer *prélèvement* la part que se font les mandarins quand ils oublient leurs devoirs pour ne songer qu'à leur omnipotence. Ce mot *prélèvement* laisse, en effet, supposer un *reste*.... Or, ces mandarins ne laissent rien !

Comme une accusation aussi directe, aussi formelle, encore bien qu'elle ne soit pas nouvelle, pourrait avoir, aux yeux de certaines personnes, le caractère d'une calomnie, nous allons montrer qu'elle s'appuie sur des faits, et, pour cela, il n'est besoin que de peindre sur le vif certains mandarins dans l'exercice de leurs fonctions.

Il y a peu d'années, des voyageurs ayant été obligés de faire halte dans une auberge de *Ky-ly-pou*, grande bourgade relevant de la juridiction du mandarin de *Ta-kouan* (province du Yun-nan), s'aperçurent que deux caisses venaient de leur être soustraites.

Une petite enquête, sommaire et privée, en même temps que les confidences de quelques Chinois, donnèrent de suite aux voyageurs la certitude que l'aubergiste était coupable du vol, ou du moins qu'il l'avait préparé et facilité. Cet aubergiste vint trouver de son propre mouvement celui des voyageurs qui, à ses yeux, était revêtu de l'autorité, et lui demanda quelles étaient ses intentions. L'explication se fit en ces termes :

« L'affaire est simple, dit le principal voyageur ; c'est par ta faute que la porte de la chambre où étaient les caisses n'a pas été fermée : tu es donc responsable. Je réclame de toi une indemnité de *dix taëls* (environ 80 fr.) par caisse volée, soit vingt taëls. Si tu ne me les apportes pas avant demain matin, je déposerai une accusation contre toi aussitôt mon arrivée à Ta-kouan.

— Hélas! vieux Monsieur (*lao-yé*), je suis si pauvre! comment trouverai-je vingt taëls?

— Trouve-les comme tu voudras, ou sinon j'agirai comme je viens de te le dire. »

Le lendemain, comptant que le voyageur ne se plaindrait pas, ou bien que l'accusation n'aboutirait point, l'aubergiste n'apporta pas la somme demandée, et deux jours plus tard le voyageur porta l'accusation, comme il l'avait annoncé.

L'aubergiste, cependant, n'était point *misérable* comme il le prétendait, comme tout bon Chinois doit dire en parlant de soi; il avait même la réputation d'un homme aisé. Aussi, bien que l'accusation fût portée par des chrétiens, les agents du mandarin de Ta-kouan, les *satellites*, comme on appelle ces agents, allèrent-ils saisir le Chinois dépositaire infidèle. On le mit tout d'abord en prison, puis on l'obligea à donner plus de taëls que n'en demandait le voyageur volé.

Quelle prompte et belle justice! direz-vous, lecteur.

Mais à quel titre fut payée la somme et quelle personne en profita?

L'aubergiste déboursa les taëls *pour être remis en liberté*, et la somme demeura tout entière *au tribunal*.... Le volé n'en eut pas la moindre part [1]!

Si le plaignant avait renouvelé son accusation, le magistrat aurait à nouveau fait saisir le maître de l'auberge et, à nouveau aussi, lui aurait fait débourser bon nombre de *ligatures* dont, peut-être, le volé eût reçu quelques fractions.

Ceci est, entre mille, un exemple de la procédure chinoise.

Accuser un homme est un moyen de le ruiner et d'enrichir certains mandarins. Seulement, quand une fois il est entré dans cette voie, qui est celle de la justice arbitraire, l'accusateur n'a aucune assurance de n'avoir pas, lui aussi, à débourser de fortes sommes. L'habileté du juge chinois consiste en

(1) *Missions catholiques.*

effet à pressurer les deux parties ; et les limites des sacrifices imposés ne peuvent se prévoir, car les procès sont jugés de telle sorte « que de quelque côté qu'on se trouve, accusateur ou accusé, on a toujours un moyen de recours, une porte ouverte à la vengeance. » Cela fait le compte des mandarins peu consciencieux. Aussi les contrées où le bon sens des populations rend les procès rares ne sont-elles ni estimées ni recherchées par les fonctionnaires trop soucieux de leurs intérêts pécuniaires.

Il y a ceci de curieux dans les mœurs judiciaires et administratives de la Chine, que certains mandarins se dépouillent entre eux, c'est-à-dire que, moyennant quelques *bonnes paroles* de l'inférieur qu'il poursuit par ordre ou de par sa propre volonté, le supérieur *étouffe l'affaire....* Voici un exemple de ce procédé.

Au Yun-nan, un petit mandarin à globule rouge s'était fait vendre un terrain pour y enterrer son père, mort depuis trois ans. Ce terrain lui avait été concédé par une commune qui n'en était pas propriétaire et qui n'avait d'autre but que de vexer les chefs d'un bourg voisin, qui venaient de faire un cimetière de ce même terrain !

Cette mauvaise plaisanterie ne fut pas goûtée par les légitimes propriétaires de l'emplacement. Ils adressèrent à qui de droit une vive réclamation. Qu'arriva-t-il ?

La commune et le petit mandarin furent-ils condamnés ? Point du tout ; c'eût été trop équitable. La plainte fut-elle rejetée ou regardée comme non avenue ? C'eût été trop simple.

Le petit mandarin à bouton rouge *lança une accusation contre les gens du bourg* réellement propriétaires, comme coupables de troubler la paix publique en réclamant le terrain !

Ces accusés crièrent bien haut, on le conçoit ! et par extraordinaire la juridiction compétente entendit leur protestation : on mit en prison quelques notables du village spoliateur ; puis le mandarin Tchang-y vint lui-même faire une enquête. Le petit mandarin le reçut, lui offrit un bon dîner. Pendant ce dîner, Tchang-y fut éclairé sur le litige : les gens primitivement arrêtés furent mis en liberté, et tout eût été dit sur cette question si le village spolié n'eût continué à se plaindre jusqu'au moment où, craignant un trop grand scandale, on lui restitua enfin son terrain.

Seulement.... le père du globulé rouge, qui s'y trouvait enterré, fut laissé dans ce champ; de sorte qu'un jour son fils pourra réclamer comme sienne cette sépulture de famille (1).

L'habileté des mandarins se manifeste de mille manières, et quand on n'a pas affaire à un homme intègre, le résultat de tout procès est sur un point toujours invariable : *on paie.*

On paie pour n'être pas poursuivi; on paie pour faire poursuivre; on paie pour sortir de prison, quand on est illégalement détenu. En même temps que le mandarin et même avant d'être en son pouvoir, il faudra satisfaire les agents subalternes de la justice, pauvres hères qui vivent de toutes ces compromissions. Enfin on paiera à titre d'amende, de frais de procédure, d'indemnité, etc., tout ce que le magistrat voudra exiger; on est à sa discrétion.

Les accusations calomnieuses ne sont pas rares. Aussi le sage empereur Kang-hy voulut-il que tout Chinois calomniateur fût condamné à la peine que sa victime eût encourue si elle eût été réellement coupable; encore cette peine devait-elle parfois être aggravée : le châtiment augmentait de trois degrés si la découverte de l'imposture avait lieu après condamnation de l'innocent. Dans le cas où la calomnie est de nature à entraîner la peine capitale, l'empereur distingue : 1° la découverte ayant lieu *après* une injuste condamnation à mort : le calomniateur sera, lui aussi, condamné à mort; 2° la découverte ayant lieu *avant* le jugement : l'imposteur recevra un certain nombre de coups de rotin et sera condamné à trois ans d'exil à trois mille *lis.*

Souvent il arrive qu'au début d'un procès la sympathie du juge se trouve acquise à celle des parties qui a le bon droit

(1) *Missions catholiques*, 10 février 1882.

pour elle. Mais, quand elle est au fait des mœurs judiciaires, cette partie ne se croit point, pour cela, certaine de gagner sa cause : elle sait que vers la fin de l'action *le vent peut tourner* brusquement. On a vu quelquefois la victime *condamnée* comme coupable du délit commis à ses dépens ; ou bien le juge, sans aller jusqu'à ce point d'injustice, refuser la satisfaction légitimement demandée par le plaignant.

Ces deux faits se produisent non seulement quand l'une des deux parties au procès appartient à la religion chrétienne, mais encore quand toutes deux sont païennes. Cependant les Chinois convertis au christianisme ont, plus que d'autres, tout à craindre des inimitiés privées, et sont à peu près certains que justice ne leur sera pas rendue par les fonctionnaires. C'est ce qui est arrivé dans toute la Chine, et en particulier dans la province du Kouang-tong, pendant les événements de la guerre franco-annamite.

Mais il n'y a point de règle sans exceptions ; et si les mandarins pleins d'équité, de justice et d'honneur forment la catégorie des magistrats *exceptionnels*, du moins, par leur dignité et leur courage à faire le bien, ils savent forcer l'estime de tous, même de leurs ennemis politiques. Voici deux exemples qui montreront que certains fonctionnaires savent comprendre leurs devoirs et n'hésitent pas à les remplir.

En 1883, la surexcitation des esprits était grande en Chine, surtout dans les provinces voisines du Tonkin, le Yun-nan et le Kouang-tong, dans lesquels les vice-rois s'efforçaient d'entretenir et d'augmenter l'agitation. Confondant dans une même haine les chrétiens et les Français, feignant de supposer qu'on ne puisse être l'un sans être l'autre, voyant enfin des amis de la France dans les Chinois chrétiens, le parti des lettrés soutenait les ennemis des chrétiens, favorisait l'accomplissement des vols et des meurtres, ou du moins les laissait commettre impunément.

Dans la nuit du 27 au 28 mars, une bande de gens sans aveu pénètre dans la demeure du R. P. Terrasse, à Tchang-yn :

ils tuent le missionnaire et, avec lui, autant de chrétiens qu'ils en peuvent découvrir. Cependant deux victimes, frappées de plusieurs coups de poignard, ne sont pas mortes. Etendues à terre presque sans vie, elles entendent dire qu'on va *brûler les cadavres*, au nombre desquels on les compte déjà.

Elles entendent aussi les assassins se concerter pour offrir à un mandarin du pays les chevaux du P. Terrasse.

La menace d'être brûlées vives, la certitude de n'avoir aucun secours à attendre des autorités locales, ravivent l'énergie des deux victimes, qui veulent échapper à l'horrible supplice! Attentives aux mouvements des bourreaux, elles profitent d'un moment où l'espoir d'un nouveau meurtre attire les brigands au dehors ; et voici les deux prétendus *cadavres* qui se traînent dans l'ombre jusque chez un voisin. Ce voisin est païen, mais honnête homme, les deux femmes peuvent se fier à lui, et, en effet, il les sauve.

Le pays est en effervescence; des troubles éclatent sur divers points, particulièrement à Yang-py. Quel secours attendre, quelle justice espérer? Le fait seul que les assassins se proposaient de donner à un mandarin une part dans le butin permet de conclure à l'entente cordiale des fonctionnaires avec les brigands, entente qui ne laisse subsister aucun espoir.

Cependant, sur les pressantes réclamations du vicaire apostolique, le gouvernement ordonne une enquête.... mais aussitôt le parti des lettrés lance de nombreuses accusations *contre les morts.*

La cour de Pé-kin envoya-t-elle des instructions très fermes et ne laissant aucun rôle au mauvais vouloir des autorités locales, ou bien seul l'honneur des magistrats supérieurs a-t-il dicté la sentence?.... Toujours est-il que, contre toute espérance et bien que les missionnaires n'eussent pas été admis à faire l'enquête contradictoirement avec les mandarins, les chrétiens furent vengés : les coupables subirent des châtiments variés, une indemnité pécuniaire fut accordée pour réparer les dommages matériels, et la protection officielle des fonctionnaires fut promise au chef de la mission, Mgr Fenouil. Soit qu'elle ait été dictée par la cour, soit qu'on doive l'attribuer à la seule équité des juges, cette solution a fait honneur au gouvernement chinois. Cependant on ne distingue pas nettement dans ces faits l'œuvre courageuse et toute personnelle d'un ou de plusieurs fonctionnaires. Voici, au contraire, un autre événement à l'occasion duquel un mandarin s'est révélé homme de cœur et courageux magistrat.

C'était en 1884. Un missionnaire, le P. Procacci, se trouvait à *Ouen-tcheou*, petit port du sud de la province du Tché-kiang et voisin de la province du Fo-kien.

Le 31 août, de terribles menaces avaient fait croire aux chrétiens que la ruine et la mort allaient les atteindre. Le mandarin ne craignit pas à ce moment de venir à la chrétienté. Bravant la foule hostile, il visita la Mission, se montra avec le P. Procacci, et par sa présence seule calma l'épouvante des uns pendant qu'il arrêtait l'insolence des autres. A la suite de cette visite, les craintes des chrétiens s'apaisèrent en même temps que l'irritation des agresseurs, et rien ne faisait prévoir un drame prochain.

Tout à coup, dans la nuit du 4 au 5 octobre, la maison occupée par les missionnaires est envahie par des gens sans aveu. Le P. Procacci parvient à franchir un mur qui sépare son habitation d'une maison païenne et pénètre dans cette maison, d'où il est aussitôt chassé à coups de bâton. Tout meurtri, il ne sait à quoi se résoudre et se prépare à mourir, quand survient un vieillard, chef de la famille païenne. Malgré l'opposition qu'il rencontre chez son fils, ce vieillard impose sa volonté : il exige qu'on reçoive le fugitif. Le P. Procacci est donc caché derrière des fagots de bois ; il est désormais un hôte sacré sur lequel veille le vieux chef. Mais, au dehors, le danger reste le même : les misérables, qui viennent de brûler la Mission, cherchent de tous côtés le *Père*, qu'ils n'ont pas vu, ils le cherchent.... jusque dans la chambre où il se trouve ! C'est à grand'peine que ses protecteurs, feignant de lui être hostiles, éloignent pour un temps les assassins; la situation n'est pas modifiée.

C'est alors qu'un membre de la famille païenne sort sans être remarqué; il court avertir le mandarin du danger couru déjà par le missionnaire et de ceux qui le menacent encore.

Que fera le mandarin?

Affronter ouvertement la colère d'une foule avide de sang et lui dérober sa victime ne lui semble pas possible; il ne dispose pas d'une force armée suffisante pour contenir le peuple. Il part cependant et en grand appareil, ordonnant aussi d'emporter *un costume complet de mandarin.* Le cortège arrive près de la maison où le P. Procacci attend la mort plutôt que les honneurs.

Un palanquin se détache de la suite du magistrat; à la porte de la maison, un fonctionnaire qui a reçu les ordres du chef de l'expédition descend du palanquin; il porte un paquet; c'est le costume officiel. Il entre. « Vite! dit-il au P. Procacci; vite, habillez-vous et venez. »

Voilà donc le Père qui se transforme en mandarin. Belles bottes, robe de soie, riche ceinture, chapeau de cérémonie avec bouton d'or.... rien ne manque, et c'est en mandarin, mais tout stupéfait, qu'il sort de derrière les fagots. Il monte dans le palanquin, rejoint le cortège, et avec lui, sous la protection officielle, ou pour mieux dire entouré de la garde d'honneur formée par les cavaliers et les fantassins, il fait, au son du *tam-tam*, son entrée solennelle au tribunal!

La foule hostile n'a rien vu, rien que.... des mandarins en tournée; si elle s'étonne quelque peu de ce déplacement officiel, du moins elle ne soupçonne pas qu'un magistrat vient de lui ravir sa victime et que, à l'abri des regards indiscrets, il témoigne à cette victime une bienveillante sympathie.

Pendant ce même drame de la persécution générale, un autre mandarin, militaire celui-là, avait sauvé des orphelins déjà tombés aux mains des incendiaires et les avait conduits à l'orphelinat païen.

Le 6 octobre au matin, le P. Procacci fut enfin conduit par son sauveur, et dans le même appareil, chez le consul d'Angleterre, qui habitait une petite île en dehors de la ville proprement dite.

Peut-être pensera-t-on que le magistrat, en sauvant le P. Procacci, n'avait fait que son devoir.

Cela est exact. Mais ce *devoir*, il l'avait rempli par trois fois en peu de temps : le 31 août d'abord, puis dans la matinée du 5 octobre, et enfin le 6. En outre, il l'avait rempli à une époque et dans un pays où bien peu de mandarins comprenaient ainsi leur mission ! De plus, en tenant compte de l'état des esprits et des événements, on verra que ce fonctionnaire jouait sa position : si un autre mandarin de la province, plus élevé en grade et dont il relevait, eût trouvé inopportunes son intervention personnelle et sa ruse, tout prétexte eût été bon pour faire tomber dans une disgrâce officielle l'homme généreux qui avait *osé* sauver la vie à un *Père de la religion chrétienne.*

Nous avons dit à quel motif on peut attribuer la manière d'agir des mandarins vis-à-vis de leurs compatriotes. Le traitement de ces mandarins est infime : 1,200 fr., 1,000 fr., 700 fr., moins encore. C'est là une somme fixe à laquelle vient, il est vrai, s'ajouter légalement une sorte de casuel prélevé sur les affaires de la compétence de chaque fonctionnaire.

Mais les exigences de la vie ont fait qu'au lieu de se contenter de leur dû, bon nombre de mandarins se sont habitués à regarder leurs administrés comme *taillables à merci.* C'est là une règle générale.

Quant à la partialité incontestable des magistrats envers les Chinois chrétiens, elle est dictée par la pensée qu'ils sont les alliés de l'étranger, et qu'à ce titre ils n'ont plus droit à une protection égale à celle qui est accordée aux païens. La justice a donc deux mesures.

En examinant l'état du christianisme en Chine, nous verrons

que si tout l'opprobre des crimes commis contre les chrétiens peut être généralement rejeté sur les mandarins, c'est que le *respect de l'autorité* ayant encore, malgré tout, de profondes racines dans le peuple, une énergique démonstration faite par les dépositaires du pouvoir peut arrêter les manifestations hostiles, les troubles éphémères mais criminels ; elle les arrête toujours quand elle est faite en temps utile.

La posture des accusés au tribunal ne ressemble point à celle des accusés paraissant devant les tribunaux français. Ils ne se tiennent ni debout ni assis, mais *à genoux*. A certains moments même cette posture en rappelle une familière aux petits enfants et qu'on dépeint, sans recherche littéraire, en disant qu'ils se tiennent *à quatre pattes*.

C'est d'ailleurs à genoux que l'on fait le grand salut, le salut d'honneur, signe d'un profond respect ; à genoux, les bras pendants, on s'incline par trois fois jusqu'à toucher le sol avec la tête ; puis, se relevant, on ferme les poings, on les joint à la hauteur de la poitrine et on les porte jusqu'au front.

La posture des accusés dérive donc de la manière de faire le grand salut. Les lettrés sont dispensés de cette tenue ; ils se tiennent debout et sont aussi dispensés des coups de bâton, que d'autres peines remplacent alors.

Quand le magistrat exerce ses fonctions sur des justiciables non *gradés*, des satellites sont postés à droite et à gauche de l'accusé et se tiennent prêts à le frapper avec un bambou, pour le contraindre à avouer.

En résumé, on peut dire que le caractère de la magistrature civile et judiciaire, qui devrait être *paternel* et *fraternel*, revêt en général un tout autre aspect ; il n'est que par exception tel qu'on le conçoit quand on considère le principe du pouvoir public.

Les sentences capitales ne peuvent être exécutées avant d'avoir obtenu la ratification du conseil suprême de la justice de l'empire. Aussi, quand un juge redoute que sa sentence soit infirmée, et qu'il tient au contraire à ce qu'elle reçoive une exécution pleine et entière, il s'arrange pour que le condamné meure dans sa prison.... naturellement.

Les peines capitales sont celles de la *suspension*, de la *strangulation* et de la *décollation*.

La *suspension* a généralement lieu dans une cage sans fond : le cou et les bras du patient passent par des échancrures de la partie supérieure, puis on élève la cage au-dessus du sol, et cela plus ou moins, suivant le temps pendant lequel on veut faire durer cet horrible supplice. Quand la cage est assez peu exhaussée pour que le patient puisse du bout des pieds toucher le sol, la mort vient bien lentement !

On voit aussi de malheureux condamnés à mort, pendus à une barre de fer soit par les deux pieds, soit par un seul, soit par une main et un pied : c'est un châtiment terrible et profondément barbare.

La *strangulation* n'est pas la pendaison : le patient étant assis à terre ou bien étant à genoux, les mains liées derrière le dos, on passe autour de son cou un nœud coulant ; deux bourreaux tirent la corde et.... tout est dit.

Quant à la *décollation*, elle se pratique au moyen de sabres. Lorsque le bourreau est habile et qu'il n'est pas ému,. — ce qui arrive parfois quand le condamné est réputé innocent, — l'opération se trouve parfaite dès le premier coup. Mais, hélas ! il faut souvent, au contraire, que l'exécuteur s'y reprenne à deux, trois, quatre fois, avant que la tête tombe.

Lorsque la *mutilation* est prononcée comme peine accessoire, elle a généralement lieu avant l'exécution capitale : on coupe au condamné une oreille, un poing, le nez.... C'est une aggravation du châtiment.

Il existe aussi une autre aggravation, mais, celle-là, uniquement *morale*, infamante. Elle consiste à couper le *cadavre* en morceaux, en *dix mille morceaux*, dit le code. Mais c'est là une image, une figure de rhétorique, dont l'unique sens est que les morceaux seront nombreux.

Dans la répression des crimes de lèse-nation, ce dernier châtiment doit *précéder* la décollation. On frémit en songeant à une telle cruauté pratiquée au nom de la justice; et pour ne pas vouer à l'anathème la nation qui s'en rend coupable, il faut se souvenir qu'il fut un temps où nous aussi, chrétiens cependant, nous connaissions des tortures analogues!

Une autre peine, la plus infamante de toutes, consiste à priver un mort de sépulture. Cette peine est prononcée comme châtiment principal quand le procès est *fait à un mort*.... car on accuse et on juge les morts. Paul *Siu*, *ko-lao*, c'est-à-dire ministre d'Etat, grand chrétien et disciple du célèbre P. Matthieu Ricci, fut, après sa mort, condamné à avoir ses cendres jetées au vent. La piété filiale de sa fille Candide préserva le cadavre de cette profanation en faisant élever plusieurs monuments funéraires : les exécuteurs de l'ordre impérial furent ainsi dépistés, et leurs recherches demeurèrent vaines (1).

Souvent on laisse les prisonniers mourir de faim. Ce supplice peut être prolongé longtemps et, chose curieuse, par la charité même des amis ou des parents des condamnés. L'accès de ceux-ci n'est pas, à beaucoup près, aussi difficile que celui des prisonniers en Europe. Les personnes qui s'intéressent au condamné gagnent facilement leurs gardiens. Très peu et très irrégulièrement payés, ces derniers se font rarement scrupule d'augmenter ainsi leurs ressources. Ou bien encore, soit que les gardes se montrent incorruptibles, soit que l'argent manque aux amis du prisonnier, on trompe la vigilance des soldats. On peut donc arriver à faire tenir quelque nourriture au condamné; mais cette nourriture est insuffisante, et mille causes peuvent empêcher qu'elle parvienne à destination ou qu'elle soit absorbée par celui auquel on l'a destinée.

Alors cet homme restera un jour, deux jours.... sans prendre aucun aliment. Il souffre la faim, mais pas assez de temps pour mourir. Et ce supplice dure quelquefois des semaines, des mois.

(1) V. *La vie réelle en Chine* (Chang-hai).

Il est arrivé, surtout à l'égard des chrétiens, que ce prolongement de vie a sauvé bon nombre de victimes poursuivies par la haine des mandarins, parce qu'un ordre supérieur ou quelque grave circonstance forcèrent soit à transférer le prisonnier dans une autre région, soit à lui rendre la liberté. Mais quand rien ne met obstacle à l'exécution de la volonté du fonctionnaire, force est bien aux agents subalternes de laisser s'accomplir l'œuvre de mort! La colère de ces hommes cruels est terrible, en effet, quand après un certain délai ils apprennent que la victime vit encore; ils prennent les mesures les plus sévères et alors.... tout est dit pour le malheureux!

Les autres peines corporelles, mais non capitales, sont la prison, le port de la cangue, la flagellation, soit avec des verges dont les lanières de cuir ont des nœuds, soit avec un rotin; les ceps aux pieds....

Au nombre des autres peines, notons : l'amende, l'exil hors de la province, l'exil hors de l'empire....

Les Chinois se permettent parfois de manifester leurs sentiments envers les magistrats dont ils relèvent : ils témoignent le désir de garder l'un parce qu'il les rend heureux, les dirige avec douceur; ou bien ils expriment le désir de n'être pas administrés par tel autre qu'on leur envoie et dont la renommée a, par avance, publié les défauts, les tendances, les caprices. Quelquefois l'opposition du peuple envers le mandarin désigné est injuste. C'est que les amis de l'ancien fonctionnaire, sachant son successeur plein d'équité et de fermeté, le supposent résolu à ne pas suivre les errements de son prédécesseur, errements qui leur sont chers à plus d'un titre. Le parti hostile à la justice, à l'équité, excite alors la population contre le nouvel arrivant et, par des propos calomnieux, décide les notables de la ville à témoigner respectueusement leur désapprobation.

La vénération que les Chinois professent pour la vieillesse, et aussi les craintes que leur inspire le tribunal, ont donné une assez grande extension à l'usage des *arbitrages*.

Quand un désaccord se produit entre des Chinois, les intéressés décident généralement de s'en remettre au jugement d'un ou de plusieurs *anciens* dont l'expérience de la vie, le renom d'équité et d'hommes de bien, écartent toute appréhension d'une décision injuste ou vénale. Il est rare que les parties contestantes ne se rallient pas au jugement arbitral qu'elles ont provoqué et qu'elles ne l'exécutent pas.

Mais cette coutume n'a pas dans toutes les provinces le même caractère de généralité. Le Yun-nan et le Su-tchuen, où les procès sont rares, sont au contraire les régions où l'autorité des arbitres est le plus souvent invoquée.

Jusqu'ici nous avons examiné la vie réelle publique dans sa sphère la plus haute.

Cette vie change d'aspect et de caractère quand, au lieu d'examiner les actes des détenteurs du pouvoir, on regarde agir et vivre au dehors le peuple même; quand, au lieu d'envisager la manière d'être des magistrats, on considère celle des justiciables.

Alors le Chinois apparaît tout d'abord paré de trois qualités précieuses entre toutes pour la société : la patience, la persévérance, le goût du travail.

Ces qualités dénotent le *courage moral* dont elles sont, à la fois, les éléments et les témoins. Elles se manifestent à tous les degrés de la hiérarchie sociale; mais, contrairement à ce qu'on pourrait croire, elles semblent plus fortes, plus développées dans les classes inférieures.

Calme par nature, le Chinois artisan n'aime pas le travail précipité; et comme il a un certain goût du beau, de ce qui est *fini*, il s'attache à son œuvre et préfère passer quelques heures de plus à l'exécuter que de la livrer imparfaite. C'est à cette disposition d'esprit des travailleurs que les travaux chinois doivent, en partie, leur réputation très méritée. Seulement il est une autre disposition d'esprit qui produit parfois des effets bien étranges!

Le Chinois est essentiellement *imitateur*, et souvent, soit par malice, soit parce qu'il n'imite pas avec intelligence, c'est-à-dire parce qu'il ne sait pas discerner ce qui est accidentel et fâcheux dans un objet, il reproduit cet objet avec ses défauts.... Un tailleur chinois, par exemple, se donnera beaucoup de mal pour rendre un vêtement neuf, qu'on l'a chargé de faire, exactement semblable au vêtement vieux qu'on lui a donné pour modèle. Comme son habileté est grande, il obtient le résultat auquel il vise, et livre son travail usé, râpé, troué, si le modèle est usé, râpé, troué.

Cette aventure est arrivée à un Européen. Il avait choisi une étoffe et dit au tailleur : « Voici un pantalon ; il me va bien. Avec ce drap, fais-m'en un tout pareil.

— Sois tranquille, vieux monsieur, avait répondu l'artisan ; je ferai de mon mieux et les deux pantalons seront semblables. »

Au jour dit, le tailleur apporta en effet le vêtement neuf.... avec un trou au genou et une large reprise *ailleurs* : il était en tout pareil au modèle !

C'est là le petit côté du talent d'imitation; et d'ailleurs, quoiqu'on soutienne le contraire, nous ne pouvons admettre qu'en une circonstance comme celle que nous venons d'indiquer, la malice n'ait pas joué un grand rôle. Quand un Chinois se fait une robe pour remplacer celle qu'il a usée, il se garde bien de reproduire les « outrages du temps. »

Un des caractères particuliers de la société chinoise est la propension du peuple aux associations. En nul autre pays le vieil adage « l'union fait la force » n'a reçu une plus large application.

On s'unit d'ailleurs pour le mal comme pour le bien, pour le vol et le brigandage comme pour repousser les brigands et les voleurs, pour capturer des navires comme pour faire un honnête négoce.

Pourvu qu'un homme inspire confiance par son intelligence et son activité, il est certain de trouver des prêteurs qui lui confieront une somme versée *annuellement* et remboursée annuellement aussi par fractions. L'emprunteur se trouve de la sorte à même d'agir selon les intérêts de ses bailleurs de fonds, tout en faisant bien ses propres affaires. En outre, il est assuré de trouver appui et conseils chez les hommes expérimentés du pays.

Les associations pour le travail sont variées dans leur forme : tantôt le capital engagé est versé en numéraire, prêté en vue du commerce proprement dit, c'est-à-dire du trafic; tantôt le capital est en nature : on prête, par exemple, au laboureur du grain pour ensemencer ses terres.

En outre, les contrats d'*union* ont deux caractères : l'union est en quelque sorte privée, c'est-à-dire limitée à un petit nombre de personnes se connaissant toutes, et s'engageant ensemble pour une ou plusieurs opérations particulières et déterminées ou générales, mais d'un genre spécial et fixé d'avance; c'est une sorte de société *en nom;* — ou bien l'union est faite entre tous les ouvriers d'un corps d'état exerçant leur métier dans telle ville, telle province.... C'est un syndicat.

Les Chinois qui s'expatrient pour un temps, afin d'aller gagner au plus vite un pécule, partent rarement isolés, pour une œuvre individuelle à laquelle chacun travaillerait à son gré. Ils passent, au contraire, un contrat avec un patron, un loueur, qui s'engage tout d'abord à les ramener au pays natal dans un temps fixé, et cela, qu'ils soient vivants ou morts. Arrivés à l'étranger, les émigrés mettent leurs gains en commun. Le temps venu de rompre l'association, on partage la masse résultant des bénéfices. Ou bien les ouvriers ayant travaillé à prix ferme pour leur patron, entrepreneur de blanchissage ou fabricant de poteries...., sont maîtres de tout ce qu'ils ont gagné, mais n'ont rien à prétendre sur le gain de leurs compagnons.

On peut dire que partout où il y a des Chinois, que ces Chinois soient isolés ou liés soit par un contrat de louage, soit par un syndicat, partout ils sont maîtres du petit commerce, du commerce local.

On reproche généralement aux Chinois de chercher à obtenir un profit supérieur au profit convenu. Il y a certainement quelque exagération dans cette accusation; elle devient fausse quand on la généralise, parce que dans les grandes maisons chinoises, l'*honneur* a son prix, tout comme dans les maisons européennes.

Mais en fait, quand on ne traite pas avec des négociants d'une honorabilité éprouvée, il est très vrai que la prudence exige de grandes précautions contre les vendeurs. Les Chinois sont d'une habileté surprenante, et jamais il ne faut oublier qu'ils sont maîtres en prestidigitation. En voici un exemple.

Il y a quelques années, un navire marchand français se trouvait dans un port du golfe du Bengale. Le capitaine acheta à un négociant chinois trois mille sacs de riz. La vérification du nombre de sacs se fit, au moment de la livraison, sur le bâtiment isolé de tout autre et relié à la terre ferme par des planches. Tout *coolie*, en arrivant sur le navire avec un sac, remettait une baguette au délégué du capitaine : autant on trouverait de baguettes, autant il y aurait de sacs reçus.

Impossible de se tromper! dira-t-on. Et cependant, après qu'on eut compté trois mille baguettes, payé trois mille sacs, on s'aperçut qu'en réalité deux mille sacs seulement avaient été livrés! Mais la découverte s'était faite trop tard. En vain, comme fiche de consolation, chercha-t-on à comprendre comment le *tour* avait été joué.... Il était joué, et son secret appartient encore à l'habile vendeur qui avait su l'exécuter.

En Chine même, l'ouvrier travaille, quand cela lui est possible, *à la tâche* et chez lui. Mais s'il est occupé chez un maître et à la journée, il est généralement traité avec bienveillance.

La « bonté de cœur » a en cela une part moins large que l'habitude de respecter son prochain, ce qui est une manière de se respecter soi-même.

La forme des relations extérieures est d'ailleurs beaucoup

plus cérémonieuse en Chine qu'en Occident; les termes honorifiques ne sont pas ménagés à autrui, mais ils sont en opposition directe avec les termes employés quand on parle de soi-même, de quelqu'un ou de quelque chose appartenant *à soi*, touchant à sa propre personne.

En se visitant pour la première fois, deux Chinois ne manquent pas de converser ainsi :

L'hôte : « Quel est votre *noble* nom, votre *précieux* nom? Quel est votre *grand* âge? Votre *honorable* famille est-elle prospère?.... »

Puis l'entretien continue, variant suivant la condition sociale des interlocuteurs : « Vos *riches* récoltes sont-elles faites? votre *noble* commerce est-il prospère?.... »

Le visiteur répond : « Mon *vil* nom, mon *pauvre* ou *méprisable* prénom est X. Je suis d'un *petit* âge....; ma *pauvre* famille, ma *vile* épouse, vont bien; mes *misérables* récoltes sont faites; mon *infime* commerce n'est pas florissant.... »

Comme on le voit, le visiteur fait toujours précéder ses réponses d'un qualificatif très humble, correspondant à peu près au terme honorifique dont s'est servi son hôte. Toute conversation ou, pour mieux dire, toutes les relations se ressentent de cet usage : on grandit autrui, on s'abaisse soi-même.... Ce qui ne veut pas dire qu'on pense toujours les sentiments qu'on exprime.

Comme la vieillesse est très considérée, c'est faire acte de politesse que de dire à quelqu'un : *Vous semblez bien vieux!* De là viennent les appellations honorifiques les plus fréquemment employées : respectacle vieillard, vieux monsieur, vieux maître.... En un mot, on suppose que la personne à laquelle on s'adresse est *née avant soi-même*, qu'elle a, par suite, une expérience plus grande et des droits acquis à la déférence.

Dans le peuple, le respect s'exprime par l'appellation *vieux frère*, ou *frère aîné*, ou *vieux père*. Alors on est soi-même soit l'*homme vil*, soit le *petit disciple*, ou le *petit frère*.... mais le mot *petit* employé dans les relations sociales a toujours le sens d'*inférieur*, de *vil*.

GOUVERNEUR CIVIL DE CHANG-HAI

Le mandarin est appelé *ta-jen*, grand homme ou Excellence. En bonne règle, ce n'est qu'au quatrième degré de la hiérarchie administrative que ce titre doit être donné; mais, en fait, on s'en sert presque toujours, croyant ainsi flatter, honorer le magistrat.

Quand on veut visiter quelqu'un, on commence par envoyer chez la personne un domestique porteur d'une carte de visite, et souvent aussi de cadeaux. Le maître de maison ayant répondu qu'il sera honoré de recevoir son noble visiteur, se trouve, dès que celui-ci est signalé, au seuil de « la salle des étrangers. » Après les salutations d'usage, il le conduit à la place d'honneur, tandis que l'arrivant s'efforce de ne pas accepter cette place : il en est *indigne*.... La place d'honneur se nomme *chang-tsouo*, siège élevé, parce que le siège (généralement un canapé) est plus élevé que les autres. Le maître de maison place à *sa gauche* l'invité qu'il veut honorer.

« *Je n'ose!* dit celui-ci; je ne puis accepter!

— Cela convient, reprend son hôte; cela doit être! »

Et force reste enfin au maître de maison. Aussitôt le thé est servi et la conversation s'engage sur des banalités, l'objet principal de la visite étant réservé pour la fin de l'entretien. Puis l'hôte reconduit le visiteur à son palanquin, feint de vouloir l'accompagner, tandis que celui-ci s'y oppose....

En résumé, on se dépense en politesses, en compliments généralement peu sincères. C'est un acte de la comédie humaine qui se joue en tous pays.

La société chinoise se divise en cinq classes : lettrés, agriculteurs, artisans, commerçants, militaires.

L'ordre de ce classement est fort ancien; c'est à cette antiquité qu'on doit attribuer la relégation de la classe militaire au dernier rang. Autrefois, en effet, l'art militaire et par conséquent les soldats ne jouissaient que d'une très faible estime. Un vieux proverbe dit : « On ne fait pas de clous avec du bon fer; on ne fait pas de soldats avec des hommes de bien. »

Ce proverbe n'était pas flatteur pour l'armée chinoise. Il n'est point douteux qu'aujourd'hui l'opinion générale ait dû se modifier.

La masse des troupes, composée de pauvres hères mal payés, peu nourris, guerroyant, — dit le peuple, — plutôt que de travailler, ne saurait inspirer une grande considération : il faut attendre, pour voir l'opinion publique lui être plus favorable, que soit par le recrutement, soit par la situation faite aux hommes sous les drapeaux, le caractère général de l'armée ait changé.

« Les brigands sont des soldats, et les soldats sont des brigands, » disait, il y a peu de temps, un chef de village révolté qu'on menaçait de la force armée.

Cependant on a déjà constaté de grands progrès dans la tenue et la discipline des légions chinoises, aussi bien que dans leur armement.

Quant au corps des officiers, composé en majeure partie de Tartares-Mandchoux instruits dans des écoles spéciales créées sur le modèle des écoles européennes et dirigées par des Européens, il s'est relevé considérablement, même aux yeux des Occidentaux, et de son antique infériorité il ne restera un jour que le souvenir.

D'ailleurs, même au temps où le vieux proverbe était admis sans conteste, les mandarins militaires n'étaient pas visés par lui. L'armée chinoise a, dans les temps anciens, compté des hommes du plus haut mérite. N'ayant pas en main les éléments d'une armée telle que nous la concevons, c'est-à-dire disciplinée, pleine de courage et vigilante gardienne de l'honneur national, ses généraux ont cependant accompli de grandes choses. Quant aux Tartares proprement dits, ils ont menacé un jour le monde occidental.

Longtemps, de nos jours, les Européens ont médit des hordes chinoises; mais ils doivent reconnaître maintenant que ces hordes sont réellement devenues des armées. Nos soldats ne se sont pas toujours trouvés en présence de bandes indisciplinées qui, mettant leur confiance dans l'*esprit* de leurs bannières, cherchaient à effrayer l'ennemi par l'image des dragons et.... fuyaient quand ces *moyens extrêmes* n'avaient pas dérouté les barbares étrangers!

Les *irréguliers* se rapprochent bien encore de ces bandes; mais l'armée véritable, l'armée proprement dite, attaque et se défend à l'européenne; et nous savons qu'il faut compter avec elle, parce qu'elle a profité des dures leçons que nous lui avons infligées.

Des mandarins civils nous dirons peu de chose, puisque nous les avons montrés à l'œuvre. Ils sont divisés en neuf classes. Un concours spécial pourvoit au recrutement des hauts dignitaires, des membres de l'Académie qui siège à la capitale de l'empire.

Les études sont *libres*, en ce sens qu'elles se font selon le plan et le programme du maître qui enseigne : pourvu que les candidats soient en état de subir l'examen auquel ils se présentent, l'Etat, qui seul confère les grades, ne demande rien de plus.

Il existe un collège impérial; l'empereur accorde des bourses aux élèves méritants. On fonde en outre à Tien-tsin un grand collège, dans lequel les études se feront comme dans les établissements de France. Le gouvernement chinois, faisant preuve d'un grand tact, a demandé aux missionnaires lazaristes qui se trouvent à Pé-kin de prendre la direction de ce collège, où cinq cents élèves pourront recevoir l'instruction. Les missionnaires ont accepté.

C'est là peut-être le plus grand et le plus heureux progrès qui se soit accompli en Chine, celui qui la fera entrer le plus vite et le plus sûrement dans la voie de la civilisation. Cette institution nouvelle, protégée par le gouvernement, permettra de mettre les jeunes gens d'avenir au courant de nos sciences, de nos lettres, de nos lois, sans qu'on soit obligé pour cela d'envoyer ces jeunes gens en Amérique ou en Europe, où ils profiteraient sans doute dans une large mesure de nos plaisirs, et cela aux dépens de leur instruction.

Ce que, en ami, on doit en effet souhaiter au peuple chinois, c'est de redresser ses erreurs, de prendre ce qu'il y a de noble et de bon dans la civilisation chrétienne, tout en ne perdant pas ce qu'il peut y avoir de noble et de bon dans sa civilisation. En un mot, il faut souhaiter que les Chinois se dépouillent de leurs défauts, sans les remplacer par ceux des sociétés étrangères.

La classe des agriculteurs jouit d'une considération méritée, parce que l'agriculture fait vivre la nation, enrichit le pays. Quand vient une année de disette, on se rend compte beaucoup mieux que pendant une année d'abondance de l'utilité générale de la culture : on apprécie le bien-être quand il fait défaut beaucoup plus qu'au moment où l'on en jouit.

Alors même que le commerce étranger viendrait à prendre en Chine une extension large et libre, analogue à son extension en Occident, l'agriculture ne pourrait sans danger péricliter dans un pays peuplé de quatre à cinq cents millions d'hommes.

Au point de vue moral, l'agriculture n'est pas moins utile qu'au point de vue de la fortune publique. « Le bonheur est aux champs, » disaient les vieux Romains. Les Chinois semblent du même avis, et ils sont dans le vrai.

On aperçoit dans la distinction des classes le désir constant d'honorer le *producteur* plus que le *vendeur*. L'un tient à l'autre, il est vrai ; mais acheter pour revendre, — ce qui est un des caractères essentiels des actes de commerce, — n'est pas, à l'égard de la fortune publique, d'une importance égale au fait de la *production*. Au point de vue individuel, l'honorabilité du producteur et du commerçant est la même : « c'est l'homme qui fait le métier, » dit-on ; mais au point de vue social, il est capital que le nombre des producteurs soit considérable.

Confucius résumait ainsi la loi sociale : « Produisez plus que vous ne dépensez ; alors vous aurez le bien-être. Mais si vous dépensez plus que vous ne produisez, vous serez malheureux. »

Vie privée, vie publique, d'abord telles qu'elles devraient être suivant les préceptes de Confucius et de ses disciples, ensuite telles qu'elles se manifestent réellement : tels sont les aspects sous lesquels nous venons d'envisager l'existence des Chinois. Et si nous cherchons à résumer l'ensemble des qualités et des défauts que dénote leur manière d'être, nous voyons que sur plus d'un point, le caractère chinois offre une ressemblance avec le caractère de l'*enfant*.

Il y a en effet chez le Chinois beaucoup de la naïveté et de la simplicité de l'enfant ; il en a aussi la douceur et la tyrannie. Il obéit, pourvu que ce soit à une autorité forte, et quand il détient cette autorité, il en abuse, comme fait l'enfant quand on le laisse exercer son despotisme. Il est égoïste, comme l'enfant, disposé comme lui à travestir la vérité. Pour lui, il *veut* la vérité.... mais il prétend ne pas la dire quand il a avantage à la taire ou à l'altérer.

Il est cruel, barbare comme l'enfant, et cela souvent par crainte ou par peur, soit irréfléchie, soit consciente, encore comme l'enfant.

Mais aussi, et toujours comme l'enfant, ses impressions sont fraîches et vives, son intelligence prompte à comprendre ; on l'émeut facilement ; content de peu, ses besoins sont très limités ; il s'amuse d'un rien.

L'expérience prouve que la sensibilité, la vivacité des impressions, en même temps qu'elles dénotent des qualités foncières, permettent à l'éducation de produire son œuvre complète : le Chinois a ces dispositions tout comme l'enfant.

En même temps que par certains côtés ce peuple étrange rappelle l'enfant, par d'autres il touche aussi à l'homme fait et même au vieillard. Ses défauts et ses qualités datent de longtemps !

La société chinoise existe depuis des siècles et semble immobile. Mais on peut croire aussi que, seul témoin *vivant* des temps anciens, elle n'attend, pour secouer sa torpeur, qu'un souffle vivifiant, sous lequel toutes ses vertus se développeront comme s'épanouit la fleur sous les chauds rayons du soleil.

CHAPITRE III.

LA LANGUE ET LA LITTÉRATURE CHINOISES.

I.

La Langue.

On dit que les traits principaux du caractère d'un peuple se retrouvent dans sa langue : « le style, c'est l'homme. »

Le caractère chinois se reflète-t-il dans la langue de Confucius? L'affirmative ne nous paraît pas douteuse.

A une simplicité extrême cette langue joint des finesses excessives; elle est à la fois facile et difficile, soit quant à la construction des phrases, soit quant à la pensée que ces phrases expriment.

Comme nous le dirons dans une étude toute spéciale, la langue chinoise, à l'inverse des bâtons flottants, de loin n'est rien, de près est *quelque chose :* quelque chose qu'on trouve beau ou laid, suivant la disposition d'esprit, mais quelque chose d'animé, de vivant et qui mérite attention.

Tout d'abord on la dirait faite pour le service d'enfants.

La pensée, l'*idée,* domine; elle semble ne s'embarrasser d'aucun des accessoires que lui prêtent les Européens; il est vrai qu'elle en a d'autres, mais ce n'est pas dès l'abord qu'ils se montrent.

L'aspect premier est donc celui d'une langue simple, on

pourrait dire télégraphique : *moi sortir; toi hier sortir* ou *toi sortir passé; eux demain sortir....* Cela semble du *petit nègre!* encore peut-on simplifier.

Les signes d'écriture — les *caractères* — propres à chaque mot et à chaque idée sont invariables : de là vient que ni le genre, ni le nombre, ni le temps, ne s'indiquent à la manière des langues d'Europe; ils s'expriment cependant, mais autrement.

Ajoutez un caractère, ou seulement changez l'ordre d'un ou deux termes d'une phrase.... le sens est modifié. Tel est le système de cette langue étrange et, quoi qu'on en dise, fort belle, fort riche.

Quant à l'*écriture* même, elle apporte parfois à l'idée un contingent très appréciable de force, de poésie, d'images, parce qu'il y a des caractères symboliques, idéologiques, comme il y en a aussi de purement phonétiques. En outre, la plupart des caractères ont, en sus de leur sens propre, un sens par image ou par déduction.

Le lecteur entrevoit dès maintenant comment cette langue, prétendue télégraphique, peut bien être telle, mais peut aussi se prêter à l'expression des pensées les plus délicates, et cela avec une élégance parfaite, une précision extrême.

Si quelques notions sur la langue chinoise ont leur place marquée ici, nous ne saurions cependant entrer dans des explications étendues et complètes (1). C'est à l'esquisse de la langue que nous nous bornerons.

L'écriture chinoise a varié. C'est seulement depuis le premier siècle de l'ère chrétienne qu'elle est devenue tout à fait *fixe*, en ce sens que le bon plaisir des auteurs n'a plus suffi pour modifier le *tracé* des caractères.

On nomme *caractère* un signe formé par un ou plusieurs traits et auquel on attache un sens. Ainsi, depuis le premier

(1) Pour plus de développement, voir notre étude : *La langue chinoise, sa lettre et son esprit.* (Paraîtra prochainement.)

siècle, tous les caractères sont formés à l'aide de *neuf* traits. Ceci doit s'entendre en ce sens, non pas que tout caractère doit renfermer neuf traits, mais que dans toutes les combinaisons de l'écriture on doit en retrouver un ou plusieurs.

Par eux-mêmes ces éléments de l'écriture ne sont pas symboliques, figuratifs. De sorte que si parmi les caractères composés on en rencontre ayant une valeur symbolique ou figurative, représentant réellement l'idée ou la chose qu'ils expriment, on ne peut s'en rendre compte que si, par avance, on connaît la valeur *conventionnelle* de leurs éléments.

Les caractères qui *font tableau* sont donc composés de signes qui, pris isolément, auraient un sens consacré par l'usage. Ainsi, par exemple :

Surnager, *touenn*, s'indique par un homme *au-dessus* de l'eau, 氽.

Submerger, *gni*, représente un homme *sous* l'eau, 氼.

On voit par cet exemple que pour reconnaître qu'un caractère *fait tableau*, il faut être familiarisé avec ses éléments et leur valeur. Rien en effet ne peut indiquer *à l'œil* que 人, *jen*, signifie *homme*, et que *chouei*, 水, soit le signe de l'*eau*. Mais quand on sait que telle est la valeur de ces caractères, on comprend aussitôt le sens des caractères dans la composition desquels ils entrent.... ou du moins *on peut* le deviner; nous verrons qu'on peut aussi se tromper!

L'écriture primitive rendait inutile l'étude première des éléments; elle représentait en effet les objets tels qu'ils se voyaient, et les sentiments d'après leur manifestation habituelle. Un enfant était figuré ainsi : un petit rond pour la tête; une barre perpendiculaire pour le tronc et les jambes; une barre horizontale coupant celle-ci et terminée par deux petits crochets pour les bras et les mains.

Cependant le caprice de l'imagination et les illusions d'optique jouaient un rôle considérable dans l'écriture, et chacun ajoutant, retranchant un trait ou plusieurs, modifiait à son gré les caractères; de sorte qu'il n'y eut bientôt plus d'unité dans les signes.

C'est alors qu'on s'arrêta aux neuf traits fixes, et depuis, les inconvénients de modifications arbitraires ont presque complètement disparu, parce que les inventeurs sont obligés, pour être compris, d'expliquer ce qu'ils ont entendu représenter.

Nous disions, il y a un instant, qu'en présence d'un caractère dont on connaît les éléments et dont les éléments mêmes impliquent un sens symbolique ou figuratif, on n'a pas la certitude de *deviner* à coup sûr la valeur du caractère. Cela tient à ce que, contrairement à l'opinion généralement répandue, les caractères ne sont pas tous *symboliques* ou *figuratifs*, tant s'en faut.

Les Chinois divisent leurs caractères en cinq catégories. En se plaçant à un autre point de vue, on peut en distinguer trois grandes classes :

1° Ceux qui jouent le rôle de *tableau*, comme nous en avons donné un exemple, soit qu'ils représentent une idée (caractères *idéologiques*), soit qu'ils peignent une chose (caractères *figuratifs*).

2° Ceux qui font image *par leur nom*.

3° Ceux qui, ni par leurs éléments graphiques ni par leur nom, n'ont de rapport avec ce qu'ils désignent.

Reprenons ces trois genres de caractères.

I. Parmi les premiers, nous avons déjà signalé les deux verbes *surnager* et *submerger* qui sont figuratifs. Tel est encore HOUA, 吴, formé de 口, *bouche*, et de 大, *grand* : il signifie une *grande bouche*, sens qui se rapporte exactement à la valeur de ses éléments.

Comme symbolique, on peut citer :

TCHONG, *fidèle, dévoué*, 忠, qui se compose de : 中, *droit, ferme, centre*, et de 心, *cœur*. C'est donc un cœur droit, un cœur dévoué et invariable qu'il désigne.

Ou encore NGAI, 呆, *stupide*, formé par 口, *bouche*, et 木, *bois, arbre*. On conçoit qu'une bouche de bois ne soit pas fort éloquente, et nous touchons là à une image analogue à celle qui a dicté l'expression française : « *C'est une tête de bois,* » c'est-à-dire une *tête dure*, mais aussi peu meublée.

Ou bien FONG, 諷, *lire à haute voix*, formé de 言, *parole*, et de 風, *vent*.

Si tous les caractères dont les traits offrent un sens apparent et rationnel avaient réellement la valeur que laisse supposer ce sens, la langue chinoise serait idéalement facile. Mais, hélas! il n'en est pas ainsi, et l'on ne peut se fier à ce sens apparent. Ainsi, TA, 达, composé par 大, *grand*, et 辶, *marcher, aller*, ne signifie pas une *grande marche* ou une grande voie, mais bien.... *comprendre*. Et encore PENN, 体, formé de 亻, *homme*, et de 本, *racine, origine*, signifie *faible; grossier*, tandis que ses éléments lui donnent pour sens *origine humaine*....

Ainsi donc, avant de pouvoir à coup sûr traduire un caractère par le sens apparent qu'il offre, il faut s'assurer que l'usage a consacré ce sens, et que l'idéologie, l'image, la peinture, ont été *voulues*.

II. Tous les caractères chinois ont un nom. Mais tandis qu'il y a, dit-on, soixante à quatre-vingt mille caractères, parmi lesquels quinze à vingt mille sont d'un usage constant, il n'y a environ que 1,000 *noms* servant à désigner tous ces caractères. Cela revient à dire qu'un grand nombre de signes d'écriture portent la même dénomination. Dans la pratique, dans le langage parlé, l'*intonation* peut multiplier en apparence ce nombre si restreint, car on peut prononcer les mots sur *cinq tons* différents. Mais il faut une certaine habitude pour prononcer chaque mot dans le ton voulu, et certes on s'y applique, car le ton peut changer la valeur, la signification même ou le rôle du caractère qu'on a en vue! On comprend de quelle importance est l'intonation.

Un petit nombre de caractères ont un nom qui rappelle l'objet ou l'idée qu'ils expriment. Tels sont par exemple :

MIAO ou MAO, 貓, *chat*, dont le son imite le miaulement du chat;

Y, 謚, *rire*; ou SI-SI, 嘒嘒, le *sifflement du vent*.

Mais combien y a-t-il de *Miao*, de *Y*, de *Si*.... qui ne se rapportent ni au chat, ni au rire, ni au vent!

III. Le nombre des caractères dont ni les éléments ni le son n'ont de relation avec leur sens est considérable ; ces caractères composent la classe la plus grande.

En Chine, l'invention de caractères nouveaux comme, en France, l'introduction dans la langue de mots étrangers ou dérivés de termes anciens, a été la préoccupation et le fait d'hommes qui n'avaient point qualité pour s'occuper de ces questions spéciales. Ces innovations, qui dans les langues alphabétiques n'ont qu'une importance secondaire, ont eu, en Chine, pour résultat de créer un grand nombre de caractères n'ayant pas un rapport normal avec l'idée qu'ils expriment.

Ainsi, par exemple, HIAO, 灲, *sec, chaud*, se compose de deux éléments : 火, *feu*, et 刂, variante de 刀, *couteau*. On voit que ni par ses traits ni par son nom, *hiao* ne laisse deviner son sens. De même PÉOU, 呸, *humer*, est constitué par 口, *bouche*, et 不, *non*.

Les indications qui précèdent peuvent faire naître cette question : comment se fait-on comprendre en chinois?

Il semble, en effet, qu'il doit y avoir dans la pluralité des caractères portant le même nom une cause de confusions, de quiproquos fréquents, impossibles à éviter.

Cette cause est très réelle, les quiproquos sont possibles. Cependant on y échappe, et d'ailleurs cet inconvénient n'existe que dans la langue *parlée*. Il ne saurait en être question dans la langue écrite, puisque les signes d'écriture, les caractères, bien qu'ils se ressemblent parfois, sont tous distincts soit par leurs éléments, soit par la disposition, l'arrangement de ces éléments. En outre, il ne faut pas exagérer la force de cette difficulté : elle disparaît presque complètement quand on manie la langue en maître. En français, nous avons aussi des termes auxquels divers sens sont attribués, ou bien dont la prononciation est presque identique à celle d'autres mots qui cependant ont une valeur toute différente. Tels sont, par exemple, dans la première catégorie, *ferme;* dans la seconde, *saint* (ceint, sein, seing....) : c'est l'ensemble de la phrase qui permet de préciser le sens dans lequel on emploie ces mots.

Les Chinois, cherchant à éviter l'équivoque, ont fait choix d'un certain nombre de caractères dont le rôle est de fixer le sens des autres en indiquant soit à quelle classe ils appartiennent (substantif, adjectif verbal, etc.), soit quelle sorte de personnes ou de choses ils désignent. Ils perdent alors leur valeur propre sans en acquérir une nouvelle; en un mot, ils ne se traduisent pas et jouent seulement le rôle d'*indicateurs.*

Les uns précèdent le terme qu'ils doivent caractériser; les autres suivent ce terme. Les premiers sont des *particules numérales;* les seconds, des caractères explétifs.

Soit, par exemple, TAO. Ce nom s'applique à une foule de caractères. Il désigne un couteau, le cœur d'un arbre, la voie, la vérité.... Il pourrait donc y avoir confusion sérieuse si on l'employait sans indication spéciale. Mais lorsqu'on veut parler d'un *couteau,* on a soin d'intercaler entre *un* et *couteau* la particule des *objets à manche,* PA, 把; en outre, et pour mieux préciser encore, on fait suivre couteau du caractère explétif TSE, 子, par lequel on indique qu'il s'agit d'un substantif [1].

On dira donc :

Y	PA	TAO	TSE
一	把	刀	子
Un	»	*couteau*	»

Ou bien :

EUL	PA	TAO	TSE
二	把	刀	子
Deux	»	*couteaux*	»

Ces caractères indicateurs, quand ils cessent d'être em-

(1) Le caractère *tse* joue aussi le rôle de diminutif; ici, par exemple, *tao* a le sens précis de *poignard* et se trouve transformé en couteau.

ployés dans ce rôle, ont eux-mêmes un sens propre ; la langue eût beaucoup gagné en clarté si l'on avait consacré à cela des termes absolument neutres, *muets* en quelque sorte, et n'étant jamais que de simples signes conventionnels. Mais force est bien de prendre cette langue étrange telle qu'elle est ! Ainsi, le premier des deux indicateurs employés ci-dessus, PA, veut dire, par lui-même, *prendre, recevoir ;* le second, TSE, signifie *fils, sage.*

Malgré l'imperfection du système chinois, on voit cependant que la confusion n'est pas possible dans l'exemple donné. En admettant, en effet, qu'on soit inattentif au rôle de PA et de TSE, le sens général qu'on obtiendrait en les traduisant par leur sens propre serait si étrange qu'il suffirait à éveiller l'attention. Ce sens extraordinaire serait : *un prendre (le) fils couteau,* ou, en supposant qu'on tienne compte des règles grammaticales : *un prendre le fils du couteau....* ce qui nous paraît ne répondre à aucune idée.

Il y a cependant des particules numérales qui, tout en jouant le rôle d'indicateurs, ajoutent quelque force ou une valeur particulière au terme qu'elles qualifient. Ainsi WEI, 位, dont le sens propre est *dignité, état,* est la particule numérale des personnes honorables; quand pour dire « un visiteur » on emploie les trois termes suivants : Y WEI KO, 一 位 客, on ne dit bien réellement que *un visiteur,* mais on fait entendre que ce visiteur est *honorable.*

Le rôle des particules numérales (PEN, 本, pour les lèvres, KEOU, 口, pour les êtres animés, etc.) n'est pas toujours aussi apparent que dans les exemples donnés ci-dessus, cependant leur emploi n'offre pas grande difficulté, pourvu qu'en traduisant on observe avec soin la *règle de position,* règle qui résume la partie essentielle de la grammaire chinoise, la place des caractères ayant une influence considérable sur la phrase.

C'est encore à l'aide de certains caractères que les Chinois suppléent aux flexions des mots dans les langues alphabétiques. Ils marquent ainsi le rapport de possession, le temps de l'action, le nombre, le genre ; puis encore l'interrogation, l'exclamation. Enfin, ils en emploient d'autres pour donner à la phrase plus d'élégance.

Comme ces *particules* peuvent avoir chacune plusieurs rôles, et que leur seule place dans la phrase, en indiquant ce rôle, peut faire varier le sens général, on conçoit qu'elles constituent parfois une grande difficulté. Il faut, pour vaincre cette difficulté, se familiariser avec les particules, ce qui, tout bien considéré, n'est pas aussi long, aussi ardu qu'on pourrait le croire.

La *règle de position* et le *rôle des particules* dominent toute la grammaire chinoise. Mais avant de présenter quelques observations sur ces deux parties essentielles de la langue, nous devrons dire comment sont classés, catalogués, les caractères, comment on peut les trouver dans les dictionnaires. Le système est ingénieux et peu difficile.

Les caractères sont actuellement réunis sous 214 d'entre eux qu'on nomme *racines* ou *clefs*. On les classe aussi par *sons*.

Dans les dictionnaires par *clefs*, ces 214 caractères font l'office de nos *lettres alphabétiques ;* dans les dictionnaires par *sons*, les caractères sont au contraire réunis suivant leur nom. Ces derniers dictionnaires ne peuvent être utiles qu'aux personnes sachant déjà quelque peu le chinois; alors ils sont nécessaires, parce qu'on peut fort bien se souvenir du nom d'un caractère et avoir oublié sa construction.

Les recherches dans les dictionnaires par clefs sont faciles, pourvu qu'on sache reconnaître sous quelle racine on doit trouver tel ou tel caractère. C'est affaire d'habitude. Parfois cependant on rencontre des caractères qui exercent la patience et même qui peuvent la faire perdre.

Donnons un exemple de recherche simple.

Jen, 人, *homme*, qui s'écrit aussi 亻, est une *clef*.

Soit le caractère tsouo, 佐, qu'il faut trouver : la clef est apparente, c'est 亻; on ouvre le dictionnaire sous ce caractère (qui est le neuvième).

On compte ensuite le nombre de traits dont se compose l'autre partie de *tsouo* (1), c'est-à-dire : on compte combien de fois il a fallu lever le pinceau, la plume, pour écrire cette seconde partie, 左 (qui veut dire *main gauche*, se prononce *tsouo* et donne son nom au caractère 佐). Dans cette partie il y a *cinq traits*. On trouve donc TSOUO, *aider*, sous la clef de l'homme et parmi les caractères de cinq traits.

Autre exemple. Soit à chercher SIN, 訫.

La pratique apprend qu'il se trouve sous la clef 言; on le trouvera sous cette racine, parmi les caractères ayant quatre traits; il signifie *sincère* et *croire*. Bien que la recherche de SIN soit aisée, un débutant se tromperait peut-être et le chercherait sous sa partie de droite, 心, qui est aussi l'une des 214 clefs. Mais certaines remarques qu'il serait trop long d'exposer ici ne permettent pas d'hésiter.

Le chinois s'écrit par colonnes verticales, en commençant par la droite ; de sorte que la *première* page d'un livre chinois correspond à la *dernière* d'un livre écrit en français, en anglais....

Il n'y a pas de ponctuation proprement dite, ou, du moins, on ne se sert de *points* que dans les éditions destinées aux écoles. Souvent on remplace le point final des langues alphabétiques par une *particule* finale dont le rôle est de suspendre la pensée, de l'arrêter et aussi, quelquefois, de donner à l'intonation une *chute* agréable.

Voyons maintenant comment se construit la phrase chinoise.

La phrase débute par le *complément du sujet*. L'adjectif précède le mot qu'il qualifie; le terme qui, en latin, serait au

(1) Il est inutile de compter les traits de la *racine*, puisque cette racine se retrouvant dans tous les caractères classés sous elle, le même chiffre viendrait s'ajouter à tous les termes.

génitif, se place avant celui qui serait au nominatif. On dira :

Hao jen, 好人, *bon homme;* et tien-min, 天命 *(ciel-ordre)*, pour *l'ordre* (du) *ciel.* En changeant de place les caractères, le sens est complètement modifié :

Jen hao, 人好, *l'homme* (est) *bon;* min tien, 命天, *le jour de l'ordre....*

Quand il y a plusieurs caractères employés pour rendre une idée et qu'il peut se faire qu'on confonde les rapports, on indique la possession par une particule (tché, 之, ou ty, 的).

Exemple : tien-tché-min, littéralement *ciel du ordre,* c'est-à-dire l'ordre du ciel.

Exception est faite à la règle que le complément précède le sujet, quand il s'agit d'une quantité, d'une mesure. Ainsi on dit un *verre de vin,* et non *de vin un verre.*

Un grand nombre de caractères peuvent, suivant la place qu'ils occupent, être tantôt adjectifs, tantôt substantifs, tantôt verbes. Ainsi hao, 好, que nous venons de voir adjectif *(bon)*, puis verbe passif *(être bon)*, peut aussi signifier *la bonté.*

Après le complément du sujet, on place le sujet même, à moins que le verbe ne corresponde à ce que nous appelons un verbe impersonnel. Ainsi, pour dire « il neige, » on écrira *tomber neige,* et non *neige tomber.* Sauf cette exception, le sujet suit le complément.

Le verbe vient ensuite, c'est-à-dire au troisième rang, avant le régime : c'est la règle. Mais, pour plus d'élégance, il peut être précédé de ce régime, et même *il doit* en être précédé quand il est gouverné par certaines prépositions. Supposons qu'on veuille traduire cette phrase : « Enseigner avec bonté et douceur, » on dira : *bonté (et) douceur avec enseigner.*

Quand il y a un régime *indirect,* il précède le régime direct; exemple : « Je donne *à lui* un couteau, » ou, dans une forme plus chinoise : *Moi à lui donner un couteau.*

L'adverbe peut ou précéder ou suivre le verbe.

L'article est rarement employé, mais il peut l'être. On se sert alors de l'une des trois particules suivantes : FOU, 夫; TCHE, 之; TCHÉ, 者. L'article indéfini se rend, quand on est obligé de l'indiquer, par Y-KO, 一個.

En général, on n'exprime pas la conjonction entre deux mots, mais on l'indique entre deux phrases.

On s'aperçoit déjà sans doute que les Chinois suppriment tout ce qu'il n'est pas indispensable d'indiquer, sauf à ajouter, nous le verrons, des termes auxiliaires inutiles au sens, mais dont le rôle est de rendre la phrase plus élégante, ce qu'ils font surtout dans l'intérêt de l'*harmonie*. Les suppressions deviennent plus régulières encore quand il s'agit du temps, de l'action, du genre et du nombre.

Le *temps* ne s'indique que si le sens général ne le marque pas. On le précise alors à l'aide d'un caractère qui indique l'avenir, ou d'un autre qui signifie *passé, achevé.*

Quant au genre et au pluriel, leur indication est plus rare encore que celle du temps; et comme les adjectifs sont aussi bien du féminin que du masculin, du singulier que du pluriel, on traduit sans difficulté.

Ainsi, par exemple, s'il s'agit d'une *mère*, aussi longtemps que les phrases se rapporteront à elle, le genre ne sera pas marqué; de même s'il est question des hommes de l'antiquité, *des anciens*, rien ne précisera le pluriel : on sait qu'il faut traduire *les anciens*, non pas *l'ancien*, et que toute la phrase doit correspondre à ce nombre.

Cependant il y a *dix* manières d'indiquer le pluriel. Sans entrer dans le détail de ces formes, disons que le pluriel s'obtient : soit en *répétant le substantif :* JEN, 人, *l'homme;* JEN JEN, 人人, *les hommes*. La répétition des adjectifs forme non pas le pluriel, mais le *superlatif;* — soit en faisant précéder le terme dont on veut préciser le nombre d'un caractère marquant la pluralité, comme : tous, beaucoup, cent, dix mille.... ; — soit en le faisant précéder ou suivre de certains caractères, comme par exemple MEN, 們. Ainsi JEN MEN, 人們, *les hommes*, etc.

C'est avec le caractère MEN qu'on forme les pronoms du pluriel : on l'ajoute aux pronoms singuliers *je, tu, il,* ce qui donne *nous, vous, ils. Vous* est toujours du pluriel.

Tout ce qui précède et qui regarde la structure de la phrase chinoise ne pouvait être omis, mais ne suffit pas à donner une idée exacte de la manière dont on pense en chinois. Avant de présenter un exemple plus complet du jeu de cette langue étrange, répétons une fois encore que l'élision des termes peut s'appliquer *à tous....* même au sujet et au verbe.

Quant aux caractères auxiliaires, aux particules, qui précisent le sens, le complètent, donnent plus de force ou d'harmonie à la phrase, il y en a environ quinze qui sont essentielles ; toutes peuvent remplir plusieurs rôles ; la particule TCHÉ, 之, par exemple, a *trente rôles*. Voici comment le fait se produit, comment le rôle change.

Soit la particule FOU, 夫. 1° Au commencement et, plus rarement, au milieu d'une phrase, elle sert d'*article* et signifie *le, la, les ;* — 2° elle est *pronom* et se rapporte à ce qui a déjà été dit ; — 3° elle signifie *pas encore ;* — 4° à la fin de la phrase elle s'emploie comme *exclamation*, en l'associant à une autre particule ; exemple : YE FOU, 也 夫, *hélas !*

Quelques phrases suffiront maintenant à montrer comment *on pense*.

TSE	YUE :	POU	HOUAN	JEN	TCHÉ	POU
子	曰	不	患	人	之	不
Philosophe	*dire :*	*non*	*craindre*	*hommes*	*les*	*non*

KI	TCHE	HOUAN	POU	TCHE	JEN	YÉ
己	知	患	不	知	人	也
moi-même	*connaître ;*	*craindre*	*non*	*connaître*	*hommes*	.

Cette traduction littérale, transposée en français correct, donne : « Confucius dit (ou *a dit*) : Je ne crains pas que les hommes ne me connaissent point ; je crains de ne pas connaître les hommes. »

Plusieurs remarques sont à faire sur cette phrase.

1° Elision du *sujet*. C'est Confucius qui parle; le terme TSE, qui veut dire *fils*, signifie aussi *sage*; c'est un terme honorifique dont on fait suivre le nom des philosophes : KONG-*fou-tse*; — 2° emploi de la particule TCHÉ comme *article*; — 3° le complément direct, *moi-même*, placé avant le verbe dans le premier membre de la phrase, tandis que le complément direct du second verbe, *hommes*, est placé après; — 4° élision de la marque du pluriel. Confucius parlait des hommes en général, et il ne peut y avoir aucune équivoque. D'ailleurs, l'idée du philosophe ne perd rien à ce que le lecteur traduise homme au singulier s'il le préfère; — 5° enfin, emploi de la particule YÉ comme point final. Nous allons lui voir jouer un autre rôle dans la phrase suivante :

TSE	YUE :	KOUNG	HOU	Y
子	曰	攻	乎	異
Confucius	*dit :*	*s'appliquer*	*à*	*mauvaise*
TOUAN	SEU	HAI	YÉ	KI
端	斯	害	也	已
doctrine,	*cela*	*nuire*	*même*	*soi-même.*

Soit en français correct : « Confucius dit : Suivre une fausse doctrine, c'est nuire à soi-même. »

Remarques : 1° Emploi de la particule HOU pour marquer le régime direct; on peut traduire le verbe KOUNG par *s'appliquer* ou par *suivre*, *poursuivre*.... — 2° Emploi du caractère SEU avec un double rôle, celui de *conclusion* pour la première partie de la phrase, celui de *sujet* pour la seconde partie; il signifie *voilà ce qui (est)*. — 3° Elision du verbe *être* après SEU. On supprime ce verbe toutes les fois qu'il marque une simple affirmation et que d'ailleurs cette affirmation se trouve indiquée par le sens général. Par contre, on emploie le verbe substantif au lieu et place d'une affirmation correspondant à notre *oui*. Ainsi, pour répondre à une interrogation, on répète le verbe employé dans la question, ou bien on se sert du verbe *être*, CHE, 是, sans négation, pour l'affirmative, précédé de la négation, POU CHE, 不是, pour la négative ; cela veut dire *oui* ou *non*.

C'est encore au verbe être qu'on a recours pour demander si une chose est ou n'est pas, est prête ou non.

Exemple : CHE POU CHE, 是不是 : littéralement, *être non être*, c'est-à-dire, est-ce ou non ? est-ce fait ? on répond CHE, *oui*, ou POU CHE, *non*.

Question : LAY POU LAY, 來不來 : littéralement, *venir non venir*, c'est-à-dire, venez-vous ? viens-tu ?

Réponse : LAY, 來, *venir*, je viens ; ou : CHE, 是, *oui*.

C'est encore dans le sens de *oui* qu'on oppose CHE à d'autres caractères ; ainsi on dit : KEOU CHE SIN FEI, 口是必非, littéralement : *bouche oui cœur non*, c'est-à-dire, « la bouche consent, le cœur refuse. »

La langue chinoise est très imagée ; mais ses images, ses allusions littéraires, sont tellement différentes de celles qu'on emploie en France, que sans être prévenu, ou, mieux encore, sans une certaine pratique, on serait embarrassé pour comprendre certaines expressions.

Par exemple : FANG MIEN TA EUL, 方面大目, littéralement : *carré visage, grandes oreilles*, signifie « un beau visage. »

Dans un autre ordre d'idées on dit : LOU TSAY KEOU LI, 足在口裡, littéralement : *la route est bouche dans*, « la route est dans la bouche ; » on s'exprime ainsi parce que :

Y OUEN TSIOU TCHE, 一問就知, littéralement : *une fois interroger, aussitôt connaître*, c'est-à-dire, « en interrogeant on sait (sa route). »

On dit : *le vent de l'empire*, pour « les mœurs de l'empire ; » — *frapper un éternuement*, pour « éternuer ; » — *sortir la tête*, pour « se montrer ; » — *une bouche un son*, pour « une voix unanime ; » — *lâche ton cœur*, pour « ne crains pas ; » etc.

Les substantifs verbaux sont très fréquents en chinois. On

les forme à l'aide de la particule TCHE, ajoutée au substantif. Exemple :

YEOU	TSIEN	TCHE	SEN
有	錢	者	生
Avoir	*sapèques*	*(p. prés^t.)*	*vivre;*
OU	TSIEN	TCHE	SE
無	錢	者	死
manquer	*sapèques*	»	*mourir.*

Littéralement ceci se traduit : « *Les ayants* sapèques vivent, *les manquants* de sapèques meurent. » C'est-à-dire : les riches vivent, les pauvres meurent.

Bien que trop incomplet sans doute pour faire comprendre l'intérêt que peut offrir l'étude de la langue chinoise, cet aperçu des règles principales suffira peut-être à montrer que cette étude transporte, en quelque sorte, dans *un monde nouveau.*

Il faut, en abordant la grammaire chinoise, rompre avec les règles des langues alphabétiques, et aussi oublier pour un temps la forme que dans ces langues revêtent les idées.

L'étude du chinois n'est pas très aisée ; mais elle n'est pas ingrate, elle n'est pas non plus stérile. Elle ouvre à la pensée un champ très vaste, elle procure à l'esprit un aliment dont il apprécie d'autant mieux la saveur qu'elle lui était jusque-là inconnue.

La langue chinoise, écrite par quatre ou cinq cents millions d'hommes, se prête à l'expression de tous les sentiments qui agitent l'être humain. Elle peut, — ce dont on a parfois douté, — elle peut dire la joie comme la tristesse ; elle suffit aux besoins de l'intelligence, de l'imagination, comme de la raison, de même qu'elle suffit aux besoins de la *vie terre à terre,* des relations quotidiennes.

Les Chinois ont une littérature, personne n'en doute ; et cette littérature revêt les formes les plus diverses, les plus simples, comme aussi les plus brillantes.

II.

La Littérature.

Le style chinois, comme tout autre d'ailleurs, est tantôt simple, tantôt élevé. Le style simple, le *petit style*, est d'une compréhension plus facile, non seulement parce qu'il ne comporte que l'emploi de termes avec lesquels on est familier, mais encore parce qu'il est en général dépourvu d'allusions et d'images exigeant, pour être comprises, une étude préalable et presque constante.

Ce n'est pas que ce style soit privé d'images, tant s'en faut ! mais ces images sont ou empruntées aux choses connues de tous, ou aux sentiments communs à tous aussi. En outre, dans la littérature familière, l'*idée* ne reste pas voilée ou même cachée, ainsi que cela se produit souvent dans les pièces littéraires d'un style élevé : elle apparaît au contraire, sans que le lecteur soit obligé de la chercher, de la découvrir; elle se laisse saisir du premier coup, et les développements qu'elle comporte sont, eux aussi, exprimés en termes clairs, précis.

Il en est autrement dans la haute littérature, surtout dans celle des temps anciens, et particulièrement dans les poésies que renferme le livre classique dit : *Livre des vers*.

En un mot, le style simple n'embrasse ordinairement que les événements ou les choses de la vie réelle et comporte surtout les termes de la *langue parlée*, qu'il ne faut pas confondre avec les patois des diverses contrées de l'empire. Quant au style élevé, au style noble, il puise sa force à des sources plus hautes et, partant, moins connues de la foule des lecteurs.

Pour se rendre un compte exact de l'esprit de la langue chinoise, le mieux est de recourir aux travaux ayant pris rang parmi les livres qui sont comme la nourriture intellectuelle de la nation.

Quant aux romans, les traductions de plusieurs d'entre eux qui ont été données en français ou en anglais, ont montré que transportés sans commentaires dans le moule d'une langue alphabétique, ils ne peuvent être goûtés par les Européens, parce que ces travaux manquent de l'intérêt qu'ils cherchent dans les romans.

Les études tiennent une trop large place dans l'existence des Chinois, les examens ont trop d'importance au point de vue de l'avenir des jeunes gens, pour que les lettres académiques ne défraient pas la plupart des récits et ne fournissent pas une large part de l'*intrigue*.

Cependant ces livres offrent de l'intérêt, et cet intérêt apparaîtra le jour où, au lieu de traduire directement le chinois en français correct, en s'appliquant à reproduire seulement une forme de l'idée, on s'efforcera de faire ressortir ce qu'il peut y avoir de curieux ou d'étrange dans le style même de l'auteur chinois. Il ne faut donc pas que le traducteur cherche à *se substituer* à l'auteur; il faut au contraire qu'il s'efforce de reproduire l'effet obtenu par celui-ci dans sa langue maternelle.

Les jeux de mots, dont les Chinois sont grands amateurs, les *phrases parallèles*, les charades qui défraient les loisirs du public instruit, sont insipides ou incompréhensibles en français : il faut, pour les faire apprécier, leur conserver leur cachet, leur saveur, leur richesse.

Tel est, à notre avis, le motif pour lequel les romans chinois ont paru jusqu'ici monotones et ennuyeux.

La vie privée des Chinois, étant en quelque sorte *murée*, ne peut devenir la proie des auteurs; et si, par aventure, l'un d'entre eux se risquait à publier quelque épisode scandaleux, il ne serait approuvé que par un nombre très restreint de lecteurs.

Quant aux livres malsains pour l'esprit et le cœur, il s'en publie en Chine comme partout. Seulement, en Chine, ces livres sont généralement écrits avec des caractères à double sens. Il en résulte que leur influence pernicieuse ne s'exerce que sur les personnes assez friandes de ces sortes de lectures pour s'être fait initier à ce langage spécial.

Telle est, du moins, la réputation de ces livres, que nous ne connaissons pas.

L'étude des *livres classiques* absorbe une grande partie du temps, fort long, consacré par les Chinois à la littérature. La connaissance approfondie, la *possession* de ces livres est le but poursuivi avec ardeur.

Avant tout, les livres classiques enseignent à l'homme ses devoirs et la raison de ses obligations ou privées ou sociales : c'est l'ensemble d'une doctrine philosophique digne d'une civilisation plus complète.

Pour que les devoirs — la morale, dans ses points essentiels du moins, — soient connus de tous, même des Chinois qui, ou par ignorance, ou par négligence, ne liraient pas les livres qui s'y rapportent, les souverains ont voulu que les magistrats les rappellent deux fois par mois au peuple. C'est là une obligation pour les mandarins, qui la remplissent avec plus ou moins d'exactitude; les populations, de leur côté, ne prêtent pas toujours à ces lectures publiques une attention assez soutenue pour être fructueuse.

Cet enseignement officiel est tiré de livres moraux dont les premiers empereurs de la dynastie régnante ont doté l'empire. Ces livres traitent de la piété filiale, de l'éducation des enfants, des devoirs fraternels, des mœurs publiques, de l'utilité pour l'homme pris individuellement, et pour la société, à ce que la concorde règne au foyer domestique et dans la ville, au dedans et au dehors....

« Ne vous battez pas! dit-on aux Chinois ; ne troublez point le repos du *père-mère* du peuple. Si le chef de la famille donne à tous ses enfants l'exemple de l'amour du bien et de la paix, comment ces enfants ne tourneraient-ils pas, eux aussi, leurs désirs et leur application vers le bien, vers la paix ?.... Une partie des maux publics vient *de ce qu'on s'enivre.* »

En ce temps, il n'était pas encore question de l'opium, et le vin faisait seul tout le mal. Ne pas s'enivrer est présenté comme une obligation qui rentre dans le domaine de la piété filiale : elle s'impose d'abord en raison du respect que l'homme doit à *soi-même*, puis à cause du respect dont il est tenu envers ses parents, et touche enfin au grand devoir de *conservation personnelle*, qui est un corollaire de la piété filiale.

Y a-t-il encore d'autres devoirs? Il y en a un qui peut, tout d'abord, sembler étrange, mais dont l'utilité apparaît au premier examen attentif : c'est l'obligation de s'unir et d'agir *contre les voleurs*.

« Depuis l'antiquité jusqu'à nos jours, dit le texte relatif à ce devoir, voulant que le peuple aux cent noms vive dans la paix et dans la quiétude, les princes ont voulu aussi faire disparaître les voleurs (ou : les vols et les fauteurs de troubles). Y a-t-il des voleurs? il faut les rechercher et les saisir;.... n'y en a-t-il pas? il faut se protéger et se garder cependant, car tout consiste à prévoir (le mal) et à se garder. »

Le triple devoir de *veille*, de *garde* et de *punition* se répartit entre les particuliers et les magistrats. A ceux-ci est dévolu le pouvoir de punir; mais leurs administrés doivent les aider dans leur tâche de gardiens de la sécurité publique. Les associations contre les voleurs, ou pour mieux dire contre les brigands, reçoivent donc l'approbation tacite de l'Etat, puisqu'elles concourent au devoir de préservation générale.

Les Instructions familières traitent de tous les devoirs, les expliquent et les motivent. Au-dessus d'elles sont les *livres* par excellence, les *King*, les livres classiques et *sacrés*. Dans les quatre livres sacrés, les *Se chou*, se trouvent et la doctrine de Confucius, et les annales de la nation, et les poésies des temps anciens, œuvres de premier ordre, nées pour la plupart des souffrances du peuple.

On apprend ces livres par cœur, autant que possible du moins, et cela non seulement à cause de la doctrine qu'ils renferment, des enseignements qu'ils contiennent, mais encore à cause de leur style : plus on se rapproche de ce style, plus on tend à la perfection; le texte des *Se chou* fournit aux lettrés leurs citations favorites.

Ce style est grave, correct, *jamais ampoulé*, dirions-nous pour le comparer à un genre qui n'est grand que par la forme, non par la pensée. Si l'idée qu'on veut exprimer n'est pas forte et belle, comment, en quelque langue que ce soit, pourrait-on produire une œuvre belle et forte? D'autre part, si l'idée a réuni ces qualités de force et de beauté, pourquoi ne pas l'exprimer en un langage simple, naturel, qui ne la cache pas, ne l'obscurcit pas?

Les auteurs des classiques se sont tenus à ce style. Seulement la langue chinoise a une surabondance de richesse qu'elle prête à la pensée.

Ainsi, par exemple, voulant en même temps exprimer l'idée que la vertu ne se manifeste pas sous une seule forme, qu'elle revêt au contraire des aspects multiples et qu'elle n'est pas *isolée, délaissée,....* Confucius se sert du caractère KOU, qui signifie *seul*, et aussi *orphelin, unique*. De sorte que, ce caractère étant précédé de la négation, la vertu se trouve représentée à la fois comme n'étant pas *unique* et comme n'étant pas isolée à l'instar d'une orpheline; la vertu a des *proches*, elle a une suite, des partisans, des amis.

Un jour, le philosophe entendit un personnage qui, ne le sachant pas près de lui, parlait de ses mérites; il exprimait l'opinion que, sans doute, son talent était grand, ses vertus remarquables, mais que cependant il ne possédait pas *ce qui mène à la renommée*.

Confucius était modeste; maintes fois il reprit ses disciples alors qu'ils lui décernaient les titres les plus honorables, et qu'ils allaient même jusqu'à l'appeler le *saint homme* [1].

(1) Confucius protesta toujours avec énergie, souvent avec impatience, contre cette qualification, qu'il disait réservée au *Saint à venir*.

Comme il cherchait uniquement à ramener ses compatriotes vers le bien, et que rien dans sa conduite ne laissait entrevoir la moindre ambition de *paraître*, de se grandir, il trouva l'occasion bonne pour définir lui-même ses talents, exposer son caractère.

« Quelle est donc ma science ? dit-il ; quelle est son étendue ? Je ne suis certainement pas un savant, ma science n'est pas grande ! Mais qu'un homme sans valeur aucune, un *homme vil*, discute avec moi.... ma science dépassera la sienne. Voilà cependant à quoi vous jugez mon talent ! Tout résulte de la comparaison. Quant à chercher à m'élever au-dessus des hommes de bien, quant à viser à la renommée.... je n'y songe pas. Le fleuve ne déborde pas, il ne quitte pas son lit, je fais comme le fleuve. »

Les comparaisons empruntées à la nature, en particulier aux arbres et à l'eau, sont les plus fréquemment employées dans le style élevé.

Interrogé un jour par ses disciples sur la manière d'être de l'homme sage dans l'existence quotidienne, Confucius se servit, pour préciser cette manière d'être, d'une comparaison empruntée à de l'eau contenue dans un vase :

« Les ignorants, dit-il, les *imbéciles*, sont seuls à prétendre ne *point varier* dans la vie. Quant au sage, il doit agir selon les circonstances, tout en demeurant dans la voie de la vertu. Regardez l'eau enfermée dans un vase : cette eau prend la forme du vase, mais ne déborde pas. Ainsi doit faire l'homme de bien. » Sa conduite, sa manière d'être changera selon les circonstances, car il ne doit pas être rigide ; « il faut qu'il soit souple, comme l'eau est fluide, mais qu'il ne se répande pas au dehors, ce qui le perdrait. »

C'est surtout quand Confucius parle du Saint des temps à venir, c'est quand il compare la voie du *sage* à celle du *Saint*, ou encore lorsqu'il parle de l'esprit ou des esprits, que les images dont il se sert sont vives. Elles font rayonner la pensée, elles la fécondent, la multiplient, et le lecteur demeure ému en face de textes à la fois si nobles, si élevés et si simples (1).

Si la littérature chinoise est pleine d'attrait, en est-il de même de la langue parlée, du style courant? On ne peut, dans une conversation familière, planer dans les régions élevées de la philosophie ou de la poésie; il faut, le plus souvent, demeurer terre à terre. Descendue des hauteurs qu'elle sait occuper, la langue change d'aspect; elle gagne en simplicité ce qu'elle perd en richesse.

Pour les Chinois, leur langue parlée n'a rien de bizarre; mais les Européens trouvent cette langue parfois bien étrange; c'est souvent du *petit nègre* qui prête à rire quand on le traduit littéralement.

Voici, par exemple, un solliciteur; il se présente devant un personnage dont il vient demander la protection. Il l'aborde avec respect et même avec humilité : il fait le *ko-teou*, le grand salut, trois fois répété. Le personnage devine qu'il va recevoir la demande d'une faveur ; aussi, dès que le visiteur s'est remis sur ses pieds, il lui dit sans plus de détours :

« Toi à moi demander quoi ? (C'est-à-dire : *que désires-tu ?*)

— L'homme de peu (moi) au grand homme demander protection.

— Etre quoi ? » (C'est-à-dire : qu'est-ce que c'est, pourquoi ?)

Si le sujet est difficile à exposer ou la requête importante, le solliciteur répond tout d'abord : « L'homme de peu (je) n'ose pas; » puis aussitôt il expose ce qu'il désire.

Pour les mille usages de la vie, la langue chinoise est d'une brièveté curieuse. On dit aussi bien *manger du thé* que *manger du riz*, parce que qui dit manger dit *ingérer*, ce qui se fait soit qu'on mange, soit qu'on boive ; et l'on comprend très bien qu'il faut traduire le verbe par *boire*, quand il s'agit de l'absorption d'un liquide.

(1) V. *La langue chinoise*, IIe partie, *Esprit de la langue* (en préparation).

Quant à *manger du riz*, c'est : ou le déjeuner du matin, ou celui de midi, ou le repas du soir. Seulement il y a le riz *du matin*, le riz *du jour*, le riz *du soir*.

Avez-vous mangé du riz? demande-t-on à une personne amie; et cela veut dire : Vous portez-vous bien? parce que, lorsqu'on prend ses repas réguliers, on est supposé se bien porter. L'ami répond : *Mangé*, ou *non mangé;* ou bien encore : *Etre*, ou *non être*, c'est-à-dire *oui* ou *non*.

Ce n'est certes point dans la langue parlée, dans le langage usuel, qu'il faut chercher la variété des expressions, l'élégance des images.... Un nombre relativement restreint de termes servent aux besoins quotidiens; et c'est, croyons-nous, à ce fait même que la langue chinoise a dû sa première réputation en Europe, réputation de laconisme absolu, de privation de tout coloris, et aussi d'imperfection grossière.

Mais en France même, ce n'est pas dans le langage familier et qu'on pourrait appeler *domestique*, ce n'est pas dans le vocabulaire des expressions employées au service des besoins de la vie qu'on doit chercher à découvrir les beautés et les richesses multiples de la langue des Corneille, des Bossuet, des Victor Hugo.

Soyons donc plus équitables envers la langue chinoise, et cherchons ses beautés là où elles peuvent se trouver, non là où elles seraient hors de mise.

CHAPITRE IV.

LES SCIENCES, LES ARTS, L'AGRICULTURE, L'INDUSTRIE EN CHINE.

I.

Les Chinois sont, entre tous les hommes, ceux qui, au cours des siècles, ont exercé avec le plus de persévérance et le plus de succès la faculté d'*observation.*

Observateurs, les Chinois se sont faits imitateurs : nous avons dit qu'ils poussent fort loin le talent d'imitation. Mais ils ne sont pas habiles seulement à faire ce que d'autres ont déjà accompli.

Presque partout où l'observation peut s'exercer largement et guider la théorie, les Chinois ont devancé les Occidentaux. Ils n'ont pas toujours perfectionné leurs découvertes, ils n'en ont pas tiré toutes les conséquences industrielles ou scientifiques, obtenu tous les résultats pratiques qu'ils pouvaient en attendre. Mais du moins, ces découvertes mêmes, ils les avaient faites plusieurs années ou plusieurs siècles avant que l'Occident en fût doté. Quelques-unes remontent si haut dans les âges, qu'en voulant leur assigner une date fixe, on tombe dans le domaine de la légende.

La musique, par exemple, et la progression décimale dans les nombres remontent à l'empereur *Houang-ty*, qui serait monté sur le trône 2,697 années *avant l'ère chrétienne!*

L'aplatissement des pôles aurait été découvert plus anciennement encore par l'empereur *Chên-long*, qui régnait, dit-on, en l'an 2737.

La fixation rigoureuse de la date de ces découvertes importe beaucoup moins à la gloire des Chinois que la constatation du fait même de leur existence à une époque où aucune société, sans doute, n'en prenait souci.

La musique, en soi, existe, il est vrai, depuis la création du monde : on peut croire que les oiseaux du paradis et nos premiers parents *chantaient.* Mais en tant qu'art, la musique ne saurait prétendre à une origine aussi reculée.

Ce qu'il y a, pour nous Européens, de très curieux dans la découverte de Lin-len, inventeur de l'art musical en Chine et ministre de Houang-ty, c'est qu'elle fixa les sons, les classa, en détermina le rapport de la même manière que nous le faisons nous-mêmes en Europe. Lin-len établit en effet *cinq tons et deux demi-tons,* ou *douze demi-tons.*

Seulement, tandis que nous considérons généralement le *la* comme le ton du diapason, les Chinois ont choisi le son qui répond à notre *fa.* Pour Lin-len, ce son semblait résumer tous les autres. C'est en le prenant pour base de ses observations qu'il est arrivé à constituer la gamme entière : il trouva deux termes musicaux ou *tons* entiers au-dessus et deux au-dessous, ce qui donne les équivalents de *la, sol,* FA, *ré, do.* Puis il découvrit *un demi-ton* au-dessus de FA *(si)* et un au-dessous *(mi).*

La division du jour chinois fut établie conformément à la division des sons, c'est-à-dire que le jour a été partagé en douze temps comprenant chacun deux de nos heures. Les relations existant entre la musique et les heures sont aussi étranges qu'intéressantes, et nous avons cru pouvoir indiquer ailleurs comme réelle l'existence des forces et des harmonies de la nature dans les heures (1).

Au reste, pour les Chinois, rien n'est isolé dans l'univers : ils ont relié ensemble toutes les forces agissantes, toutes

(1) V. *La langue chinoise, sa lettre et son esprit.*

UN MARCHÉ EN CHINE

leurs manifestations, tous les éléments de la création, et jusqu'à la force même qui crée et qui conserve. Le principe sur lequel ils établissent cette union est ainsi posé : « Le ciel, la terre; entre eux, l'homme : trois forces dans la nature. »

Les sons musicaux, qui se retrouvent dans le classement des heures, parce que la musique vibre dans le temps, ont aussi reçu un sens politique : le *fa* est la note royale; le *sol*, la voix des ministres, etc. (1).

L'inventeur chinois de l'art musical tenait à léguer aux générations à venir la *mesure* exacte des tons. Il avait obtenu leur progression à l'aide de bambous percés et de longueurs différentes. Il mesura le tube du son *fa*, et cela en le remplissant de millet noir, grains qui ont entre eux une grande régularité de forme. Rangés avec soin et dans le même sens, *cent grains* suffirent à remplir le tube : de là est résultée la fixation des principales *mesures de longueur*, et leur progression *décimale*. Un grain représente 0^m00315 en longueur; — dix grains font un *tsen* ou 0^m0315; — dix tsen ou un *tché* ou pied = 0^m315; — dix pieds font une toise de 3^m15.

On calcule de même les mesures de volume; seulement, il y a une mesure de six grains qui fait exception à la progression décimale.

La numération fut, elle aussi, établie d'après les mêmes principes.

On conçoit donc de quelle importance fut la découverte de Lin-len; elle dota la société chinoise, il y a tant de siècles, d'un système décimal analogue à celui que nous possédons en France depuis moins de cent ans.

La numération chinoise est la suivante : on compte de un à dix; puis on ajoute à dix les neuf premières unités (dix-un, dix-deux.... dix-neuf). Vingt se dit *deux fois dix;* trente, *trois fois dix....* ainsi de suite, par dizaine, jusqu'à cent. Les nombres compris entre vingt et trente, trente et quarante,

(1) V. *Les Chinois peints par un Français.*

se forment, tout comme dans le système français, à l'aide des neuf premières unités. On dit *deux* (fois) *dix* (plus) *un* pour 21 ; *quatre-dix-deux* pour 42.

De cent à mille on compte comme de un à cent, en prenant pour base le nom du chiffre cent, *pe*. Ainsi : *san-pe-eul* = 302 ; — *san-pe-eul-che-y* (trois cents (plus) *deux* (fois) *dix* (plus) *un* = 321. Mille a son nom, *tsien ;* dix mille aussi, *ouan ;* de mille à dix mille, on compte comme de cent à mille. On dit : *san ouan* (*trois* (fois) *dix mille*) pour 30,000 ; — *ouan-tsien-san* (*dix mille* (plus) *mille* (plus) *trois*) = 1,103.

Bien que le système décimal, c'est-à-dire la progression par *dix*, soit la même en Chine et en France, cependant les chiffres diffèrent complètement, et le rôle du zéro, multiplicateur ou diviseur, n'existe pas dans la numération chinoise : le zéro marque seulement l'absence de chiffres, l'absence d'unités dans une colonne.

L'astronomie a été en grand honneur chez les Chinois dès la plus haute antiquité ; si leurs travaux, même ceux du siècle dernier, paraissent avec raison bien enfantins aux savants de l'Occident, du moins doivent-ils être considérés comme remarquables quand on se reporte à dix ou quinze siècles en arrière. Les Chinois ne perfectionnent pas toutes leurs découvertes ; ils demeurent stationnaires, nous l'avons dit ; mais... ils inventent, ils ont inventé, ils ont découvert ce que d'autres ne soupçonnaient pas encore, et c'est là un grand point !

C'est en l'année 960 de notre ère que l'Académie impériale fut divisée en trois sections : sciences, lettres, beaux-arts.

L'*Académie* existait donc ? Elle avait déjà plus de deux siècles d'existence, car sa fondation remonte à l'année 725. Elle est donc de onze siècles au moins l'aînée de l'Académie française. Seulement, elle reçut tout d'abord le titre de *Collège des sages*.

Bien que les travaux des anciens savants de la Chine fassent sourire nos savants contemporains, et non sans raison, il faut cependant reconnaître que leurs observations portant sur les éléments ne furent pas toutes superficielles; car *douze siècles avant Jésus-Christ,* les Chinois connaissaient la boussole et en faisaient usage. L'histoire relate, en effet, le voyage d'un ambassadeur venu en Chine porter les présents d'un prince tributaire du Sud; cet ambassadeur reçut pour son prince des cadeaux de l'empereur, comme il est d'usage; un ministre impérial lui offrit en outre « un instrument qui devait lui permettre de diriger son char vers le royaume où il retournait. » Un peu plus tard, les navires chinois portèrent chacun « une petite boîte renfermant une aiguille marquant le nord et le sud. » La boussole fut donc appliquée aux voyages *vingt-trois siècles* avant qu'elle fût connue des Européens.

Les cartes à jouer furent inventées en Chine en 1120.

Bien longtemps avant l'invasion des Mongols en Asie Mineure et jusqu'en Europe (1140), les Chinois connaissaient la *poudre à canon* et en faisaient usage dans leurs guerres.

Les Mongols, qui avaient eu l'occasion d'expérimenter à leurs dépens, *in anima vili,* la puissance des engins destructeurs inventés par les Chinois, leur empruntèrent cette découverte et s'en servirent pour leurs conquêtes. De là faut-il conclure que dès ce temps les Chinois avaient des *canons,* des *boulets,* des engins tels que nous les connaissons, tels qu'ils en possèdent eux-mêmes aujourd'hui? Personne ne saurait le supposer, et si la poudre à canon n'était employée aujourd'hui que dans les conditions où elle l'était alors, les batailles ne seraient guère meurtrières!

Les *pétards* ont été probablement les premiers engins explosibles; ces pétards, *bombes* si l'on veut, mais bombes en bambou ou en papier très résistant, étaient munis d'une mèche qu'on allumait avant de les jeter parmi les ennemis. Le bambou, d'ailleurs, se prêtait merveilleusement à cet usage.

Les Annales rapportent que les Chinois, dans les sièges qu'ils eurent à soutenir de la part des Tartares et autres ennemis, laissaient, du haut des remparts, glisser dans le camp des assaillants ou jetaient au milieu des combattants, des tubes qui faisaient explosion. Plus tard, une enveloppe de métal remplaça le bambou et le papier, puis, ensuite, on utilisa la force de la poudre pour lancer des pierres et des morceaux de métal faisant office de boulets. Un jour même on lança des tubes pleins de poudre.... Ce fut tout pour ce temps, et bien des siècles s'écoulèrent avant que les engins de destruction eussent la forme des canons actuels, sans en avoir d'ailleurs ni la puissance ni la portée.

Le nom chinois des *canons*, ou pour mieux dire des engins de guerre dans lesquels la poudre jouait un rôle, est composé de deux caractères : *houo-pao*. Le premier est simple; il veut dire *feu*. Le second désigne le *bruit du feu;* il est lui-même composé de deux caractères; l'un, qui lui sert de clef, n'est autre que *houo, feu;* l'autre, quand il est détaché, pris isolément, a une valeur propre. Il se trouve sous la clef *soleil* et signifie à la fois : *cruel, grande chaleur, nuire, aller rapidement....* On voit que le feu joue un grand rôle dans l'expression *houo-pao*, qui dépeint *un feu rapide faisant du bruit et du mal.*

Les Européens qui eurent autrefois à lutter contre les Mongols éprouvèrent de grandes craintes au sujet des « machines qui faisaient du bruit et enveloppaient l'armée de fumée. »

Ce fut aux Mongols que les Russes durent l'usage des *souan-pan*, machines à compter, dont ils se servent encore dans les provinces du sud et de l'est, « machines » qui sont répandues partout en Chine.

Les premiers travaux botaniques des Chinois remontent, eux aussi, à une haute antiquité. Mais la botanique, ou plus généralement « la science des productions de la terre, » tenait de trop près aux intérêts vitaux de la nation, pour qu'elle restât longtemps à l'état de pure théorie, théorie incomplète et inutile si la pratique ne vient en appliquer les principes, les remarques, les conseils.

Bien avant l'ère nouvelle, des princes avaient fait faire des recherches ou fait recueillir des indications par des hommes de grand mérite. Ces recherches et ces indications avaient pour objet la plupart des plantes et des arbres croissant en Chine. On avait même profité de certains événements politiques qui entraînèrent les armées au loin, pour faire importer dans l'empire les espèces ou les variétés inconnues en Chine et pouvant offrir quelque utilité, soit pour la médecine, soit pour l'alimentation, soit encore pour l'industrie.

La médecine chinoise emprunte ses remèdes aux plantes et aux animaux. L'observation joue en cela un rôle considérable; aussi ne faut-il pas s'étonner que les Chinois aient poussé très loin leurs découvertes sur les propriétés médicinales des plantes surtout.

Les Chinois — qui l'aurait cru! — se sont dès longtemps préoccupés d'insensibiliser les patients pendant les opérations chirurgicales. Et bien avant que l'éther et le chloroforme fussent employés dans ce but en Europe, les Chinois endormaient leurs malades ou rendaient insensible le membre sur lequel ils opéraient. Ils obtiennent encore ce résultat soit par l'application d'une huile animale qui ne serait autre que de l'huile extraite des *yeux de grenouille*, soit en faisant respirer la fumée de certaines plantes.

Les voleurs emploient ce dernier moyen pour endormir les victimes de leur choix. Comme les plus belles *vitres* sont en papier ou en corne, ils peuvent, sans bruit, percer dans ces vitres un petit trou par lequel ils font passer la fumée, et cette fumée engourdit les personnes qui se trouvent dans la pièce : elles croient *rêver qu'on les vole*, et.... en se réveillant, se trouvent réellement volées.

Les médecins chinois sont-ils d'habiles praticiens?

A cette question, qui est souvent posée, on peut répondre qu'en Chine, comme partout, on rencontre à la fois des savants et des ignorants. De l'aveu des hommes les plus autorisés, l'étude des procédés des Chinois, de leur pharmacopée, ne serait pas inutile aux praticiens qui, en Europe, ont le monopole de la médecine. Mais, parmi ceux-ci, bien peu partagent l'opinion qu'ils puissent apprendre quelque chose des Chinois. Tous, nous le croyons, sont de bonne foi en disant qu'aucune lumière ne vient plus de l'Orient, et plusieurs parlent *de confiance*, c'est-à-dire sans étudier la question, tant elle leur paraît claire. Gardons-nous de prendre parti dans ce débat, d'ailleurs très peu passionné, car rien ne nous y oblige.

Nous devons dire cependant que des Européens ayant vécu en Chine vingt ou trente années, ayant été malades, ou ayant vu autour d'eux des malheureux atteints de maux divers, assurent n'avoir eu qu'à se louer des médecins chinois, qu'il ne faut pas confondre avec les charlatans. Les femmes peuvent, en Chine, exercer librement la médecine. Il y en a dont la réputation s'étend à plusieurs lieues et qu'on vient chercher, en les priant d'aller soigner, *avec leur main d'or*, tel ou tel malade.

A côté des médecins connaissant réellement l'art de soulager et de guérir, les charlatans tiennent une large place dans la société. Les Chinois, si rusés pour tout ce qui regarde la vie publique, sont parfois d'une étonnante naïveté quand il s'agit des médicaments. Autant que possible, les remèdes doivent être enfermés dans une boulette de cire sur laquelle on a tracé un *koua*, figure symbolique « vieille comme le monde » et représentant les éléments. La confiance que ce *véhicule* et sa peinture inspirent aux Chinois est si forte, que dans la plupart des régions où s'exerce la charité chrétienne, on doit, pour faire accepter les médicaments européens par les malades, enfermer les drogues bienfaisantes dans une boulette de cire.

On conçoit aisément tout le parti que les hommes de peu de science peuvent tirer de cette confiance aveugle : ils vendent aux malades une pilule de cire revêtue du koua, mais qui ne contient rien en fait de remèdes.

La Chine possède des végétaux précieux, tels, par exemple, que le *jen-sen*. Cette racine affecte les formes les plus étranges et dont le caprice va parfois jusqu'à figurer un *corps humain*. Elle est un des plus puissants reconstituants qui soient connus. On la vend à un prix très élevé. Le meilleur jen-sen est resté la propriété et le monopole de l'empereur.

Il y a aussi le *tchong-tsao*, littéralement *ver-plante*, employé avec grand succès pour rendre des forces aux convalescents. Le nom donné à ce ver vient de ce qu'à certaine époque de l'année il s'enfonce dans la terre et se couvre d'excroissances tellement analogues à des feuilles, que les Chinois ont cru voir dans ce fait étrange un véritable *changement de règne*. Nous avons ailleurs (1) indiqué cette opinion. Mais quelques savants français s'étant élevés contre ce prétendu changement de règne, nous nous bornerons ici à dire que ce ver pousse des feuilles; qu'il déserte sa classe, son *règne*, qu'il devienne végétal ou qu'il reste ver.... peu nous importe; c'est aux savants de résoudre la question et surtout de s'entendre.

Bête ou plante, le *tchong-tsao* s'emploie à l'état sec : on l'introduit dans le corps d'un poulet ou d'un autre animal comestible, qu'on fait cuire, et auquel il communique sa vertu réconfortante, dont le malade éprouve les effets peu de temps après avoir absorbé cet aliment.

Parmi les animaux considérés comme extraordinaires, il faut encore citer le *polype à vinaigre*, *men-fou-yu*, qu'on trouve dans certains parages de la mer Jaune, et qui, mis dans de l'eau douce, la transforme en vinaigre.

La médecine utilise toutes les plantes qui peuvent lui fournir quelque secours; les Chinois empruntent plus aux végétaux qu'aux minéraux. Mais tandis qu'ils ont pour un bon nombre de maladies internes des médicaments efficaces, ils sont généralement fort inhabiles à guérir les plaies; ils les soignent mal, surtout dans le Nord.

Cela tient beaucoup moins au manque de plantes bienfaisantes qu'à la répugnance que les plaies elles-mêmes font

(1) V. *Les Chinois peints par un Français.*

éprouver. Le plus souvent on applique sur le mal un emplâtre soigneusement luté au delà du cercle atteint, et qu'on laisse à demeure, sans s'inquiéter de la suppuration ou des accidents qui peuvent survenir; aussi le *pansement* des plaies par les religieuses est-il un sujet d'admiration pour les Chinois, et dès qu'ils connaissent un dispensaire catholique, les pauvres atteints de ces maux s'empressent d'accourir.

Quant à la chirurgie chinoise, elle n'est pas aussi avancée que la médecine. Cette branche de l'art, qui tient en même temps de la science, a fait en Europe, depuis un siècle, d'immenses progrès encore à venir en Chine.

Les *sciences occultes* préoccupent bien peu aujourd'hui les sociétés d'Occident. Lire dans les astres les destinées d'un homme ou d'une nation, recueillir l'expression de la volonté des génies ou des esprits, lire dans l'avenir à l'aide d'herbes jetées en l'air et retombant sur un linge, ou bien encore à l'aide d'une tortue grillée vivante.... tout cela est regardé comme autant de tours surannés de prestidigitation n'ayant plus le pouvoir d'intéresser ni même d'amuser.

Cependant les Chinois s'exercent encore à la pratique de ces prétendues sciences.

Quand on place une tortue au-dessus d'un brasier ardent, trouvant sans doute le procédé peu de son goût, elle proteste à sa manière avec toute l'énergie dont est douée une tortue — il n'est pas besoin que ce soit une chinoise pour agir ainsi, toutes les tortues du monde en feraient autant ! Saisie par des mains qu'elle ne sait pas encore être homicides, la victime commence par rentrer ses pattes et sa tête au logis : c'est instinctif chez une bête qui se croit en sûreté dans son enveloppe d'écaille. Tout à coup voici qu'elle éprouve une étrange sensation. Il fait bien chaud ! se dit la tortue ; et pour connaître la cause de cette chaleur anormale, « elle met le nez à la fenêtre. » Mais comme elle rentre vite ce pauvre nez tout ridé ! C'est alors qu'après un instant de *recueillement*, elle commence à s'agiter furieusement, jusqu'au moment où la mort met fin à une lente et cruelle agonie.

Et pendant cette agonie, des hommes la regardent, graves, silencieux, notant ses grimaces sous l'influence du feu, la manière dont elle sort ou rentre ses membres, et jusqu'aux dessins qui s'accentuent sur sa carapace.... les convulsions de la pauvre bête sont comme un livre dans lequel les devins lisent l'avenir. On n'arrive pas au premier essai, paraît-il, à être bon devin. Cependant il peut sembler aux vulgaires profanes qu'en tenant compte soit du *désir* de la personne qui fait consulter la tortue, soit de ses propres sentiments ou de ceux de la confrérie à laquelle on appartient, la réponse de la tortue doit s'interpréter sans trop de peine.

La divination par l'herbe *che* est moins difficile. On coupe la tige de l'herbe par petits morceaux ayant entre eux les mêmes proportions que les *lignes* à l'aide desquelles s'écrivaient les très anciens livres. Puis on lance en l'air une poignée de ces petits morceaux de tiges, au-dessus d'une étoffe blanche. En retombant, ils forment des caractères symboliques, dont il ne reste plus qu'à commenter le sens.

Les esprits et les mânes ont parfois des attentions pour les vivants : ils leur parlent, ou mieux encore ils parlent par la bouche d'un élu.

Il y a quelques années, des travaux ayant été entrepris non loin de Fou-tcheou-fou, pour l'érection d'un temple à la déesse des marins, on eut à toucher aux tombeaux placés sur une colline. Au milieu de ces tombeaux détruits un homme perdit connaissance, et, dans cet état, se mit à parler : l'*esprit d'un mort,* tourmenté dans son repos, exposa par sa bouche ses griefs et ceux de ses confrères. Les autorités recueillirent pieusement ces communications d'outre-tombe; elles furent même conviées à entendre la parole d'une divinité d'ordre supérieur, et à la suite de ces événements, on fit tout ce qui était nécessaire pour apaiser les esprits.

Les bouddhistes, qui ont introduit en Chine une partie des

superstitions de l'Inde, ont donné aux esprits, protecteurs ou malfaisants, un corps de pierre ou de bois, et, en outre, ils ont élevé au rang de dieux et de déesses une foule d'animaux.

La *grenouille*, par exemple, a son temple à Pé-kin. Quand la sécheresse dure trop longtemps et que les biens de la terre sont en péril, on se rend au temple, on invoque la grenouille déesse. S'il pleut, son crédit s'augmente; si, malgré tant de supplications, elle ne donne pas satisfaction à ses adorateurs, on menace la *divinité*.... qui n'y peut rien.

La doctrine de Confucius n'est pas une religion, nous l'avons dit, aussi ne trouve-t-on pas de temple confuciens ayant des statues. Dans les temples dédiés à Confucius et à ses disciples, généralement il y a un grand fauteuil — de pierre ou de bois — sur lequel l'esprit du maître vient se reposer; des fauteuils plus petits ou moins riches sont disposés pour l'esprit des disciples. Parfois ces temples magnifiques, dont les constructions nombreuses couvrent de grands terrains et qu'entourent de beaux jardins, ces temples ne renferment pas même un fauteuil : des chambres sont attribuées à Confucius et à ses disciples, et dans ces chambres se trouve la *tablette* du personnage.

Nul ne doit se permettre de passer à cheval ou en voiture devant les temples de Confucius, ni même devant les fauteuils rustiques que certaines populations lui préparent en plein air. Comme l'ordre est formel, comme il touche à la vénération du peuple pour ses grands précepteurs, les Européens ne cherchent pas à s'en affranchir; seulement, au lieu de descendre de voiture ou de cheval devant le monument, ils descendent un peu avant d'y atteindre, afin de n'avoir pas à se soumettre aux injonctions que le gardien ne manque pas de leur adresser.

La divination par la tortue et par l'herbe *che* est d'origine très ancienne. Les bouddhistes ont d'autres moyens d'entrer en rapport avec les esprits.

Ce ne sont pas seulement, comme on pourrait le croire, les personnes vulgaires qui ont recours aux devins : la famille impériale les emploie. Dernièrement, quand l'ancienne église catholique et l'établissement de la Sainte-Enfance élevés dans la ville Jaune de Pé-kin ont été repris par la Cour, avec le consentement du pape et après construction de monuments nouveaux dans un autre emplacement, l'impératrice régente voulut faire raser les deux tours de l'église qui dominent le jardin impérial.

On consulta les devins, qui répondirent : « Le premier qui portera la main sur les tours mourra. » De là on conclut que la démolition ne devait pas avoir lieu, et jusqu'ici, en effet, l'édifice a été conservé. Peut-être l'esprit du mal a-t-il employé ce moyen détourné pour se faire donner comme temple l'église du vrai Dieu.

Puisque nous avons nommé l'esprit du mal, disons quelques mots de sa puissance dans l'extrême Orient. Ce sujet ne rentre généralement pas dans les sciences occultes, mais, à la vérité, il touche bien à un *pouvoir occulte*. Ce pouvoir, on le nie généralement en Europe, ou du moins on nie qu'il se manifeste par ce qu'on appelle la *possession*. Dieu a permis, en effet, que dans les sociétés chrétiennes l'action du démon se trouvât modifiée, amoindrie. Et de ce fait qu'en Europe on ne voit plus de possédés, on conclut qu'il n'y en a pas ailleurs.

Mais qu'on interroge les hommes qui vont dans l'extrême Orient pour gagner des âmes à Dieu : leur réponse à tous sera la même, et tous témoigneront qu'aujourd'hui, comme autrefois, les païens sont bien sous la dépendance de l'esprit du mal, dont la colère et la malice se manifestent de mille manières lorsque la croix vient restreindre son domaine.

Tantôt il se borne à inspirer aux hommes des sentiments coupables, à leur suggérer l'idée de délits et de crimes, comme il le fait partout; mais alors aucun fait *surnaturel* ne se produit. Tantôt, au contraire, son pouvoir se révèle ouvertement. L'homme sur lequel s'acharne l'esprit du mal parle comme le démon qui emprunte sa voix et qui le torture. Les païens reconnaissent l'action de l'esprit des ténèbres; ils cherchent à s'en protéger, mais réussissent mal dans cette entreprise.

Plus d'une famille chinoise s'est réfugiée dans le christianisme pour échapper à ces obsessions du mal, car les devins et les bonzes, habiles à se faire payer, sont impuissants à soustraire leurs clients au pouvoir du maître qu'ils servent eux-mêmes. Il est arrivé quelquefois que désespérant de chasser de leur maison « les démons » qui les hantaient, des païens l'ont abandonnée, puis vendue à des diables *étrangers*, pensant bien jouer un vilain tour à ces derniers. Ils ont été ensuite fort étonnés que ces diables-là aient délogé les démons.

Mais laissons en repos Belzébuth, les démons, les génies, les lutins, les sciences et les pouvoirs occultes.

II.

A quelle époque remonte la découverte de l'imprimerie? Au xve siècle, répondra un Européen. Au xie siècle, dira un Chinois.

C'est qu'en effet Gutenberg a été devancé de quatre cents ans par les Chinois. Dès avant le xie siècle même les Chinois imprimaient. Au moyen de la gravure, ils le faisaient à une époque antérieure au vi^{e} siècle, puisque, sous le règne de l'empereur Ouen-ty (560 à 567), on ordonna la réimpression de textes et de dessins anciens qui s'effaçaient.

Quelle fut la date des premières impressions?.... Il nous semble bien difficile de la préciser; quelques auteurs estiment que trois siècles avant Jésus-Christ les Chinois savaient déjà imprimer. Ce n'est qu'au ixe siècle que la gravure fut faite en relief : jusque-là elle était en creux dans le bois ou la pierre, de sorte que les caractères ressortaient en blanc sur fond noir. La gravure en relief, donnant une impression *noire* sur fond blanc, fut un premier progrès qui suffit jusqu'au milieu du XIe siècle. A ce moment furent inventés les caractères *mobiles*, mais en *terre*. Quand un texte était composé avec ces petits cubes, on les reliait tous par la base en coulant un mastic qui se dissolvait au feu. Pour détruire ce que nous appelons aujourd'hui la *forme*, il suffisait de la chauffer à l'envers, et tous les caractères se séparaient. Enfin, peu de temps après l'invention des caractères mobiles, on les coula en plomb. C'est donc bien réellement quatre cents ans d'avance qu'avaient les Chinois sur les Européens.

Ce n'est pas sans un profond étonnement que nous avons lu dans le *Dictionnaire de l'imprimerie*, au paragraphe spécial à l'imprimerie chez les Chinois, que *les Chinois sont dans l'impossibilité de se servir de caractères mobiles....* L'affirmation est au moins singulière, puisqu'en Europe, en France même, ces caractères mobiles existent. Le motif donné par l'auteur de l'article n'est pas moins étrange : « Les Chinois, à moins qu'ils n'adoptent la langue alphabétique, ne peuvent se servir de caractères mobiles, parce qu'ils ont un nombre trop considérable de caractères, 80,000 ou même 240,000 (!). »

L'auteur de l'ouvrage cité a eu sans doute quelque arrière-pensée que le rédacteur du résumé n'a pas saisie. Ce n'est point par plaisir que nous relevons cette erreur, mais parce que se trouvant dans un travail tout spécial à l'imprimerie, elle pourrait s'accréditer.

L'impression à l'aide des cubes de plomb n'a pas fait disparaître l'usage de la gravure. En France, on n'entreprendrait pas volontiers un gros manuscrit, et ce travail reviendrait à un prix très élevé. En Chine, il n'en est pas de même. La patience et l'habileté des Chinois se révèlent tout entières dans ce genre de travail qui s'exécute fort bien et coûte peu. Une couche d'huile d'*elæococca vernicifera* forme sur le plateau de bois une sorte de vernis résistant, mais non cassant. Par-dessus ce vernis on passe une couche de colle de riz, et enfin on pose le manuscrit, de telle sorte que l'écriture touche la colle. Le papier chinois étant très mince, les caractères ressortent au *verso*. L'ouvrier grave tous les caractères, tous les détails, qui se trouvent ainsi en relief et *à l'envers*, de sorte que par l'impression ils ressortent en noir et à l'*endroit*.

La découverte de l'encre se fit en Corée d'abord. C'est de ce royaume tributaire qu'elle passa en Chine plusieurs siècles avant l'ère chrétienne; les Chinois améliorèrent sa fabrication, et au VIIe siècle leur encre était supérieure à celle de leurs voisins. Quant au papier, son invention remonte, en Chine, à l'an 246 avant Jésus-Christ; en Europe, au Xe siècle de l'ère chrétienne : encore n'est-ce réellement qu'au XVIIIe siècle que l'industrie du papier se développa et fit de grands progrès en France.

Le premier papier des Chinois, dû au général Mong-tien, était très imparfait comme pâte. Les progrès furent rapides tout au commencement du IIe siècle de notre ère; cette industrie prit une grande extension. Les papiers chinois sont de genres variés; les plus grossiers et les plus minces sont résistants, malgré l'étrange aspect de leur pâte. On fait du papier avec une multitude de chiffons et de végétaux, et même avec des cocons de vers à soie ou de grosses chenilles. Le genre que nous appelons *papier de riz* se fait avec un jonc d'une espèce particulière; ce papier, d'un *blanc de riz*, sert pour les dessins très soignés; on en fait aussi des fleurs artificielles.

La peinture sur papier de riz et sur soie est, comme la broderie, une branche très florissante de l'industrie artistique des Chinois. Il ne nous semble pas possible qu'on puisse concevoir le fini et l'élégance de ces travaux — surtout des dessins — quand on n'en a pas vu. Les broderies sont fort belles sans doute; mais en France on en fait d'un mérite égal. Quant aux peintures, surtout aux peintures sur papier de riz, nous ne croyons pas qu'on les ait encore égalées. Dans ces petits chefs-d'œuvre, il faut toujours distinguer l'*exécution* matérielle et le *sujet* traité. Ce dernier, surtout quand le tableau exigerait l'observance des règles de la perspective, laisse beaucoup à désirer. En outre, l'esthétique des Chinois ne semble pas être la même que la nôtre : les Orientaux ont sur le *beau* un sentiment qui diffère de celui des Européens. Mais quant à la finesse du travail, à la vivacité des couleurs, à la netteté du dessin, à la régularité des traits qui doivent se ressembler, comme dans le tracé d'un grillage, par exemple.... sous tous ces rapports, l'œuvre peut supporter l'examen le plus minutieux et le plus sévère. Les Chinois ont une manière à eux d'utiliser certaines choses. Ainsi ils font avec des écailles de petites fleurs à quatre ou cinq pétales qu'ils recouvrent d'un vernis de différentes couleurs et transparent, de sorte qu'on croirait ces fleurs en verre. Ils les montent sur des *arbres* en miniature construits avec du fil de fer recouvert de soie verte ; les branches de ces arbres s'enchevêtrent, se croisent et s'entrecroisent. C'est le type des arbustes d'agrément. Le même tronc porte des fleurs de deux, trois couleurs ; cela imite la *nature*, parce que les Chinois s'appliquent à greffer plusieurs variétés de fleurs ou de fruits sur le même sujet. Ainsi, par exemple, ils grefferont deux branches d'un amandier ; l'une portera des pêches, l'autre des abricots, tandis que la pousse centrale a des amandes. Des roses blanches naissent sur la même tige que des roses pourpre, jaunes, roses. Il est donc logique que l'art cherche à imiter, avec les matériaux divers dont il dispose, ce qu'il demande à la nature et ce qu'il obtient d'elle.

Une des plus belles et des plus anciennes industries artistiques de la Chine est celle des poteries ; on pourrait dire qu'on a connu la porcelaine de Chine en France avant de connaître les Chinois : il est hors de doute que les Européens en ont apprécié les mérites alors qu'ils n'en accordaient aucun à ses producteurs, aucun autre, du moins, que celui de fabriquer la porcelaine. Il y a quelques années, un Chinois raconta le fait suivant, qui tend à prouver l'habileté de ses compatriotes.

« J'avais un vase très beau, très ancien, et d'une grande valeur ; en vain j'avais cherché à m'en procurer un second. Un jour, un potier du Kiang-si vint me demander à voir cette pièce curieuse. Quand il fut en face du vase, il le regarda quelques instants, puis il le prit dans ses mains, le tourna deux ou trois fois de tous côtés et partit, me promettant de faire son possible pour découvrir le pendant. Environ deux mois plus tard — je ne pensais plus au potier! — on m'annonça que cet homme désirait me voir et qu'il m'apportait une poterie. Quel fut mon étonnement lorsqu'il déposa devant moi un vase identique au mien comme forme, dimension, coloris, et différant seulement un peu quant aux dessins. Je le remerciai d'avoir si bien tenu sa promesse et le félicitai d'avoir trouvé ce que j'avais si longtemps cherché en vain. Il était tout rayonnant de joie. Je lui demandai enfin combien je lui devais, et voici l'étrange réponse que je reçus : « Les deux vases sont réellement bien pareils, cependant le premier seul est antique ; le second, s'il l'était comme il le paraît, vaudrait une forte somme, mais.... *c'est moi qui l'ai fabriqué.* J'avais regardé le premier avec beaucoup de soin, en le tenant un instant ; j'ai fait le pareil ; mais comme il n'est pas ancien, ce vase ne peut être estimé au prix de l'autre. »

Ainsi, quelques minutes d'examen attentif avaient suffi à cet ouvrier artiste pour se rendre compte de tout ce qu'il devait savoir afin d'exécuter une reproduction fidèle du chef-d'œuvre antique.

Les poteries ne sont pas seulement un objet de luxe, elles jouent en Chine un rôle considérable dans l'économie industrielle. Les toits sont recouverts de tuiles vernissées, les balcons et balustrades sont construits avec des briques creuses de formes géométriques et variées. On fabrique des panneaux en porcelaine, très beaux, qui servent de revêtement intérieur aux murs des habitations luxueuses ; les dalles, les carreaux, qui s'emploient souvent au lieu de parquet, sont durs, résistants et d'une teinte solide. Les Chinois du Nord, plus encore peut-être que ceux du Midi, ont une préférence marquée pour la couleur bleue. Ils transforment la teinte rouge-ocre des carreaux en *bleu de ciel* par un abondant arrosage à l'eau douce qu'ils leur donnent après cinq à six jours de cuisson dans le four même. Les ornements des toits, les clochetons attachés aux angles et aux extrémités de l'arête faîtière, sont en terre vernie. La toiture est, en Chine, la partie la plus compliquée des monuments. L'architecture des bâtisses est généralement lourde et sans grande variété de plan. La toiture peut être à *plusieurs étages* qui vont en diminuant. En elle-même, cette partie des édifices est remarquable par sa forme, son travail, ses courbes élégantes, ses revêtements brillants ; mais elle écrase la construction : on dirait que celle-ci n'a été faite que pour permettre d'élever le toit.

Le vernis appliqué sur les boiseries intérieures et extérieures des maisons peut être compté au nombre des produits les mieux utilisés par l'industrie et par l'art. Ce vernis brillant et solide résiste à la pluie comme à la chaleur du soleil. Toutes les régions de la Chine ne le possèdent pas, et les ouvriers qui l'appliquent ne le rencontrent pas partout ; on l'emploie à Chang-hai avec une rare perfection. Il est produit par la noix de l'elæococca vernicifera, *tong-tse-chou.* Au reste, les Chinois ont des procédés remarquables pour enrichir les meubles à l'aide d'un vernis et d'incrustations diverses. Leur laque, qu'ils teintent le plus souvent en brun ou en rouge, donne aux meubles qui en sont revêtus une valeur considérable.

Les Chinois ne sont pas très habiles à faire le plâtre, qui est presque toujours grossier et gris. Aussi, dans les travaux très soignés, les ouvriers sculpteurs et les maçons ne s'en servent-ils pas pour réunir les pierres ; ils emploient de préférence un mastic fait de cire végétale, d'alun et de blanc d'œuf.

L'architecture des anciens ponts est remarquable ; on en peut juger par ceux que le temps a en partie respectés, notamment l'immense viaduc qui va de Chao-hing à Tsin-hai, au nord de Ning-po, que nous avons déjà signalé. Quand le cours d'eau ou le précipice au-dessus duquel doit passer la voie est sans grande importance, le pont jeté d'une rive à l'autre n'a aucun des caractères de ces magnifiques travaux que dix à douze siècles après leur construction on admire encore. Le pont commun est formé de deux plans inclinés à pente rapide reliés par une travée horizontale. Quand les extrémités du pont ont été solidement appuyées contre des contreforts en maçonnerie, l'*écartement* de cette sorte de voûte n'est pas à craindre. Mais si les extrémités de la voie ne sont pas épaulées, elles ne peuvent résister longtemps à la *poussée*, d'autant plus forte que la pente est plus rapide.

Il faut noter aussi les *ponts volants*, faits de deux bambous parallèles, mais inversement inclinés ; sur chacun d'eux glisse une nacelle que le gardien du pont fait revenir à lui au moyen d'une corde. Il y a un gardien sur chaque rive.

Les couleurs employées en Chine sont remarquables par leur vivacité et leur solidité. La base de ces couleurs est végétale. Mgr Dubar a donné à ce sujet des détails très intéressants. Le beau rouge, par exemple, est dû à une fleur originaire du Ho-nan. On coupe les boutons quand ils sont prêts à s'ouvrir, puis, après les avoir fait sécher quarante-huit heures au soleil et fait tremper ensuite dans de l'eau douce, on les jette dans un vase dont le fond est percé de trous. Là, on les saupoudre de farine de *kien*, sorte de pâtre nitreuse dite aussi *fromage de nitre ;* et après quelques heures, on jette un peu d'eau et on triture le tout ensemble : une teinture d'un pourpre éclatant s'écoule alors par les trous inférieurs.

Telle qu'elle est recueillie, cette teinture n'est pas stable, mais on la fixe en y faisant macérer pendant deux à trois heures une sorte de prune, *tsin-mee*, qui vient dans les régions du sud.

Le *bleu* est dû aux feuilles d'un arbrisseau ressemblant au grenadier ; c'est le *ou-la*. Ces feuilles donnent une teinture jaune paille qui devient bleue dès qu'on y mêle un peu d'*alun*. On gradue la teinte du bleu en trempant plus ou moins de fois les étoffes dans la solution. Un autre bleu est produit directement par une plante très commune, le *tien*, et qui a quelque analogie avec le pourpier.

Le *vert* résulte d'un mélange de jaune et de bleu ; mais,

chose rare, les Chinois possèdent une plante qui donne *directement* une teinture *verte* très belle.

Les étoffes dont on fait généralement usage sont en coton ou en soie. Il y a très peu d'étoffes de fil. Tous les vêtements de dessous sont en cotonnade ; ceux de dessus sont de même pour les pauvres : la classe aisée porte des robes et des pardessus en soie, satin ou sorte de crépon orné de dessins tissés, généralement de la même teinte que le fond. Ces dessins, quand le vêtement est destiné à un fonctionnaire, représentent l'animal qui est le signe distinctif de l'ordre mandarinal. Les vêtements de l'empereur sont ornés de dragons; ceux de certains ministres, de tigres, etc. Les effets d'hiver sont ouatés ou doublés de satin, ou bien ils sont en fourrures, peau de mouton ou autre.

L'industrie cotonnière rivalise d'importance avec l'industrie séricicole. La réputation des soieries de Chine est trop bien établie pour qu'il soit utile de vanter leur beauté. Les plus beaux crépons et foulards se font dans le Kiang-sou, à Hou-tchou, non loin de Nan-tsin, grand marché de vers à soie.

L'élevage des vers à soie remonte, dit-on, à l'empereur Houang-ty (2697 avant Jésus-Christ). La découverte en serait due à l'impératrice Loûy-tse. La Chine possède non seulement le ver qui vit sur le mûrier, mais encore celui qui se nourrit des feuilles de l'ailante du Japon ou vernis de Chine (introduit en France par M. Guérin Méneville), et un troisième qui s'élève sur le chêne (introduit en France par le R. P. Perny). La *soie végétale* tient aussi une très large place dans l'industrie. Elle est due à la ramie, plante textile qui existe en Afrique, et qu'on acclimate assez facilement dans le midi de la France.

La fabrication du drap est secondaire; elle tire des laines des pays montagneux de l'Ouest et de Mongolie. Les plus belles peaux de mouton sont gardées pour vêtements; on les prépare à la chaux, à l'alun et au camphre. Les marchands qui les apportent aux foires qui se tiennent à l'automne ont soin, dans l'intérêt de leurs clients (!), de rogner les angles de ces peaux, afin qu'elles ne traînent pas à terre. Puis, avec ces rognures, ils font des tapis foulés, teints, très solides et fort beaux. Ceci se pratique en général dans tous les marchés qui reçoivent des fourrures, et en particulier à la sous-préfecture de *Chou-lou* (province du Tché-ly).

Là aussi est une importante fabrique de feutres pour matelas et chapeaux [1]. Quand nous disons pour *matelas*, nous parlons par image, parce que la couverture en feutre remplace le matelas dans le Nord, comme la couverture de coton piquée le remplace dans le Midi. Les laines et les feutres du Yunnan sont très renommés ; on trouve aussi dans cette province une étoffe que Francis Garnier croyait tissée avec les fils d'une araignée du Yun-nan méridional, et qui porte le nom de « satin de la mer d'Orient. »

III.

« Quelle est votre opinion sur le *climat* de cette région ; est-il bon ? » demanda l'empereur Napoléon III à un colon lors de sa dernière visite en Algérie.

« Le climat ? Sire.... il n'y en a pas ! »

Ce colon n'avait pas compris la question du souverain et croyait qu'il s'agissait d'un produit du pays.

Si l'on demandait quel climat règne en Chine, on pourrait répondre : ils y sont tous.

L'immense étendue de l'empire, ses hautes montagnes, ses fleuves nombreux, font que les températures les plus extrêmes y règnent, que les conditions climatériques les plus diverses s'y rencontrent ; aussi serait-il plus facile et moins long d'énumérer ce que le sol de la Chine ne produit pas, que de dire tout ce qu'il donne à l'homme, soit spontanément, soit en retour du travail de chaque jour. Et même nous croyons que si

(1) *Vie de Mgr Dubar*, le Tché-ly sud-est.

quelques arbres, comme peut-être l'olivier ou certains autres plants, manquent encore en Chine, c'est qu'on ne les y a point importés.

En choisissant la région qui convient le mieux à chacun, nous croyons que tous doivent s'y acclimater aisément et donner les meilleurs résultats.

Mais les richesses agricoles de la Chine sont assez considérables pour n'avoir pas besoin d'être augmentées par celles d'Occident qui peuvent être encore étrangères à l'extrême Orient. Ce serait plutôt aux Européens à faire quelques emprunts à la flore de ces contrées lointaines.

Au premier rang parmi les plantes les plus utiles et servant à des usages multiples, il faut placer le bambou. Il en existe un grand nombre de variétés, de sorte qu'il est employé de mille manières, et tient dans l'existence des Chinois une large place. Avec le bambou on fait des maisons et des pipes, des ponts et des bâtonnets servant de fourchette, des sièges, des lits, des palanquins, des tuyaux d'arrosage, du papier, des cordes, des piques qui remplacent les lances, des haies qui tiennent lieu de murs, des balustrades qui défendent l'approche des remparts, un plat estimé à l'égal de nos asperges.... Le bambou a sa place au prétoire, entre les mains des satellites qui frappent les clients du mandarin, comme au foyer de la famille, comme sur la voie publique; où il sert à faire sécher le linge, au travers des rues, sur la tête des passants.... On le trouve partout.

On mange le bambou, mais à l'état naissant, bien entendu. Ce sont les jeunes pousses qui servent à cet usage.

Il est une autre plante, considérée en Europe comme une *mauvaise herbe*, et qui aujourd'hui encore, dans certaines contrées de la Chine, comme autrefois à Carthage, à Cordoue et à Rome, a les honneurs de la table. Cette plante, c'est.... le chardon. Non pas celui dont le nom scientifique est *cinara-carduncculus* et le nom vulgaire cardon, mais bien le chardon sauvage, le chardon-artichaut, le chardon *mauvaise herbe!* Les Chinois, les Thibétains en particulier, n'ont pas eu encore l'habileté de se créer des revenus avec cette plante, comme s'en créaient, au dire de Pline l'Ancien, les cultivateurs de Cordoue. Mais ils l'emploient comme aliment sain, agréable, et ne coûtant rien, ou du moins coûtant fort peu.

Quant à nous, Français, il faut nous reporter au temps — au bon temps! — où, écoliers indociles, nous répondions quelques balourdises à un maître irritable, il faut nous reporter au temps du collège, pour retrouver le souvenir de l'injonction suivante : Mangez des chardons! ce qui est synonyme de « mangez du foin! » et chacun sait quelle réticence se cache sous cette formule. — Eh bien, les chardons sont fort bons. Nous en avons mangé — non pas à la mode des ânes, qui les apprécient crus et couverts de piquants, non pas à la mode des Romains, qui les employaient comme condiment, mais à la mode thibétaine et chinoise, c'est-à-dire cuits à l'eau comme des épinards. Le bouillon de chardons est exquis; quant aux tiges et aux feuilles, elles constituent un aliment agréable, surtout quand les plants sont jeunes. Si ce mets était connu, on verrait le chardon vulgaire tenir une place honorable sur nos marchés.

La production du chardon n'est pas cependant ce qui doit faire la réputation du sol chinois, aussi n'avons-nous parlé de cette plante qu'incidemment, à titre de curiosité culinaire. Une des principales ressources agricoles de la Chine est le *riz*.

Le riz est la base de la nourriture du peuple tout entier. Pour les pauvres, il est le commencement et la fin du repas; pour les très pauvres, il est presque un mets de luxe, en ce sens qu'on lui adjoint généralement beaucoup d'eau.... ce qui rend le plat plus abondant; pour les personnes aisées, il remplace le *pain;* les riches mêmes en font usage, bien que, particulièrement dans le Nord, ils préfèrent les pains de gruau cuits à la vapeur d'eau et blanchis au soufre.

Le riz *doré* chinois est supérieur au riz d'Italie. Il y en a d'ailleurs plusieurs variétés. Le Chang-tong en produit en abondance une espèce dont les grains courts, assez larges, absorbent une grande quantité d'eau et gonflent très vite, sans pour cela se mettre trop facilement en pâte. Il ne faut pas croire, en effet, que les Chinois employant le riz au lieu de pain le fassent cuire, comme cela se pratique généralement en France, jusqu'à consistance de mastic. Quand par hasard il est dans cet état, on le réserve pour les animaux utiles. Les grains de riz, sans être secs, doivent se détacher les uns des autres. Chaque convive en met une part sur une soucoupe et le fait glisser dans sa bouche, à l'aide de deux petits bâtonnets, tandis qu'entre temps, avec ces mêmes petits bâtons, il saisit un morceau de viande ou de poisson. Les Chinois ont un autre raffinement culinaire, ils ne décortiquent pas le riz longtemps avant de le consommer; chaque famille prépare à l'avance la quantité qui lui sera nécessaire pour une semaine ou seulement pour deux ou trois jours. Par suite de cette mesure d'économie domestique, le riz a une saveur et un parfum beaucoup plus développés. La culture du riz se fait en Chine partout où cela est possible. Une des conditions essentielles est de pouvoir former une nappe d'eau et la renouveler sans cesse; aussi les Chinois se sont-ils de bonne heure appliqués à l'art d'irriguer les terres.

Les puits artésiens leur étaient connus dès le VIIIe siècle. Ils élèvent l'eau au moyen de ces puits et la distribuent ensuite, au moyen de canaux en bambous, dans les champs qui ne sont pas à proximité d'un fleuve ou d'un canal. Ils emploient aussi des roues hydrauliques semblables à celles dont les Romains faisaient usage. Deux grands cercles parallèles sont reliés soit par des planches sur lesquelles sont fixés des vases en poterie grossière, soit par de très gros bambous dans lesquels on a pratiqué une section longitudinale. La roue formée par les deux cercles parallèles tourne sur un pivot central; aussitôt qu'elle est mise en mouvement, chaque vase, chaque bambou se remplit dès qu'il plonge, et les vases de terre ou les bambous se déversent dans une sorte de réservoir; celui-ci est pourvu à sa partie inférieure d'un jeu de tuyaux par lesquels l'eau s'écoule. Les Chinois ont souvent recours à ces modes d'irrigation, mais ils leur préfèrent des canaux alimentés par les fleuves et les ruisseaux.

L'agencement primitif des terres comportait un certain nombre de rigoles dans chacune des parts attribuées aux colons, en moyenne une tous les vingt mètres.

La charrue, à l'époque des labours, coupait ces rigoles, et l'eau se répandait aussitôt dans les champs, si l'agriculteur n'avait le soin de relever le fer de la charrue en passant sur le talus du ruisseau ou de fermer la section dès qu'elle s'était produite.

On conçoit avec quelle rapidité une plaine pouvait être parfaitement abreuvée. Les Chinois observent encore cette coutume quand ils le peuvent et que la culture le demande. Pour les rizières, des talus sont nécessaires, puisqu'il faut enfermer l'eau et lui permettre de séjourner à l'état de nappe. Les canaux sont donc aménagés de manière à permettre d'amener un volume d'eau considérable au moment propice, et des remblais entourent le champ qui va devenir rizière. Deux ouvertures opposées, de mêmes dimensions et pourvues d'un grillage, sont ménagées dans le talus : par l'une l'eau arrivera et par l'autre elle s'écoulera; le renouvellement sera constant.

Les grillages de ces ouvertures sont placés en vue d'empêcher les *poissons* de s'en aller, car les rizières sont empoissonnées! L'inondation n'est faite qu'après le repiquage et le sarclage des plants. Les talus qui enferment la nappe d'eau et forment une clôture à la rizière ne restent pas improductifs. On les ensemence, et c'est là généralement que se cultive le petit haricot dont nous avons déjà parlé, qui donne du lait végétal. L'humidité constante des talus rend l'arrosage des haricots inutile, cependant on les arrose une fois avec de l'engrais liquide. Les engrais chinois sont préparés avec soin, et certes les *hommes aux cheveux noirs* ont bien quelque mérite à cela, car dans la majeure partie de l'empire les bêtes ne sont pas nombreuses, soit dit sans jeu de mots! Il y a longtemps, on a raconté l'aventure lamentable arrivée à un Européen qui, étant en Chine dans la campagne, se trouva dans l'obligation de.... s'isoler un instant. Il se croyait seul. A peine était-il posté selon ses désirs, qu'un Chinois, caché jusque-là derrière des bambous, se précipite sur l'Européen, et moitié de force, moitié par persuasion, l'entraîne tout à côté.... sur *son* terrain. Mais dans le premier champ, un autre Chinois, lui aussi caché par de hautes plantes, et qui n'avait rien perdu de la scène, se précipite à son tour sur l'étranger, cherchant à le ramener à l'endroit primitivement choisi, qui était à lui, et ne se privant pas d'injurier son compatriote!

Il est probable que cette aventure n'est qu'une *histoire* née de toutes pièces de l'imagination d'un aimable conteur; mais les histoires, comme les fables, ont leur morale : la morale de celle-ci est que rien n'est perdu par les Chinois. A vrai dire, les Européens, eux aussi, utilisent l'engrais humain, mais ils font cela scientifiquement, chimiquement, sous la sanction du pouvoir public, etc. ; et quand l'engrais est livré au commerce, nul ne peut reconnaître ce qu'il connaît pourtant bien.

Chez les Chinois, les choses se passent moins correctement, elles ont un aspect pittoresque et réaliste qu'elles ne revêtent plus, très heureusement, dans nos grandes villes. Cependant.... on n'est pas partout, dans notre beau pays, à l'abri des mésaventures.

Un jour — ce n'est pas un conte — un jour d'été, au temps des vacances, nous étions pour quelques heures dans une campagne fort belle, aux environs de Paris. Il faisait bien chaud! Voici que près d'un bosquet, contre la maison d'habitation, tout entourée de fleurs et de fruits, s'offre à nos regards une jolie pompe. De l'eau fraîche à la campagne, quand brille le soleil du mois d'août, quelle aubaine! Une main sous la gueule du lion de fonte, l'autre sur le balancier, nous nous délections par avance, quand un cri poussé par le maître de céans et à côté de nous arrête net l'exécution de notre projet. Qu'est-ce donc? Ce n'est pas de l'eau! C'est.... Nous lâchons la pompe!

Les Chinois remplacent l'appareil « aspirant et foulant » par un instrument plus simple : une grande cuillère, « emmanchée d'un long manche, » avec laquelle on puise dans des baquets les produits de la famille. Ces produits sont mis dans des seaux; un homme en place un à chaque extrémité d'un bambou qu'il pose en équilibre sur l'épaule; il va ainsi chargé, trottinant jusqu'à l'endroit où l'engrais doit servir. Quand cet endroit se trouve très éloigné, on transporte l'engrais autrement.

Les Chinois se servent encore d'engrais végétaux. Dans le bassin du Hoang-ho, la couche de terre jaune, qui est répandue sur une surface très grande, est d'une merveilleuse fertilité, à la condition qu'il pleuve. La province, capitale du Tche-ly, tient à peu près le troisième rang dans l'empire, au point de vue de.... la pauvreté agricole. Le Chan-sy et le Kan-sou sont moins bien partagés encore. Les céréales principales du Tché-ly sont : le millet blanc et jaune, le maïs, le froment rouge et blanc, l'orge, le sorgho ; le riz n'est cultivé que dans les basses terres. Le millet est le mets des riches, parce qu'il coûte assez cher et aussi parce qu'il se digère trop facilement ! Il faut à la classe pauvre des aliments qui *rassasient*, occupant ainsi l'estomac pendant plusieurs heures.

Le sorgho sucré est une plante précieuse. Ses épis viennent à la manière de ceux du maïs; seulement, au lieu de former une pomme, un grand nombre de petites grappes se détachent de l'épi et retombent comme un léger panache que le soleil dore. Sa tige concassée fournit par la fermentation un *vin* estimé. Les grains de sorgho servent de nourriture aux hommes, qui le mangent en soupe, en *brouet*, et aux animaux des basses-cours, qui en sont très friands.

Les plantes oléagineuses abondent en Chine ; nommons le sésame, l'arachide, le colza, le ricin, le *fruit de longue vie....* Ce dernier est une graine ressemblant à celle de la capucine. On la torréfie légèrement dans des marmites en terre pour la manger, au lieu d'en extraire l'huile. De même pour les fruits de l'arachide, « noisettes de terre, » comme on les appelle dans certaines régions. Cette petite noisette torréfiée est d'un goût agréable, mais ne peut être considérée comme base de l'alimentation; c'est plutôt un dessert ou une friandise pour les enfants.

Les *patates* poussent un peu partout, mieux au centre ou au midi qu'au nord; il y en a d'ailleurs plusieurs variétés, qui sont réparties suivant les climats. Tous les fruits mûrissent, tous les légumes, les espèces d'Europe comme celles des zones tropicales; mais chacune dans la région qui lui convient : mangues, cédrats, oranges, citrons, prunes, bananes, goyaves, li-tche, poires, pommes, raisins, pêches, châtaignes d'eau, etc.... haricots, pois, choux, aubergines, tomates, tout s'y rencontre.

Parmi les arbres qui fournissent le plus beau bois de construction, il faut nommer le laurier, *nan-mou,* dont parlent les explorateurs Dupuis, Colborne, Baber et divers autres. Ce bois est employé pour les palais et les temples de préférence à tout autre, à cause de l'odeur qu'il exhale et de sa longue durée.

Dans le Tche-ly, on trouve de véritables forêts d'arbres fruitiers, de poiriers surtout. Dans certaines contrées, les fruits d'Europe n'acquièrent pas la saveur qu'ils ont en France.

Ces indications générales étant données, signalons quelques productions spéciales à la Chine et très curieuses.

L'arbre qui porte la *cire végétale* croît dans le centre et le sud, mais particulièrement dans la province du Su-tchuen. On trouve sur les feuilles du *ligustrum lucidum* les œufs d'un insecte qui, placé sur un autre arbre, le *rhus succedanum,* produit de la cire blanche. Les œufs sont recueillis au mois d'avril ou mai, avec le plus grand soin, et se transportent la nuit, afin que la chaleur du soleil ne les fasse pas éclore. On coupe les rameaux sur lesquels ils sont déposés, et ces rameaux sont apportés jusqu'auprès du rhus succedanum qui doit les recevoir. Là, on détache les œufs de dessus les feuilles du ligustrum, pour les poser sur celles de l'arbre à cire; on les transporte jusqu'à de grandes distances, toujours la nuit.

L'arbre à suif, *stillinga sebifera,* produit au contraire, de lui-même et sans la participation d'un insecte, une autre sorte de cire, ou pour mieux dire un suif végétal, contenu dans des petits fruits ronds ou baies. Il devient très beau dans le Ngan-hoei, où son écorce est utilisée pour faire du papier de luxe.

Le suif obtenu de ces baies est plus grossier que la cire recueillie sur le rhus succedanum. La majeure partie des chandelles fabriquées avec ce suif sont colorées en rouge, en bleu, en rose...., tandis que celles faites avec la cire végétale sont livrées en blanc aux consommateurs.

On procède aussi à l'élevage de l'insecte qui produit la cire sur le vernis de Chine ou vernis du Japon, et les chandelles se fabriquent en outre avec certaines parties du *croton sebiferum*. On fait des torches avec les tiges des céréales, en particulier avec celles du sésame. L'éclairage à l'huile est commun; les mèches sont fournies par le coton, l'amiante et le scirpæ-capsularia.

Si les Chinois n'ont pas notre luxe de parfumerie, ils ont du moins des essences très fortes, des parfums pénétrants, et.... du savon. Ce savon est fait avec le fruit d'une sorte d'acacia et avec une petite quantité de camphre. La Chine possède l'*arbre du voyageur*, dont le nom scientifique est *ravenala*, que l'on trouve aussi dans certaines parties de l'Afrique. Sa dénomination vulgaire vient de ce qu'on recueille de ses feuilles un breuvage agréable et rafraîchissant, en perçant un trou vers leur point d'attache. Les passants qui ne songent pas uniquement au moment *présent* ont soin de boucher le trou qu'ils ont pratiqué, afin que ce breuvage si précieux ne s'écoule pas en pure perte. Nous ne parlerons ni des orangers ni des cédratiers, abondants dans les régions chaudes; mais nous devons signaler l'arbre dont le fruit est si connu — en confiserie — sous le nom de *chinois*. Ce petit fruit est produit par le *citrus olivæformis*, qui vient à merveille dans l'archipel de Chousan, particulièrement dans les environs de la capitale de l'archipel, *Ting-hai*, d'où ils sont expédiés à Canton, qui les livre au commerce étranger.

Les champs de cannes à sucre sont très communs dans le Quang-tong, surtout dans la vallée du Han. L'arbre à thé abonde en Chine. Cet arbuste joue un rôle considérable dans la richesse publique; comme nous l'avons indiqué déjà, il existe plusieurs sortes de thé proprement dit, c'est-à-dire de feuilles prêtes à être infusées; ces diverses sortes résultent soit des variétés de plantes, soit du mode de préparation des feuilles, soit même de l'époque de la récolte. Le Yun-nan en produit une espèce *musquée* que les Chinois apprécient, mais qui ne plaît pas à tous les amateurs de thé. Comme cette variété n'est pas propagée, elle se maintient à un prix élevé. On mêle généralement certaines fleurs, le jasmin, par exemple, aux feuilles de thé, pendant qu'elles sèchent au feu ou au soleil; quand ces fleurs sont adjointes en petite quantité, le parfum qui leur est propre se confond avec celui du thé, qu'elles modifient légèrement et rendent plus agréable; la grande habileté des industriels consiste à savoir bien choisir et à savoir bien doser les fleurs. Malheureusement ils ont la tentation de forcer la dose quand la floraison est abondante, parce qu'ils augmentent ainsi la quantité de *thé* livré au commerce; il leur arrive même d'adjoindre aussi aux feuilles du précieux arbuste d'autres feuilles qui leur ressemblent et auxquelles le thé communique sa saveur.

Si la manière dont se prépare le thé — ou ce que l'on vend sous ce nom — était toujours présente à l'esprit, jamais on ne consentirait à boire le *breuvage doré,* à moins de laver ces feuilles tout d'abord, — car les mains jouent un grand rôle dans cette préparation, puisque les feuilles doivent être déroulées quatre ou cinq fois. Les pieds ont bien aussi une partie à jouer ; mais entre eux et le thé se trouve l'épaisseur d'une toile en forme de sac. Cet intermédiaire doit suffire aux plus scrupuleux.

Pour échapper à la dépendance de l'Angleterre, les Chinois cultivent les pavots. L'opium national coûte moins cher que celui de l'Inde, et l'argent des Chinois reste en Chine. Mais, hélas ! sous ces apparences plus spécieuses que réelles d'avantage économique, quel mal immense se cache ! Les pauvres, au risque de rester tout un jour sans manger, arrivent à se procurer de l'opium, tandis qu'autrefois, étant obligés, pour en acheter, de se priver deux ou trois jours, ils s'en abstenaient. L'usage de ce que les Chinois eux-mêmes nomment *le poison* s'est donc trouvé généralisé.

En outre, les champs occupés par la culture du pavot l'étaient autrefois par la culture des céréales ou des plantes potagères, utiles à tous. On voit donc que la culture du pavot est un *mal* social sous plusieurs rapports : elle a rendu plus nombreux les fumeurs d'opium; — elle a aussi diminué le chiffre des productions utiles et saines; — enfin, elle a pour conséquence la destruction des abeilles dans les régions où elle se pratique. Les pauvrettes vont butiner sur les pavots et meurent toutes, après quelques mois, par suite d'un lent empoisonnement.

Le tabac occupe, lui aussi, de vates terrains, car tous les Chinois — et toutes les Chinoises — le fument. Dans les monts du Sud-Ouest, certaines tribus dites aborigènes, en particulier les Pa-yu, ont même pour coutume d'élever les cigares au rang de bijoux. Les dames, en Chine, portent des cigares comme pendants d'oreilles. Quand elles ne peuvent s'en procurer, elles les remplacent par deux petits rouleaux de paille.

Les Chinois ne se contentent pas de travailler les plaines et les coteaux ; ils étagent leurs cultures jusqu'au sommet des hautes montagnes ; à 2,500 mètres d'altitude, on trouve encore, sinon des légumes, du moins des arbres de forêt et des fleurs, des ifs, des rhododendrons, des azalées....

Les fleurs sont, en Chine, aussi nombreuses, aussi belles, aussi variées qu'on peut l'imaginer, et l'aspect des jardins justifie ce nom donné à l'empire : « royaume aux fleurs abondantes, » ou : « empire des fleurs ; » cependant certains voyageurs, n'ayant vu ni fleurs ni grands arbres, ont déclaré que la Chine ne produit ni arbres ni fleurs.... C'était se montrer quelque peu exclusif.

Les appréciations si différentes entre elles portées sur un même pays, sur ses productions, sur les mœurs et les coutumes de ses habitants, s'expliquent facilement : chacun peint un tableau sous les couleurs qui ont frappé ses regards, et dans ce tableau chacun place ce qu'il a vu. Ceci est bien ; mais n'y a-t-il pas quelque exagération à vouloir généraliser exclusivement chacun de ces petits tableaux ? Et comment espère-t-on arriver ainsi à présenter un ensemble vrai, exac dans ses détails comme dans ses grandes lignes ? Qu'on n'ait pas vu de forêts dans les plaines d'alluvions.... cela se comprend aisément ; qu'on ne trouve pas de fleurs dans une carrière de marbre.... on le conçoit facilement encore. Le cultivateur ne demande à son terrain que ce qu'il peut produire : il convient de l'imiter et de chercher chaque chose, chaque produit, là *où il peut* se trouver. Il y a certainement en Chine des contrées peu fleuries, parce que la culture des plantes utiles absorbe toute l'attention de la population, ou bien encore parce que le terrain et la température ne sont pas favorables aux fleurs. Mais c'est là l'exception, et pour les plantes d'agrément comme pour les arbres fruitiers, on peut dire que la Chine, à peu d'exceptions près, renferme toutes les productions des zones tropicales, comme aussi celles des zones tempérées. Quant à sa richesse minérale, elle est incontestable : houille et anthracite, fer, cuivre, argent, or, pierres précieuses, jade..., la Chine recèle tous ces trésors ; seulement, les Chinois prétendent les garder : qui leur jettera la « première pierre ? »

ARC DE TRIOMPHE A CANTON

CHAPITRE V.

LE CATHOLICISME EN CHINE.

I.

La croix et l'épée tracent, à travers le monde, une route à la civilisation chrétienne.

L'heure de chaque conquête est marquée par la Providence. Souvent, au cours des siècles passés, comme aussi de nos jours, il est arrivé que le succès de la civilisation sur tel ou tel point du globe parut certain et définitif au moment même où un conflit imprévu, un désaccord, une défaite, une révolte, un désastre, anéantissaient d'ardentes et légitimes espérances : *l'heure* n'était pas sonnée !

Et sans arrêt, sans défaillance, sans hésitation, les soldats de la croix ont continué l'œuvre commencée par les apôtres il y a dix-neuf siècles : ils poursuivent leur tâche, se relevant après chaque tempête, heureux quand le drapeau de leur nation vient flotter sur de lointains rivages à côté de la croix qu'ils y ont implantée au prix des tortures les plus cruelles.

L'Europe a fait sortir la Chine de sa torpeur. Dans un avenir prochain peut-être, le courant du progrès emportera toutes les digues, tous les barrages que le paganisme s'efforce d'opposer à l'envahissement salutaire des riches contrées d'Orient par les peuples d'Occident. Séparée de la nôtre pendant des siècles, l'histoire de la Chine ne nous est plus étrangère.

L'histoire! l'histoire de l'humanité! quel merveilleux tableau ne déroule-t-elle pas sous nos yeux! Cependant, parmi ces tableaux, il en est de bien sombres, de bien attristants! A dire vrai, tous, même les plus beaux, offrent l'image de quelque faute, car partout et toujours le Mal a combattu le Bien.

Ecoutez ce grand cri, semblable à un rugissement, qui, traversant les mers, parvient jusqu'à nous : *Mort aux chrétiens! mort aux justes!* Eh bien, ce cri retentit partout depuis le premier crime qui ensanglanta le berceau de l'homme. Ce n'est point là une expression figurée, c'est la simple constatation d'un fait réel. L'histoire du crime ne date pas d'hier! Au berceau du monde nous voyons régner tout d'abord la paix, la quiétude, la vertu s'ignorant elle-même et se maintenant sans effort, sous la garde de Dieu. Règne éphémère!

Soudain un vent de révolte s'élève, semant la douleur et la haine. Après la révolte vient le meurtre, après le meurtre, la malédiction. Et chaque jour depuis tant de siècles qu'un homme a tué son frère, le même drame se renouvelle sur tous les points du globe. La grande figure d'Abel se retrouve à toutes les phases de l'histoire des peuples. L'homme doux et bon, *le préféré du Seigneur*, est en butte à la colère, à l'envie, à la haine de *son frère*. Jésus vient, et lui aussi, préféré du Seigneur, lui aussi est frappé par ceux qu'il nomme *ses frères*. A leur tour les apôtres tombent, bien moins à cause de leur mérite personnel qu'à cause de leur *Maître*, à cause de l'étendard sous lequel ils combattent.

Foulez la croix sous vos pieds! disait-on à Rome et à Alexandrie ; foulez la croix, et vous aurez la vie sauve!

Reniez Jésus, foulez la croix, dirent les musulmans à saint Louis et à ses compagnons de captivité; reniez votre Dieu, et vous ne serez pas tués!

Marchez sur la croix et vous serez libres! dirent à leurs victimes innocentes les mandarins chinois.

Et, en Europe, ne crie-t-on pas aussi : Guerre à la croix ! Guerre à Dieu !

Le mal a donc partout son champ de combat. Mais partout il trouve des adversaires. Comme l'hydre antique renaissait sans cesse, les apôtres naissent du sang des martyrs. Si un tombe, dix se lèvent prêts à succomber pour leur foi : les apôtres ne manqueront jamais ; *uno deficiente, non deficit alter*. C'est sur un de leurs champs de bataille, sur un des théâtres de leur lutte séculaire, que nous allons les suivre ; c'est en Chine que nous allons les regarder vivre, agir et mourir.

A quelle époque remonte l'introduction du christianisme en Chine ? Il est encore impossible de fixer exactement cette date.

Reportons-nous par la pensée à l'an 1625, et par la pensée aussi transportons-nous à Si-ngan-fou, capitale de la province du Chen-sy. Le préfet de la capitale, grand mandarin, ayant diplôme de docteur, vient de perdre son fils de douze ans. Cet enfant, depuis sa plus tendre enfance, se faisait remarquer par son intelligence, sa douceur et sa piété ; « dès le berceau, il joignait ses petites mains pour adorer Fo. » Ce fils du préfet se nommait Hoa-sen. Sans que rien avertît ses parents, pourtant bien attentifs, sans aucun indice de maladie, Hoa-sen pâlit, ses yeux se voilent et se ferment, il les ouvre un instant encore, sourit à ceux qui l'entourent.... l'enfant est mort ! Les devins, consultés sur le lieu qu'il convient de choisir pour sa sépulture, désignent le sud d'un monastère (monastère de Tsong-sin).

On creuse pour établir les fondations d'un tombeau ; à peine a-t-on atteint quelques pieds de profondeur, que les pics des ouvriers résonnent contre une dalle. On déblaie, et une pierre, de 3^m sur 1^m60 environ, apparaît couverte d'une inscription en caractères chinois et *étrangers*. Le préfet, averti, fait déposer la pierre dans un temple. Les travaux funéraires continuent ; le jour des funérailles est arrivé ; l'enfant est conduit à sa demeure dernière.... A peine le cercueil a-t-il touché la terre qui recouvrait la dalle que l'enfant fait entendre un appel.... Hoa-sen revient à la vie !

L'enfant était-il réellement mort, comme le disent les chroniqueurs chinois, ou bien n'était-il qu'en léthargie ? Dieu seul le sait; il a pu permettre un miracle, comme aussi il a pu seulement vouloir que Hoa-sen, endormi d'un sommeil léthargique, se réveillât au moment d'être à jamais scellé dans la tombe.

Qu'était-ce donc que cette pierre, ou pour mieux dire, quelle était l'inscription dont elle était revêtue ? On conçoit aisément qu'ayant été découverte d'une façon qui tenait du merveilleux, cette pierre, cette inscription dut exciter la curiosité générale et attirer l'attention des savants. Les Chinois traduisirent ce qui était écrit en leur langue ; ils furent arrêtés par les caractères *étrangers*.

Parmi les Chinois païens qui se pressaient en foule pour admirer cet antique monument littéraire, se trouva un ami du docteur Léon, grand chrétien et illustre lettré, fondateur et protecteur de la nouvelle chrétienté de Han-tcheou-fou, capitale du Tche-kiang. Averti de ce qui se passait par son ami, et recevant de lui une copie de l'inscription, le docteur Léon informa de la découverte les missionnaires, qui, par suite de l'édit de proscription de 1616, se tenaient cachés chez lui. C'est ainsi que, même avant d'avoir vu la pierre, les missionnaires purent traduire l'inscription à peu près tout entière.

Ce texte renfermait le résumé de la doctrine chrétienne et remontait à l'an 781 de Jésus-Christ. Le docteur Léon et les Pères n'avaient pas eu de peine à démêler le sens réel du texte dont les païens ne saisissaient que le sens apparent ; mais eux aussi furent arrêtés par les caractères étrangers.

Cependant les missionnaires attendaient une occasion pour se rendre dans le Chen-sy. Le vieil empereur, qui régnait depuis 1573, étant mort, et son successeur aussi, on obtint enfin en 1628, sous le dernier prince de la dynastie, le rappel des missionnaires. L'édit de proscription devint lettre morte; aussitôt les Pères se montrèrent, le P. Jacques Rho était allé, dès 1627, fonder la mission de Si-ngan-fou, et un mandarin chrétien, se rendant par ordre dans la province du Chen-sy, amena avec lui le P. Alvarez Semedo. Désireux de savoir au plus tôt à quoi s'en tenir au sujet des caractères étrangers gravés sur la pierre à côté des caractères chinois, celui-ci pénétra dans l'Inde, afin de consulter le P. Antoine Fernandès, renommé à cause de sa connaissance des langues, et qui reconnut ces caractères pour syriaques.

Copie de l'inscription fut prise et envoyée à Rome.

Autour de cette inscription, des polémiques se sont élevées. En réponse aux Chinois et aux missionnaires qui attestaient son existence et en donnaient la traduction, certains savants d'Europe, des philosophes surtout, contredirent les traducteurs et *nièrent jusqu'à la pierre même.* Tantôt excitant la curiosité, tantôt laissée dans l'oubli, l'inscription dite de Si-ngan-fou a traversé deux siècles et demi. Dix traductions au moins en ont été faites, différant toutes plus ou moins quant aux termes et quant à l'appréciation de la doctrine qu'elle renferme. La plus récente et, croyons-nous, la plus *vraie* à tous les points de vue, a été donnée par M. Dabry de Thiersant, qui fut longtemps consul de France en Chine, et qui, malgré sa propre science, n'a pas négligé de recourir à l'aide d'un Chinois chrétien et savant, Yu-yun-tchong.

Il n'entre pas dans notre plan d'étude d'examiner ici cette inscription, nous dirons seulement ce qu'elle a révélé ou confirmé au monde chrétien. L'endroit précis de la découverte de l'inscription serait, d'après Pauthier, *Tchang-ngan* (*hien*); d'après M. Dabry, *Tcheou-Tché* (*hien*). Ces deux villes, de troisième ordre, sont l'une et l'autre voisines de Si-ngan-fou et dépendent de cette capitale. Nous remarquons seulement que le nom de *Tchang-ngan* (*longue paix*) a appartenu pendant un temps à *la capitale même*, c'est-à-dire à la ville connue maintenant sous la dénomination de Si-ngan-fou.

On peut donc supposer qu'il y aura eu confusion de titres,

et que l'inscription a été trouvée à Tcheou-tché-hien, près Si-ngan-fou. Peu importe d'ailleurs.

Les auteurs de l'inscription écrivirent en caractères syriaques qu'elle était composée « en l'an 1092 de l'ère des Grecs, » c'est-à-dire en 781, car l'ère grecque commence 311 ans avant l'ère chrétienne.

Un historien chinois du xe siècle établit que la *religion lumineuse* (la religion chrétienne) avait été introduite en Chine en l'an 635.

Pauthier a jugé que l'inscription était le fait de prêtres nestoriens; mais cette opinion ne nous paraît pas résister à un examen sérieux du texte, et M. Dabry, après le P. Kircher et autres, a jugé que la doctrine exposée dans l'inscription émane de catholiques orthodoxes. Cette interprétation nous semble exacte.

Voilà donc le catholicisme en Chine au viie siècle; il y est non point comme une religion *secrète et proscrite,* mais avec l'autorisation tacite d'abord, expresse ensuite, des chefs de l'Etat, même avec l'approbation pleine et entière de l'empereur, et cela dès l'année 638. Mais avant le viie siècle, le christianisme se trouvait-il déjà en Chine?

Peut-être un jour, la découverte de quelque monument analogue à l'inscription de Si-ngan-fou permettra-t-elle de répondre affirmativement, en appuyant l'affirmation de preuves certaines. Mais aujourd'hui encore ces preuves font défaut.

Cependant nous croyons fermement à l'annonce de la bonne nouvelle en Chine aux premiers siècles de notre ère. Des indices précieux ont déjà été trouvés; des *croix* portant la date du iie et du iiie siècle ont été vues dans plusieurs régions du centre et du littoral; des colonies juives se sont établies en Chine avant l'ère chrétienne, d'autres y sont venues au ier et au iie siècle. Et comment supposer que les successeurs des apôtres n'aient pas fait pour la foi ce que les juifs faisaient pour leur négoce, ou pour sauver leur vie menacée en Asie et en Judée? En ce temps d'ailleurs, les Chinois n'étaient pas les ennemis jurés des étrangers, comme ils l'ont été par la suite. Barbares, sauvages, cruels.... ils l'étaient; soit. Mais ils n'étaient point persécuteurs, puisque le bouddhisme s'y implantait à peine et que l'islamisme n'était pas né. Le bouddhisme et l'islamisme sont les deux plus grands ennemis du christianisme. Les Chinois n'avaient encore rien à persécuter. Et lors même qu'ils eussent été déjà persécuteurs, ce n'eût certes pas été un motif assez puissant pour arrêter les successeurs des apôtres.

Quant aux apôtres mêmes, rien n'autorise à dire qu'ils aient évangélisé la Chine, car si saint Thomas avait pu se faire entendre au moment où l'empereur envoyait en Asie des ambassadeurs *chercher le saint* (58 de Jésus-Christ), la Chine eût été chrétienne ! Mais dans ce fait même que le souverain fit rechercher *le saint*, nous voyons la preuve qu'il était entré en Chine des émigrés partis de Judée pendant ce qu'on peut appeler les trois années de la vie publique de Jésus; s'ils étaient partis avant que Jésus se fût révélé au peuple comme Fils de Dieu, ils n'eussent pas connu son titre et n'eussent pas annoncé sa venue.

La Chine avait des rapports fréquents avec les peuples voisins et avec l'Inde, les chrétiens ont donc pu pénétrer dans l'empire. Mais ils ne l'ont fait qu'apès l'introduction du bouddhisme, et celui-ci faisait bonne garde. Laissons donc dans l'ombre épaisse qui la couvre encore toute la période antérieure au VIIe siècle; car si plusieurs indices permettent de croire que le christianisme existait en Chine avant cette époque, aucun, jusqu'à présent du moins, n'a pu être considéré comme une *preuve* de ce fait, et permettre de connaître les premiers importateurs de la doctrine du Christ. Au lieu de remonter vers une origine incertaine, suivons dans l'histoire les traces des évangélisateurs depuis le VIIIe siècle jusqu'à nos jours.

C'est encore une période de ténèbres qui ouvre cette longue suite de siècles; car si l'inscription de Si-ngan-fou révèle l'existence du christianisme en Chine aux VIIe, VIIIe siècles, elle ne peut rien préciser au sujet des événements qui suivirent sa rédaction. Un recensement, datant de 845, prouve qu'à cette époque la religion était florissante, puisqu'il y avait en Chine trois mille prêtres catholiques (religion de Ta-tsin). Mais après! L'ère des persécutions a dû s'ouvrir pour les chrétiens aussitôt l'affermissement de la religion musulmane. L'influence de quelque incident politique, de rivalités jalouses ou de haines longtemps contenues, ont arrêté le développement de la foi parmi les païens et chassé les ministres du Christ. Les voyageurs arabes qui visitèrent la Chine dès que l'oncle de Mahomet y eut implanté l'islamisme, racontent qu'aux dernières années du VIIIe siècle, il y eut dans la province du Tche-kiang, et particulièrement dans sa capitale, Han-tcheou-fou, *de grands massacres de chrétiens.*

Tout porte à croire que, persécutés en Chine, les missionnaires échappés à la mort ont fui en Mongolie, où déjà des propagateurs les avaient devancés. Mais il est probable que des prêtres nestoriens, dépendant du patriarche de Séleucie, allèrent aussi dans l'extrême Orient.

Au moment où le Grand Khan des Tartares vint jusqu'en Germanie et en Hongrie menacer l'Europe, la nouvelle se répandit que les Tartares étaient chrétiens. Au milieu de la terreur universelle qu'excitait parmi les peuples le seul nom de Mongol, cette nouvelle s'accréditait en Perse et en Syrie, quand un prêtre syrien, Siméon, qui était à la cour du Khan, vint en Arménie, sur l'ordre du grand chef tartare, pour protéger *les chrétiens contre les musulmans*, et leur permettre le libre exercice de leur culte. Alors on vit ces mêmes chrétiens de Syrie faire appel au Grand Khan et lui demander de les délivrer de la domination musulmane : il vint, et, sans cesse vainqueur, obtint la soumission du prince d'Antioche (1245).

Le frère Bieult, qui a raconté dans son pèlerinage les principaux événements de cette époque, s'exprime ainsi au sujet des Tartares, dont « toutes les gens de Orient eurent si grand paour et si grand hide. » — « Ils ne se vante point d'avoir loy baillée de Dieu comme plusieurs aultres nations mentent, mais croient en Dieu, et ce bien ténument et simplement par ne sçay quel mouvement de nature que nostre nature leur monstre que, sus toutes choses du monde, *est une chose souveraine qui est Dieu.* » Jusqu'à cette époque, les évangélisateurs de l'extrême Orient avaient appartenu à l'Eglise d'Asie. Mais au moment où les princes d'Europe tremblaient pour leur trône et pour l'Eglise, le chef de la chrétienté, Innocent IV, crut devoir envoyer vers le Grand Khan des missionnaires porteurs de lettres et chargés d'instruire les Tartares de la religion chrétienne, s'ils ne l'étaient pas réellement, comme le croyait avec raison le souverain pontife.

Ce fut au mois d'août 1246 que le frère mineur *Jean de Plancarpin* et le frère *Laurent de Portugal,* avec leurs compagnons, se dirigèrent vers un khan tartare, Batou, qui était alors sur le Volga. Pendant ce temps, d'autres envoyés, des dominicains, allaient trouver un autre chef en Asie Mineure.

L'entrevue du khan et de ces derniers ambassadeurs débuta ainsi, au rapport du frère Bieult :

« Li empereur [1] lui demanda (à ung Françoys) quelle chose cilx lui avoit apportée. Ly Françoys respondit et dist : — Sire, je ne vous ai rien apporté, car je ne savoie mie vostre grant puissance. — Comment, dist l'empereur, les oyseault qui voulent par les paiz ne te dirent-ils riens de nostre puissance quand tu entras en ce paiz ? — Sire, respondit le Françoys, Sire, peust bien estre qu'i me dirent.... mais je n'entendy point leur parole. »

Grâce à sa présence d'esprit et à cette réponse, les envoyés échappèrent à la colère du chef tartare; mais ils durent retourner auprès du pape avec des lettres hautaines dans lesquelles le Ka-khan, Fils du ciel, était considéré comme refusant de reconnaître aucune autorité supérieure à la sienne, et comme devant châtier quiconque prétendrait ne pas lui être soumis.

(1) Il lui donne le titre d'empereur, bien que ce chef ou khan ne fût pas le chef suprême, qui portait le titre de *Ka-khan.*

Deux ambassadeurs tartares accompagnèrent ces premiers envoyés éconduits.

Tandis que les dominicains s'étaient avancés vers l'Asie Mineure, les franciscains arrivaient sur le Volga. Leurs lettres furent envoyées au Fils du ciel, qui appela Jean de Plancarpin et Laurent de Portugal à sa cour.

Ils y arrivèrent après quatre mois de voyage, n'ayant eu souvent « pour toute nourriture que du millet cuit dans l'eau avec du sel, et pour boisson que de la neige fondue. » Ils assistèrent au couronnement du Grand Khan, et lorsqu'ils eurent le loisir de s'entrenir avec lui, comme ils lui demandaient pourquoi il apportait partout la ruine et la mort, il leur fit cette étrange réponse : « Dieu m'a commandé à moi, comme il l'avait commandé à mes aïeux, de châtier les nations coupables. »

Quelle fut au juste l'œuvre de Jean de Plancarpin et de Laurent de Portugal en Tartarie?

L'opinion qu'ils purent conférer le baptême au Grand Mogol et à plusieurs de ses sujets s'accrédita ; mais il est probable que si un grand chef vint à la foi catholique, ce fut un *khan* de ses fils ou de ses généraux, non pas le *Grand Khan;* car lorsque, quelques années plus tard (1253), saint Louis envoya le frère Guillaume de Ruisbrock en Tartarie, celui-ci parla de la joie du roi de France de savoir chrétien Sartal, fils de Batou, mais ne dit rien des prédécesseurs du grand chef tartare. Au contraire, le frère André, qui avait précédé Ruisbrock, avait, au nom du roi, félicité le Grand Khan de sa conversion. Les observations qu'il put faire lui prouvèrent peut-être que le Grand Mogol n'était pas chrétien, mais seulement *partisan de toutes les religions*, ce qui expliquerait pourquoi les lettres de Ruisbrock ne faisaient pas mention de la conversion du Grand Khan qui venait de mourir.

Cette réserve faite, nous devons dire qu'en arrivant à la cour tartare, Ruisbrock y trouva des prêtres qu'il dit *nesto-*

riens, dont un, David, avait été le précepteur de Batou, fils aîné de l'impératrice.

Les prêtres nestoriens avaient une chapelle où le Grand Mogol, l'impératrice et leurs enfants vinrent assister aux cérémonies de l'octave de l'Epiphanie (1254). « L'impératrice et ses enfants se prosternèrent, dit Ruisbrock, ils touchèrent de la main droite les images, qu'ils portèrent ensuite à leurs lèvres, et donnèrent la main à tous les assistants, selon l'usage des nestoriens. *Mangou* (le Grand Khan) visita aussi la chapelle, s'assit avec l'impératrice sur un petit divan doré, placé devant l'autel, et nous fit chanter le *Veni, sancte Spiritus.*

Après cela le Grand Mogol se retira, tandis que sa femme resta, fit des présents à tous les chrétiens; se mettant à genoux, elle demanda que les prêtres bénissent la coupe qu'elle tenait à la main. Cette coupe était pleine de vin. Elle but; les prêtres nestoriens se mirent aussi à boire tout en chantant, si bien que le soir venu, tous ces braves gens étaient fort *gais*, l'impératrice comme les nestoriens; ceux-ci firent escorte à son char jusqu'au palais.

La suite du récit du P. Ruisbrock montre bien que la cour était chrétienne — mais *schismatique*. La croix était adorée, entourée partout des plus hautes marques de respect. « Batou, l'aîné des princes impériaux, se précipita au-devant de la croix que portaient les prêtres, frappa la terre avec son front, prit cette croix et la plaça sur un tapis de soie neuf, à une place élevée. »

L'adoration de la croix était à peu près tout ce que les nes toriens avaient enseigné aux Tartares, des grandes vérités du christianisme. Mais Ruisbrock, qui était encore chez les Tartares en 1258, commença, dès la première année de son séjour, la conversion des païens et des nestoriens.

« La veille de Pâques (1254), dit-il, plus de soixante personnes furent baptisées. »

On n'aurait certes pas supposé qu'en visitant le palais de l'empereur, le religieux franciscain se trouva en présence de l'œuvre d'un artiste parisien ! C'était dans la salle du trône, devant le siège impérial s'élevait un grand arbre en argent, au pied duquel quatre lions, d'argent aussi, étaient couchés ; de leur gueule s'échappaient et tombaient, dans quatre bassins d'argent, du vin, de l'hydromel et deux autres breuvages estimés des Mongols. Et quand les réservoirs étaient épuisés, un grand ange d'argent, placé au sommet de l'arbre, *soufflait dans une trompette* pour avertir les serviteurs d'avoir à renouveler la provision. L'auteur de ce travail était Guillaume Boucher, de Paris, fait prisonnier à Belgrade.

Les années s'écoulaient, mais n'étaient pas perdues pour la foi. Désormais l'œuvre d'évangélisation devait continuer à grandir, avec des fortunes diverses, il est vrai, mais du moins sans interruption.

En 1266, le Grand Mogol Koubilaï demande au frère de Marco Polo de faire en sorte que le *chef de sa religion* lui envoyât des hommes *versés dans les arts libéraux*, pour « dégrossir » ses peuples.

En 1278, il demande encore; mais ce ne sont plus des ouvriers, des artistes qu'il sollicite, ce sont des *prêtres catholiques*, des franciscains. Deux ans plus tard, après avoir renversé les *Soung*, il devient maître de la Chine, fonde la dynastie des Yuen, et règne sous le nom de Che-tsou. Les franciscains ont deux couvents à Zaïtoum, ils en ont un à la capitale de l'empire, Kambalec [1]. La doctrine se répand. Les disciples de saint François se dévouent à l'œuvre, ils se multiplient.

En 1280, Jean de Montecorvino part d'Italie avec des compagnons, il arrive chez les Tartares, et en 1289, il revient pour repartir aussitôt : Kambalec a un archevêque ! et cet archevêque n'est autre que Jean de Montecorvino.

Il lui faut des aides, car il a bâti des églises où les fidèles

(1) D'après une opinion générale, cette ville serait la même que Pé-kin, mais, d'après d'autres avis, il se pourrait qu'elle ne fût pas le Pé-kin actuel.

se pressent; il faut des ouvriers pour travailler au *champ du Seigneur*, qui promet une belle moisson.

En 1295, le pape Boniface VIII accorde aux fransciscains de Tartarie et de Chine les mêmes indulgences qui sont déjà accordées aux missionnaires de la terre sainte. Et voici que bientôt un évêque ne suffit plus; Montecorvino est autorisé à partager avec d'autres le lourd fardeau qu'il ne peut plus porter à lui seul, et il sacre évêques sept franciscains. Ces sept évêques de Chine seront ses suffragants.

La prospérité de l'Eglise augmente; les nestoriens diminuent, les bouddhistes et les confuciens reçoivent le baptême. En 1310, le Grand Khan meurt. L'archevêque préside à ses funérailles, on l'enterre à *Saray* : trente ans plus tard le corps de ce prince devait être retrouvé *intact*.

L'exemple des grands princes a porté ses fruits; d'autres chefs se convertissent; en 1326, quand ils jettent à la hâte un regard vers le passé, les apôtres de Chine voient que deux d'entre eux, J. de Montecorvino et Odorico de Pordenone, ont baptisé, *l'un* 30,000 *païens*, *l'autre* 20,000.

. Pendant seize ans, Odorico de Pordenone parcourt l'Asie. Il revient en Italie en 1320 et meurt à Padoue.

En 1334, on peut craindre que l'heure des épreuves n'ait sonné. Le P. Etienne de Hongrie est martyrisé dans cette même ville de *Saray* où J. de Montecorvino avait enseveli le Grand Khan. Mais tout s'apaise.... pour un temps. Les papes qui se succèdent envoient tantôt des ambassadeurs au grand chef mongol, tantôt des renforts aux missionnaires. En 1392, un franciscain, Antoine Salpen, qui avec un certain nombre d'autres religieux revenait de Tartarie vers la mer Caspienne, se trouva tout à coup, et avec l'approbation du pape Boniface IX, transformé en généralissime des peuples riverains de la mer et qui étaient attaqués par les Turcs.

En 1400, un grand nombre d'infidèles et dix-huit khans ont reçu le baptême. Kambalec va recevoir son cinquième archevêque.

La grande mission des disciples de saint François d'Assise a mis un siècle et demi pour acquérir une puissance qui paraît devoir amener sous peu l'extrême Orient tout entier aux pieds de la croix. Mais les desseins de Dieu sont impénétrables, et cette mission, dont l'œuvre est déjà si grande, dont la base est si ferme, va mettre un temps à peu près égal à décliner jusqu'à la ruine!

En 1368, la dynastie mongole a disparu de Chine, la dynastie nationale des Min triomphe. Cet événement politique a troublé l'évangélisation.

Les Tartares ne renoncent pas à la lutte; et ce peuple, qui déjà a produit un des plus grands hommes du monde, Gengis-Khan, voit naître un nouveau conquérant non moins illustre, *Tamerlan.*

Tamerlan veut reconquérir la Chine.... Il meurt en 1405, au moment où il croit toucher au but.

Malgré tout, les apôtres de Tartarie et de Chine continuent leurs travaux; on leur envoie des auxiliaires de France, d'Italie, du Mexique.... La persécution s'affirme, les prêtres et les chrétiens sont en prison, beaucoup sont martyrisés. En 1549 cependant, des franciscains s'établissent au Japon, comme si la persécution de Chine n'était qu'un encouragement à affronter des traitements plus cruels peut-être de la part des peuples sauvages des îles! Enfin, de 1582 à 1600, les Pères jésuites, en arrivant en Chine à leur tour, délivrent quelques missionnaires franciscains emprisonnés pour la foi. Mais avant de poursuivre l'examen de l'évangélisation en Chine, jetons un regard en arrière.

II.

Un voyageur portugais, Mendez Pinto, étant allé en Chine vers 1541, recueillit l'histoire d'un religieux qui aurait été martyrisé en 1399, dans une ville située au nord et à environ vingt jours de navigation de Nankin. M. Romanet du Cailland, qui est tout ensemble un chrétien et un savant très autorisé, a cru pouvoir, sur la foi de Mendez Pinto, indiquer comme *premier martyr, en Chine*, le religieux Matthieu Escandel.

Mendez Pinto s'est trompé tout d'abord : même en s'en tenant à son récit, le religieux n'aurait pas été le premier martyr, puisqu'il raconte que la première victime de la haine des bonzes fut un pauvre tisserand, disciple de Matthieu, et baptisé sous le nom de Jean. Jaloux de l'influence qu'acquérait le missionnaire chrétien, les bonzes traitaient ses miracles de sorcelleries. Matthieu Escandel eut avec plusieurs d'entre eux des controverses, elles tournèrent à leur confusion. Craignant de voir se renouveler de semblables discussions, les bonzes fomentèrent une émeute contre le missionnaire, disant aux habitants qu'il fallait le faire mourir, sinon que le ciel les châtierait en faisant tomber sa foudre sur eux.

« La *première victime* de ce mouvement populaire fut un disciple du saint missionnaire, un pauvre tisserand chez qui il demeurait, et qui, à son baptême, avait reçu le nom de Jean. Les émeutiers envahirent sa maison et le mirent à mort, ainsi que deux de ses gendres et un de ses fils, qui voulaient le défendre. »

Ainsi donc Jean, ses gendres et ses fils furent mis à mort *avant* Matthieu Escandel, et *en haine de la foi*. Le tour du pieux missionnaire vint ensuite. « Du bois est entassé autour de la maison où habitait Escandel, le feu y est mis ; déjà il se propage avec rapidité, quand le saint homme fait le signe de la croix et récite une prière : le feu s'éteint incontinent.... Le saint homme fut lapidé, on jeta son corps à la rivière, et aussitôt l'eau cessa de couler ; prodige qui se continua les cinq jours pendant lesquels le cadavre fut dans le lit de la rivière. On l'enterra, et plusieurs habitants se firent chrétiens [1]. »

Ce résumé de Mendez Pinto établit donc : 1° le martyre de

(1) *Le premier martyr chrétien en Chine*, par M. R. du Cailland. (*Missions catholiques* du 29 janvier 1886.)

Jean ; 2° celui du missionnaire Matthieu Escandel vers 1399. Mais en 1334, le frère mineur Etienne de Hongrie avait été martyrisé à Saray, et cependant Etienne de Hongrie ne fut pas, hélas ! le premier martyr de Chine. Nous avons dit, en effet, qu'au rapport des voyageurs arabes, des massacres de chrétiens avaient eu lieu à la fin du VIIIe siècle, peu après que fut gravée l'inscription trouvée à Si-ngan-fou.

Les missionnaires envoyés à la cour mongole doivent-ils être considérés comme missionnaires de Chine ? Jusqu'à quelle contrée de l'empire ont-ils pénétré ? Nous avons vu qu'en 1280, le grand khan Koubilaï fonda la dynastie mongole des Yuen et régna sous le nom de Che-tsou. Or, cet empereur est désigné comme le créateur du grand canal Impérial, qui, empruntant parfois le cours même de fleuves et de rivières, mit en communication Pé-kin et Canton. Il est donc permis de dire qu'à partir de 1280, les missionnaires catholiques envoyés à Kambalec ou *relevant de l'archevêque de Kambalec,* encore bien qu'ils soient désignés comme en mission chez les Tartares, étaient missionnaires *en Chine.*

En outre, il est certain que les missionnaires profitèrent avec empressement de la conquête des Mongols pour pénétrer aussi avant qu'ils le purent dans les régions de la Chine voisines du littoral.

Ils fondèrent, dès la fin du XIIIe siècle, une grande chrétienté dans le Tché-kiang, dont le siège épiscopal fut la capitale Han-tcheou-fou, qui déjà avait vu couler le sang des martyrs au VIIIe siècle. En 1306, J. de Montecorvino y plaça un des sept évêques suffragants de Kambalec.

C'est aux missionnaires franciscains que nous croyons devoir attribuer les immenses sphères en métal, les cadrans et les instruments de mathématiques que le P. Matthieu Ricci trouva dans l'observatoire de Nankin comme dans celui de Pé-kin.

Le savant jésuite n'hésita pas à reconnaître dans ces sphères et ces instruments l'œuvre d'hommes possédant des notions scientifiques différentes de celles des Chinois. Nous avons nommé le P. Ricci : voyons comment il pénétra en Chine, et d'abord quelles circonstances précédèrent son apostolat.

Vers la fin du mois de novembre 1552, un des rares Portugais qui étaient restés dans l'île de Tchang-tchouen trouvait étendu à terre, et en proie à une fièvre ardente, un homme vêtu d'humbles vêtements. Il le chargea sur ses épaules et le porta au bord de la mer, dans la cabane qui lui servait d'abri.

Cet homme malade et pauvre était saint François-Xavier, apôtre des Indes et du Japon.

L'île de Tchang-tchouen porta, au XVIe siècle, le nom de San-chan *(trois montagnes)*, à cause de trois pics de montagnes dont deux sont réunis maintenant par les sables. On la nomme aujourd'hui Saint-John; elle est située non loin du littoral de la province de Kouang-tong, dont elle est séparée par un détroit qui se comblera un jour; elle est à environ 50 milles marins de Macao et à 130 de Canton. C'est sur ce continent chinois que l'apôtre eût été depuis de longs mois, sans le mauvais vouloir de certains hauts fonctionnaires portugais et l'oubli craintif d'un Chinois qui devait venir le chercher dans sa barque; c'est en face de ce continent que, le 2 décembre 1552, mourut saint François-Xavier.

Au pied du trône de Dieu, il allait obtenir la réalisation du projet qui lui était si cher : l'évangélisation de la Chine par ses successeurs.

Trois ans s'écoulent après sa mort, puis un dominicain venu des Indes, le P. Gaspard de la Croix, réussit à pénétrer dans l'empire.

Des pagodes sont détruites par les Chinois convertis, Gaspard de la Croix est plein d'espoir.... Au moment où il pense que la chrétienté naissante va prospérer, grandir, s'étendre, il est arrêté, jeté en prison d'abord, puis chassé de l'empire, et vient mourir à Lisbonne, où il devait être la dernière victime de la peste!

L'œuvre était arrêtée encore.

Bientôt cependant le P. Valignan, de la compagnie de Jésus, visiteur des Indes, se rend au Japon. Mais en passant il s'arrête à Macao, où les Portugais avaient enfin réussi à fonder un établissement. La Chine *est là,* « on la prend avec les yeux, » comme disent les Chinois, ne pourrait-il donc y introduire aucun des siens?

Sur sa demande, un missionnaire des Indes est envoyé à Macao; il doit suivre les négociants qui, depuis peu, ont l'autorisation de venir deux fois l'an à Canton, sans pouvoir d'ailleurs coucher à terre; dès que le soleil disparaît, les étrangers sont obligés de regagner leurs barques. Et voilà qu'en 1579, ce missionnaire, le P. Roger, suivi peu après par le P. Matthieu Ricci, vient le rejoindre et commence son apostolat.

Quelle patience, quel tact, quelle intelligence de toutes choses, quelle volonté, quelle énergie, quel courage, quelle abnégation ne fallut-il pas à ces premiers enfants de Loyola pour réussir dans leur entreprise! Que d'échecs, que d'humiliations ils eurent à supporter avant de toucher au but de leurs efforts! Les difficultés qu'aujourd'hui encore rencontrent les missionnaires en Chine peuvent faire concevoir celles que leurs devanciers eurent à surmonter. Il n'est calomnie que les musulmans et les bonzes n'aient proférée contre eux, point d'excitation dont ils n'aient usé pour amener les mandarins et le peuple à repousser la doctrine du Christ. Il fallut des auxiliaires aux premiers Pères; beaucoup succombèrent avant le P. Ricci, qui allait être nommé supérieur général de la mission.

La charité du P. Roger et du P. Ricci les menait vers les humbles, les pauvres, les déshérités des biens de la terre. C'est parmi eux que la moisson serait la plus abondante, parce que ces hommes dénués de tout, souffrant parfois la faim, accablés des maux physiques les plus repoussants, et, par là, objets de répulsion pour les païens, ces hommes devaient se laisser toucher par la charité. Mais en même temps que leur cœur attirait ces Pères vers les humbles, leur raison et leur expérience exigeaient qu'ils obtinssent, sinon le concours actif, du moins la bienveillante neutralité des mandarins : à cette seule condition ils pourraient pénétrer dans l'intérieur de la Chine.

L'essentiel était d'y entrer et d'y demeurer. « On ne prend pas tous les poissons de la même manière, disait le P. Ricci, ni tous les peuples par les mêmes moyens ! » Le moyen qu'il adopta, ainsi que ses collaborateurs, fut de se révéler aux savants comme mathématiciens, physiciens, géographes.... Ils se montraient *lettrés* aux lettrés, horlogers au vice-roi des deux Kouangs (Kouang-tong et Kouang-si) et à l'empereur.

Avide des curiosités que possédaient ces *barbares étrangers*, le vice-roi des deux Kouangs, qui habitait Tchao-kin-fou, à l'Ouest de Canton, *appelle les missionnaires*; leurs présents le satisfont; mais la cabale commence : il renvoie les Pères.

On lui parle d'autres merveilles, d'une *machine qui sonne les heures*, etc. Aussitôt il envoie chercher les missionnaires à Macao, leur donne un terrain et le droit de construire une maison à Tchao-kin.

« Et notre église ? demandent les missionnaires.

— On vous donnera une place dans le temple de Bôuddha. »

Cela ne fait pas le compte des Pères.

Ils établissent une chapelle dans leur habitation.

La mission naît, les intrigues recommencent. De nouveau les voici proscrits, chassés, ces Pères de la religion hier encore fêtés par le vice-roi. Mais s'ils ont d'innombrables ennemis, ils se sont fait quelques amis, quelques disciples même.

Bien résolus à ne pas abandonner la lutte, ils vont, tantôt repoussés, tantôt accueillis avec honneur, puis chassés encore, ils vont.... jusqu'à Pé-kin. On reçoit le P. Ricci.

« Savez-vous faire de l'or ? lui demande le grand introducteur, très préoccupé du paiement des troupes armées pour secourir la Corée attaquée par le Japon.

— Non, vraiment ! je n'ai pas ce secret. »

Aussitôt on prend les cadeaux du missionnaire, puis on

l'engage.... à s'en aller, ainsi que son compagnon ; un mouvement hostile se déclare, se propage, l'agitation augmente, menace la vie des missionnaires. Ils partent, ayant à peine les ressources nécessaires pour subvenir à leur nourriture et à leur voyage par eau. Enfin les voici à Nankin. Là, tout change, et les proscrits deviennent des maîtres, fêtés par les grands, respectés de tous.

Ce changement si soudain et si complet tient du prodige; Dieu seul pouvait l'avoir préparé. Matthieu Ricci était parti de Pé-kin avec le P. Cataneo. Les difficultés du voyage — presque sans argent et au milieu des glaces — étaient telles que le P. Ricci laisse son confrère, avec les bagages, attendre la fonte des glaces. Pour lui, à grand'peine, par voie de terre et souvent à pied, il se rend à Sou-tcheou, où il trouve un ancien ami, le docteur Kiu-taï. La disgrâce du missionnaire n'a pas changé les sentiments de son ami, comme cela arrive trop souvent ! Sur ses instances, le P. Ricci songe à fonder une mission dans la jolie ville de Sou-tcheou ; mais il tombe malade.

Une nuit, alors qu'il était sur sa pauvre barque, le P. Ricci avait eu un rêve dont il parle dans ses mémoires, et que le P. Trigault a consigné dans son grand recueil sur les travaux des premiers missionnaires. Dans ce rêve il se vit conduit par Dieu même dans une grande cité qu'il parcourait librement et où le Seigneur lui dit qu'il devait s'établir. Ce n'était qu'un songe, il le vit bien à son réveil ! mais le souvenir de ce songe demeura longtemps présent à son esprit.

Lorsqu'il fut guéri par les soins de son ami Kiu, il voulut, avant de se fixer à Sou-tcheou, aller voir le grand dignitaire Kouang, président d'une cour souveraine à Nankin. Comme il avait accompagné Kiu-taï à Tching-kiang-fou, pour les premières fêtes du jour de l'an (février 1599), le trajet n'était pas très long.

Le cœur du président Kiang n'était pas plus changé que celui de Kiu-taï; l'humble missionnaire fut accueilli par le haut fonctionnaire tout à la fois comme un maître et comme un frère, puis le président insista pour que la mission fût fondée non pas à Sou-tcheou, mais à Nankin même. Le P. Ricci, qui était presque résolu à retourner avec le docteur Kiu à Sou-tcheou, fut de nouveau hésitant.

Il passa trois jours au palais de Kouang; les présidents des cinq autres cours souveraines vinrent chez leur collègue, et témoignèrent leur respect au maître, dont ils avaient lu les ouvrages.

A la fin des fêtes données par Kouang, c'est tout heureux des bonnes dispositions manifestées par ces puissances du jour, que nous trouvons Matthieu Ricci dans une pauvre maison qu'il avait louée pour peu de temps, dès son arrivée à Nankin. A peine vient-il d'y retourner que, le jour même, les grands dignitaires se font annoncer, et se présentent dans tout le cérémonial usité quand on veut honorer une personne, ils arrivent à l'humble logis, entourés d'une suite brillante. Tous prient le missionnaire de se fixer à Nankin.

Les hésitations du Père continuaient encore; cependant cet accueil lui fait désirer de ne pas s'éloigner de protecteurs si puissants et si bienveillants. Mais pour demeurer à Nankin, encore faut-il trouver à se loger. Matthieu Ricci sort, parcourt la ville.... et se trouve tout à coup au milieu des rues qu'il *avait vues en songe!*

Le pieux missionnaire n'hésite plus : c'est à Nankin qu'il se fixera. Son compagnon, le P. Cataneó, vient le rejoindre, et Kiu l'aide à louer une habitation dans laquelle ils s'établissent; cependant cette habitation ne pouvait longtemps leur suffire, et ils cherchaient à en acheter une. Mais la situation pécuniaire des Pères n'était pas encore bien florissante, parce que la procure de Macao, qui leur avait envoyé une somme importante pendant leur voyage, avait été victime d'une escroquerie : la banque chinoise sur laquelle elle avait reçu des traites après avoir versé la somme à son correspondant, *n'existait pas!*

Un jour, le président d'une des cours dont relevaient les travaux publics vient voir les missionnaires, et la conversation s'engage ainsi entre le dignitaire et le P. Ricci :

« Le désir de tous mes collègues, comme le mien, est toujours de voir le maître se fixer à Nankin. Le maître ne veut-il pas nous rendre tous heureux?

— Ce désir me fait grand honneur, et la bienveillance des grands hommes me comble de joie. Je suis résolu à ne pas repousser de si précieuses protections et à fonder ici la mission. Mais nous ne pouvons l'établir dans cette habitation; il nous faut plus de place; il faut aussi que nous soyons chez nous, et malheureusement nous ne disposons pas de grandes ressources.

— N'est-ce que cela? répond le président; peut-être pourrais-je vous satisfaire, si vous ne craignez pas les mauvais esprits *(kouei)*; voici le fait. On a bâti aux frais de l'Etat une sorte de palais; mais à peine le magistrat qui devait l'occuper y fut-il installé, que les mauvais esprits lui ont joué mille tours, si bien qu'il a dû s'en aller. Tous les moyens ont été employés par les bonzes pour déloger les *diables*, rien n'a réussi; nous avons fait habiter la maison par d'autres personnes : elles ont dû l'abandonner, car elles étaient battues par les esprits, elles étaient l'objet des tracasseries les plus vexantes de leur part, sans compter la terreur que causaient les cris et les apparitions. Si le Père n'est pas effrayé par les *kouei*, l'Etat lui vendra le palais à bon compte, car il ne peut servir; nous voyons bien que les diables ne nous l'abandonneront pas! »

C'est ainsi que fut fondée, avec la sanction de l'Etat, la mission de Nankin. Le palais convenait aux Pères, les diables déguerpirent au plus vite quand l'eau bénite eut aspergé les murs et que la croix protégea la maison.

Tout Nankin païen fut saisi d'admiration et de respect en apprenant que les *diables* ne résistaient pas au pouvoir des barbares étrangers!

Le P. Ricci, bien résolu à ne pas abandonner son projet de mission à *Pé-kin*, se décida peu après avoir fondé celle de Nankin, la « cour du sud, » à reprendre le chemin de la capitale. Des objets européens étaient mis à sa disposition par la procure et les chrétiens de Macao, objets à l'aide desquels il comptait gagner les bonnes grâces du souverain. Quant aux dignitaires de Nankin, tout en regrettant son départ, ils étaient prêts à l'aider de tout leur pouvoir en lui remettant des lettres de recommandation pour les principaux magistrats des villes où il devait passer, et aussi pour quelques hauts fonctionnaires de Pé-kin. Matthieu Ricci crut donc le moment venu et partit en 1600.

Les incidents de route ne lui firent pas défaut. Au moment où il croyait toucher au terme de son voyage, la malveillance d'un mandarin l'envoie à Tien-tsin, tandis que la cupidité de plusieurs autres menace ses bagages. Il demeure six mois à Tien-tsin, refusant de partir, attendant toujours de Pé-kin l'ordre de se rendre près de l'empereur.

On avait annoncé au souverain que le *barbare étranger* sollicitait l'honneur de lui offrir une « machine sonnant les heures. » Et le souverain ne voyait rien venir !

Les ennemis des missionnaires qui se trouvaient à la cour espéraient qu'il ne songeait plus à la « machine, » mais ils se trompaient.

Un jour l'empereur se décida à réclamer des éclaircissements, et les *fidèles* furent bien obligés de lui dire que les barbares étaient à Tien-tsin, attendant son bon plaisir. Un courrier impérial partit en toute hâte, avec l'ordre aux barbares de se rendre à la cour avec leurs présents ; des chevaux furent mis à leur disposition.... et bientôt l'*horloge* fut au palais en compagnie d'une *épinette*, de montres et divers autres objets d'Occident.

Alors commence ce qu'on peut appeler l'ère de l'horloge, ère de prospérité pour la religion et qui dura quinze ans. Beaucoup de princes n'ont pas un règne aussi long ! L'empereur fut joyeux comme un enfant qui possède sa première montre, et, par reconnaissance, autorisa les nobles étrangers à rester dans la capitale, leur assurant la nourriture quotidienne et le logement.

La nourriture leur fut donnée ; le logement resta longtemps

promis. Puis voici qu'un jour la « machine » du palais s'arrête; en vain les artistes chinois et même les bonzes s'appliquent à la faire *revivre :* elle reste muette!

L'empereur est triste, il se désole, il se fâche.... toute la cour est dans la consternation!

Les étrangers sont à Pé-kin; mais leur permettra-t-on de pénétrer dans le palais? Le souverain tranche la question; il envoie chercher le P. Ricci, et lui accorde le *libre accès* de la demeure impériale, pour qu'il puisse surveiller la précieuse « machine. »

Résultat de tout ceci : conversion de membres de la cour, de princes royaux, de princesses même, de trois membres de l'Académie, d'un grand nombre de lettrés.... Le P. Ricci avait atteint son but.

Ce grand mouvement vers le catholicisme dans la capitale s'étendit dans l'empire entier, et partout on demandait les *livres de la religion;* les ouvriers apostoliques ne suffisaient plus au travail que Dieu leur envoyait.

Cependant, en 1616, il y eut une forte alerte dans le Midi : les Hollandais, ennemis jurés des Portugais, dont ils étaient jaloux, excitèrent le peuple contre eux. Un *lettré* recueillit les dénonciations, les réclamations les plus variées; il propagea avec ardeur les plus mauvaises nouvelles qu'on sût inventer contre la religion, se fit complice de tous les délateurs, et bientôt, grâce à lui, il fut établi, *prouvé,* que.... le P. Cataneo *voulait se faire nommer empereur!*

Les zélés serviteurs du trône ne pouvaient demeurer inactifs en présence d'un tel danger. On fit arrêter les Pères que l'on put découvrir, armer la troupe, démolir des faubourgs qui rendaient la défense difficile; puis on interdit aux Chinois d'apporter des vivres à Macao..

L'alarme fut chaude, il y eut des martyrs, et peut-être l'œuvre tout entière des nouveaux missionnaires aurait-elle disparu dans cette tourmente, sans le bon sens d'un grand mandarin militaire, qui, chargé tout d'abord de détruire les établissements de Macao, repaire des *diables d'Occident*, eut l'idée d'aller voir ces diables dans leur gîte.

Il en revint complètement tranquillisé et fit désarmer la troupe et la place.

La colère du peuple se tourna contre les excitateurs de la révolte, contre les ennemis de la religion.

Le résultat de cette persécution fut donc de donner une impulsion nouvelle au mouvement de conversion. Et ce fut pendant la période la plus prospère que Dieu rappela à lui l'apôtre plein de courage et de zèle dont le nom domine toute cette époque : le P. Matthieu Ricci. Il mourut à Pé-kin, le 11 mai 1610. A la requête du P. Jacques Pantoja, l'empereur concéda un terrain pour sa sépulture, et le ministre qui transmit la requête rédigea son mémoire d'une manière si favorable, que le souverain accorda du même coup une résidence aux missionnaires de la capitale, résidence qui, cette fois, leur fut donnée.

Elle n'était autre qu'une belle pagode, dont on chassa les bonzes; c'est dans son enclos que devait s'élever bientôt le mausolée du pieux fondateur de la mission.

Les funérailles du P. Ricci furent solennelles ; la population entière y prit part, les provinces envoyèrent des représentants, et les hauts fonctionnaires de Pé-kin y assistèrent. C'était comme le triomphe de la croix.

Le P. Ricci mourant avait prédit à ses compagnons que la moisson serait belle, mais que les moissonneurs présents et à venir auraient de grandes souffrances à subir, de grands dangers à surmonter. Et ceux qui l'entouraient ne pouvaient concevoir ni l'étendue ni la durée des persécutions !

La première eut lieu en 1615, elle fut l'œuvre directe d'un grand mandarin et des bonzes. L'édit de proscription contre tous les étrangers fut obtenu en 1616, malgré le zèle des docteurs Paul Siu, Michel Yang et Léon Kiu.

Ces grands chrétiens, qui n'avaient pu parer les coups des ennemis de Dieu, se multiplièrent pour sauver du moins les chrétientés. Ils donnèrent secrètement asile à quelques missionnaires et favorisèrent la rentrée clandestine de plusieurs autres.

Les années s'écoulèrent, puis enfin Paul Siu devint *ko-lao*, c'est-à-dire premier ministre d'Etat ; un édit de rappel fut promulgué ; le culte du Seigneur du ciel, que les lettrés et les bonzes espéraient avoir extirpé de l'empire, se montra à nouveau au grand jour, après avoir passé quelque temps dans l'ombre. Nous ne suivrons pas l'œuvre d'évangélisation à toutes ses étapes, cependant nous devons nous arrêter quelques instants en face du grand événement politique qui fit passer les Chinois sous le joug des Tartares Mandchoux.

III.

A la mort du P. Matthieu Ricci, d'autres apôtres avaient continué son œuvre : parmi eux il y avait aussi des savants, des hommes éclairés dans les sciences et prêts à mettre leur talent au service de la foi, comme l'avait fait leur illustre prédécesseur.

Entre ces apôtres, le P. Adam Schall se distingua par ses talents, sa charité, son caractère plein de fermeté et sa haute fortune politique. Au moment où, d'une part, l'insurrection des provinces excitées par les sociétés secrètes — les mêmes sociétés qui, de 1852 à 1874, menacèrent le trône mandchou — et, d'autre part, les entreprises audacieuses des Tartares, causaient de graves embarras au souverain, un ministre, fort en peine pour défendre l'empire avec des armes qui rendissent la victoire au moins probable, vint prendre conseil du P. Schall sur.... *la manière de fabriquer les canons !* Puis, trouvant que les conseils reçus ne pouvaient émaner que d'un maître ès arts, il obtint un édit impérial donnant au missionnaire l'ordre de diriger la fabrication des armes et les pouvoirs nécessaires pour remplir ce mandat.

Le Père eut beau protester, ce fut en vain, et il dut fondre des canons. Comme l'entreprise réussit, son crédit se trouva augmenté. Au moment où les Tartares entrent en vainqueurs à Pé-kin, nous le trouvons président du tribunal des mathématiques.

Se considérant comme relevé de ses hautes fonctions par le fait seul du changement de dynastie, plein d'inquiétude sur l'avenir de la mission, ne sachant si le nouveau gouvernement n'allait pas inaugurer son pouvoir par une persécution générale, le P. Adam Schall restait dans sa demeure avec ses compagnons, priant Dieu pour les chrétiens de Chine.

Un jour, on vint lui annoncer que l'ordre de *déménager*, d'abandonner la ville, et de s'en aller sous les murs, dans la campagne, était donné à toute la population chinoise. Obéir, c'était mettre la dernière main à la ruine de la mission ; résister, c'était peut-être hâter cette ruine!

Vêtu d'humbles vêtements, le Père se rend devant l'assemblée mixte qui reçoit les réclamations; à genoux, il tient élevé au-dessus de sa tête un placet dans lequel il demande, à titre d'étranger, le droit de déménager moins rapidement, pour avoir le temps d'emporter ses livres, ses instruments, et les tables déjà gravées du nouveau calendrier que le dernier empereur des Min l'avait chargé de rectifier.

« Avais-tu donc quelque fonction au tribunal des mathématiques ? lui demande le chef de l'assemblée.

— J'étais son président....

— Le président du tribunal! et à genoux ici! Qu'on relève le grand homme !.... »

La mission était sauvée. A partir de ce moment commence, pour le pieux missionnaire, une vie publique faite d'honneurs et de dignités, mais aussi de travaux et de fatigues incessants.

Ces honneurs et ces dignités humaines, il aurait voulu les délaisser; ces travaux et ces fatigues, il eût voulu les échanger contre d'autres plus pénibles peut-être, mais plus conformes à son caractère et à sa mission d'apôtre! Mais l'intérêt de la religion exigeait qu'il restât au poste élevé où, par une faveur inespérée de la Providence, la nouvelle dynastie le plaçait. Et bientôt ce ne fut plus seulement à Pé-kin qu'il rendit des services importants aux chrétiens, ce fut dans la Chine tout entière; ce ne fut pas seulement auprès des grands du royaume que ses mérites lui donnèrent crédit, ce fut auprès du peuple et de l'armée; enfin, ce ne furent pas seulement les intérêts des chrétiens qu'il prit en main, mais ceux de tous les hommes qui souffraient, comme aussi ceux de l'empire même.

Comment obtint-il ce résultat merveilleux? Un seul mot le fait comprendre : il y réussit par la charité. Sa charité et son courage firent qu'il voulut et qu'il osa agir et parler toutes les fois qu'il le crut nécessaire. Et comme le jeune prince qui montait sur le trône était doué d'heureuses qualités, le P. Schall devint son ami, presque son maître. S'il ne réussit pas à le rendre chrétien, ce fut à cause de l'influence néfaste de la mère et d'une femme du prince. Mais tout le bien que fit *Choen-tche*, il le dut aux conseils ou à l'initiative du missionnaire; lui-même se plaisait à le dire.

Le P. Huc, dans son travail sur le christianisme en Chine, a eu l'heureuse pensée de rapporter quelques exemples prouvant l'influence du P. Schall dans tout l'empire; et certes il y en a de bien touchants! Un jour, deux missionnaires du Su-tchuen allaient être tués, avec mille autres victimes, sur l'ordre et en présence d'un monstre humain qui avait usurpé l'autorité suprême dans cette province reculée de l'empire.

Au moment où le bourreau lève son glaive sur les Pères, une sentinelle aperçoit l'avant-garde de l'armée tartare qui venait combattre le rebelle. Celui-ci se précipite pour se rendre compte lui-même du danger, tombe frappé d'une flèche dans la poitrine. Les prisonniers, souillés déjà du sang d'autres victimes, s'échappent, et à leur tour tombent blessés. Un Tartare se précipite sur eux; déjà il tient le P. Magalhans par les cheveux, il va lui trancher la tête.

« Arrête! » s'écrie un autre soldat qui regardait attentivement la barbe et les traits des deux Européens. Puis, s'adressant au P. Magalhans : « Connais-tu *Tang-jo-wang?* (Adam Schall.)

— C'est mon frère aîné ! » répond le missionnaire. Aussitôt la fureur et la vengeance font place, dans le cœur des soldats, au respect et à l'affection ; ils entourent les Pères, ils les portent dans la tente du général, et c'est là qu'on les soigne comme des amis, comme des maîtres vénérés.

Et comment ces rudes soldats n'auraient-ils pas voué au P. Schall leur reconnaissance !

Une fois, c'est auprès du régent qu'il agit pour le peuple. Ce régent, général émérite, véritable fondateur de la dynastie, oncle du jeune prince, avait résolu de faire construire une immense ville fortifiée non loin de Pé-kin. Impôts et hommes, le général avait tout requis, et des malheureux attendaient dans les prisons leur tour de partir pour le lieu des travaux. Le peuple entier gémissait, les grands de l'empire déploraient ces exactions, ils craignaient déjà pour la dynastie : nul n'osait cependant braver la colère du régent.

Le P. Schall, comme président de l'astronomie, représenta au général le danger qu'il faisait courir au trône, les malheurs dont il accablait le peuple.... et le lendemain, liberté était rendue aux travailleurs, à ceux qui étaient à l'œuvre, comme à ceux qui gémissaient dans les prisons !

Une autre fois, quarante chefs tartares allaient être égorgés, — bien qu'on fût certain de leur innocence, — parce qu'ils n'avaient pas secouru un prince mort à l'ennemi. Nulle voix ne s'élevait en faveur de ces malheureux, qui attendaient la mort.

Le Père Schall va droit à l'empereur et lui lit sa requête. « Tu es donc le seul, vieux maître, toujours le seul, interrompit le jeune prince, à me parler selon le bien et aussi selon mon cœur ! Je désirais accorder la vie à ces guerriers, mais je ne pouvais prendre l'initiative, car je suis jeune et je paraîtrais ne pas comprendre l'importance d'une sévère discipline militaire. J'attendais qu'on me demandât grâce ! »

Le prince aimait à chasser, c'était chez lui une passion de race; et le prince chassait avec une véritable armée, qui ruinait et ravageait la région honorée de la visite de l'empereur. Ce fut encore le P. Schall qui mit fin à ces désastres périodiques. Et comme l'empereur reconnaissait hautement la grandeur d'âme, le courage, la bonté du missionnaire, en même temps que ses talents; comme il l'honorait de dignités, comme il l'anoblit, ainsi que son père et sa mère d'abord, puis ensuite ses trisaïeux, l'empire entier connaissait par la *Gazette officielle* les vertus et la haute influence du P. Schall (1).

Ainsi, grâce à lui, la mission de Chine, loin d'être compromise par l'arrivée au pouvoir des Tartares Mandchoux, avait acquis une force qui fit croire que l'ère des persécutions était à jamais close.

A partir du milieu du XVIIe siècle, le mouvement des religieux de tous ordres vers l'extrême Orient s'accentue. Les franciscains et les dominicains viennent de France, joindre leurs efforts à ceux des jésuites. Les franciscains, établis aux Philippines, envoient des missionnaires en Chine, en Tartarie, au Japon, et, pendant ce temps, se fonde à Paris la société des *Missions étrangères*, dont un des premiers membres, Mgr Pallu, est nommé, le 17 août 1659, vicaire apostolique du Tonkin, du Laos et de cinq provinces chinoises.

En 1667, le franciscain Antoine de Sainte-Marie part pour la Chine; peu après Hanez le suit, revient à Rome, et repart avec le titre de commissaire apostolique.

Les diverses provinces de Chine avaient chacune un préfet apostolique; l'un d'eux, le vénérable Antoine Caballero, mourut à Canton le 13 mai 1669, et son corps, retrouvé en 1865, par Mgr Guillemin, était, après deux siècles, en parfait état de conservation.

Les missions françaises eurent à subir mille entraves de la part des Portugais, qui prétendaient au rôle de seuls protecteurs de la religion dans l'extrême Orient. Mgr Pallu et ses

(1) V. sur le P. Adam Schall, *le Christianisme en Chine*, par le P. Huc, t. II.

auxiliaires peuvent enfin exercer leur mandat apostolique au Su-tchuen, au Yun-nan, au Kouy-tcheou, au Fo-kien.

C'est dans cette dernière province, dans le bourg de Mo-yang, que Mgr Pallu meurt, le 29 octobre 1684.

Depuis 1680, Bernardin de Venise est archevêque à Pé-kin. En 1687, Basile de Gemona, l'auteur du dictionnaire latin-chinois qui fit la réputation de Guignes, est vicaire apostolique du Chen-sy.

En 1696, la Chine apostolique comprend l'archevêché de Pé-kin, l'évêché de Nankin et huit vicariats apostoliques, dont trois en possession de la société des Missions étrangères : ceux du Kouy-tcheou, du Yun-nan et du Su-tchuen.

A ce moment, la grande question des *rites* s'est élevée.

Deux opinions s'établissent parmi les missions : l'une soutient que le P. Ricci avait exactement interprété les croyances des Chinois, que par *Ciel* ils entendaient *Dieu*, que leurs cérémonies n'avaient point le caractère superstitieux, et que lorsqu'elles étaient pures de toute pratique bouddhiste, conformes à la pratique des *rites* anciens et à l'enseignement de Confucius, les chrétiens pouvaient les pratiquer. L'empereur Kang-hy prend parti pour cette première opinion.

L'autre, au contraire, n'admet pas que la tolérance primitive du P. Ricci puisse être continuée.

Le crédit des jésuites diminue, et en 1742, le pape Benoît XIV, par la bulle *Ex quo singulari*, condamne la doctrine favorable à l'interprétation du P. Ricci. L'empereur est irrité, les persécutions recommencent à Pé-kin même et dans tout l'empire. Chacun cependant lutte de son mieux et avec grand courage. Les jésuites sont expulsés, et le souverain pontife répartit leurs missions entre les divers ordres.

En France, la révolution vient. Elle pèse lourdement sur le séminaire des *Missions étrangères*, qui, ensuite, reprend ses travaux. Les prêtres lazaristes arrivent, à leur tour, grossir les rangs des évangélisateurs.

En 1842, les jésuites rentrent en Chine, presque tous les

ordres de missionnaires ont une part à défricher dans ce vaste champ de Dieu.

Les franciscains, les missions étrangères, les lazaristes, les jésuites, les capucins de Belgique, les dominicains.... sont les plus occupés ; les trappistes mêmes ont une mission à Yang-kia-ko (Tché-ly septentrional) depuis 1882.

Désormais plus de dissidence dans l'interprétation des coutumes. Le zèle de tous les apôtres est le même ; chacun a fait le sacrifice de sa vie, chacun sait qu'il n'aura peut-être même pas un coin de terre pour dormir son dernier sommeil, et tous, ayant fait à Dieu abandon complet de leur être, ne songent qu'à gagner des âmes. Chacun met en œuvre les aptitudes qui lui sont propres ; les divers ordres religieux apportent en Chine *leur caractère* spécial, et tous, sans exception, saluent avec joie les progrès accomplis par leurs confrères, comme si eux-mêmes les avaient obtenus. Ils n'ont tous qu'une bannière, celle de la croix.

On a parlé cependant de l'*ambition* des missionnaires, on a dit qu'ils s'efforçaient de se rendre indispensables au peuple, afin de conserver leur influence, et que, pour atteindre ce but, ils formaient le moins possible de prêtres indigènes ; on a osé écrire que les missionnaires catholiques étaient, en Chine, les pires ennemis de la civilisation [1]....

Mais pour tout *dévoiler*, les accusateurs auraient dû dire quelle est l'ambition des missionnaires, quels sont les honneurs qu'ils briguent, l'influence qu'ils tiennent à conserver ou à conquérir. Tous ces *desiderata* vont apparaître après un examen très simple qui consiste, comme nous le disions au début de ce chapitre, à regarder les missionnaires vivre, agir et.... mourir.

IV.

Une première question qui se pose d'elle-même est celle-ci : Comment se fonde une chrétienté ?

(1) V. *La cité chinoise*, par M. E. Simon, ancien consul de France.

GRAND TEMPLE A MACAO

Etant donné que sauf quelques variantes dans les détails, toutes les créations de chrétientés se font de même manière, il nous suffira d'assister à la naissance d'une seule.

Cependant Dieu lui-même se plaît quelquefois à aider d'une façon miraculeuse l'œuvre de ses apôtres. En voici deux exemples que nous donnons tout d'abord, parce qu'ils montrent comment toute difficulté peut être aplanie par le maître des mondes.

C'est Mgr Zanoli, vicaire apostolique du Hou-pé oriental et appartenant à l'ordre des franciscains, qui a indiqué l'origine de deux chrétientés de son vicariat, celle de Ping-po, et celle d'un village relevant du *district de Sou-tcheou....* Dans l'une comme dans l'autre, ce fut une guérison miraculeuse qui amena la propagation de la foi. Le fils unique d'un fabricant d'idoles à Ping-po tomba dangereusement malade. Ce jeune homme était en relation avec des chrétiens du village voisin Soung-ho.

Son père, le voyant en danger de mort, implora les idoles : lui qui les *créait*, ne devait-il pas avoir quelque crédit auprès de ces divinités de bois et de pierre? Il le croyait et leur offrait de grand cœur tout ce qui était réputé leur plaire. Mais en vain multipliait-il les cierges, les bâtons d'encens, les offrandes et les prières.... son fils allait de plus en plus mal !

Ce pauvre jeune homme, de ses rapports avec les chrétiens, avait retenu quelques notions de la religion, et Dieu permit qu'au milieu de ses souffrances la foi éclairât son âme.

« Le Dieu des chrétiens peut seul me sauver, » dit-il à son père.

Celui-ci lutta, pria encore ses idoles, puis enfin, voyant que son fils allait mourir, courut à la chrétienté voisine et supplia les néophytes de guérir son fils par leurs prières, promettant, si son enfant recouvrait la santé, de se faire chrétien, lui aussi.

Le jeune homme fut guéri subitement, et, fidèle à sa promesse, son père se fit baptiser, non pas seul, mais avec toute sa famille. Cet événement eut un certain retentissement, et plusieurs familles du pays embrassèrent la religion du *Maître du Ciel.* Ainsi fut fondée la chrétienté de Ping-po.

Dans le district de Sou-tcheou, la Providence agit à peu près de même.

Une famille de sourds-muets avait embrassé le christianisme. Cette famille donnait à tous des exemples qui édifiaient les païens. En 1877, une vieille femme, nommée Anna, mourut. Une de ses amies tomba dangereusement malade. Une nuit, Anna apparut à cette païenne et lui dit qu'elle guérirait si elle adorait *le Dieu de la famille des muets.* La malade en fit promesse et guérit aussitôt. Elle raconta à son mari la cause de sa guérison. Mais celui-ci refusa d'y croire, se moqua même de sa femme et s'empressa d'adresser ses remerciements aux idoles.... Aussitôt sa femme se trouva à nouveau en danger de mort.

Anna lui apparut une seconde fois, lui reprocha de n'avoir pas tenu sa promesse, et l'avertit qu'elle mourrait de sa maladie si elle n'embrassait la religion. La pauvre femme promit encore et raconta ces faits à son mari, qui, cette fois, loin de s'en moquer, laissa sa femme libre de ses actes, et promit de se faire chrétien si la guérison survenait. Dieu permit que la malade recouvrât subitement la santé; toute la famille embrassa le catholicisme, et plusieurs autres, frappées de ce fait, se convertirent ensuite.

En l'année 1881, un *mimikiao*, sorte de franc-maçon, mais plein d'intelligence et de bonne foi, ayant entendu expliquer la doctrine chrétienne et la trouvant bonne, se hâta de se faire instruire de ses grandes vérités.

Cet homme avait une sœur mariée et habitant le village de *Pei-kouo-tchouang*, dans le Tché-ly sud-est, partie de la province confiée à la société de Jésus. Pouvait-il marcher dans la voie de la vérité et laisser sa sœur, mimikiao aussi, dans l'erreur et dans la pratique des superstitions?

Le converti, bien qu'il ne fût pas encore baptisé, se rendit donc dans la famille de son beau-frère, et raconta à sa sœur ce qui lui était arrivé d'heureux, l'engageant à embrasser, elle aussi, le christianisme.

Chez cette honnête païenne, l'hésitation fut de très courte durée. Elle résolut de parler de tout cela à son mari ; celui-ci se décida volontiers à renoncer aux superstitions des bouddhistes. Cette famille, comme la plupart de celles du village, vivait d'une industrie assez pénible, mais sans chômage : la fabrication du papier d'emballage fait avec de la paille de millet. Quand les païens apprirent que parmi eux il se trouvait une famille voulant embrasser la religion d'Occident, leur colère fut extrême. Le chef des mimikiaos intervint, fit des reproches, exposa combien le christianisme était « mauvaise chose, » menaça de la colère du peuple.... Il en fut pour ses frais d'éloquence et pour ses menaces.

Les païens s'ingénièrent alors soit à vexer les futurs chrétiens, soit à leur nuire. Défense leur fut faite de passer par les rues, de puiser de l'eau au puits commun, etc. Mais tout fut inutile, et la famille persévéra dans son dessein.

L'envoi d'un catéchiste dans le village devenait nécessaire. C'est en effet le catéchiste, c'est-à-dire un indigène bon chrétien, instruit de la religion et prêt à réfuter les objections ordinaires, qui prépare la voie aux missionnaires. Le P. Hœffel, dans le district duquel se trouvait le village de Pei-kouo-tchouang, et qui a raconté l'origine de cette chrétienté (1), le P. Hœffel vit qu'il devait envoyer dans ce bourg « un homme qui n'eût peur de rien, mais qui fût calme et capable d'apaiser les esprits. »

« Mon choix, dit-il, tomba sur Ki-yun-loung. » Ce chrétien, alors qu'il appartenait encore au paganisme, ne connaissait pas de plus agréable délassement que celui de se battre, surtout de se battre contre les voleurs et les mauvais sujets. Puis, quand il en avait châtié un, il allait le lendemain se mettre à ses pieds et lui demander pardon. Voilà quel était le catéchiste choisi et qui se rendit à Pei-kouo-tchouang. Il savait

(1) *Missions catholiques* du 29 septembre 1882.

qu'un païen du village « avait juré de casser les jambes au catéchiste qui oserait se présenter. »

Le P. Hœffel raconte ensuite comment s'y prit son courageux auxiliaire pour triompher du mauvais vouloir des habitants.

« En entrant dans le village, il alla tout droit trouver celui qui paraissait s'opposer le plus violemment à la religion.

— Mon ami, lui dit-il, j'ai appris que tu as juré de casser les jambes au premier catéchiste qui oserait venir prêcher la religion chrétienne dans ton village. Eh bien, voici que je viens t'apporter les miennes pour voir si tu pourras me les casser ; mais auparavant, regarde bien à qui tu as affaire. »

La colère du païen fondit, d'autant que la renommée lui ayant fait connaître quel était autrefois le passe-temps favori du catéchiste, il se souciait peu d'apprendre à ses dépens si son adresse et sa force demeuraient toujours les mêmes. Ce païen féroce fut un des premiers à venir écouter les explications de la doctrine que donna le catéchiste ; ce que voyant, les autres païens écoutèrent aussi son enseignement. Seulement, peu de jours plus tard, le païen qui avait menacé le catéchiste tomba sous une charrette, et les roues lui *brisèrent les jambes,* accident malheureux, dans lequel une partie de la population vit un châtiment de la menace qu'il avait faite de casser les jambes au catéchiste.

Voilà donc l'auxiliaire du missionnaire installé dans le village.

Qu'il y soit entré ouvertement comme Ki-yun-loung, ou bien qu'il y soit venu d'une manière plus secrète, son rôle est le même : il doit instruire tous ceux qui le désirent et s'appliquer à faire naître ce désir ; visiter les moribonds et les enfants malades, pour imposer le baptême à ceux-ci et tenter de le faire demander par les autres. Quand personne n'a préparé le terrain, le moyen généralement employé par le catéchiste est de se présenter comme médecin soignant gratuitement. Tous ont d'ailleurs reçu des notions élémentaires sur les soins qu'exigent certaines maladies, surtout celles qui affectent particulièrement les enfants. Ils ne manquent pas de dire qu'ils font le bien *par devoir*, parce que *leur religion* enseigne aux hommes à s'aider mutuellement, etc. Quand il y a un noyau de futurs chrétiens dans un village, le missionnaire s'y rend, et, s'il y a lieu, promet le baptême ou même le confère de suite à quelques-uns, s'ils sont suffisamment disposés et que le temps ou les événements aient établi la sincérité de leur foi.

Trop souvent, les contradictions, épreuves, ne manquent pas aux néophytes ; les païens cherchent à les détourner de la religion ; pour peu que dans les environs les idées soient à la persécution, celle-ci les atteint quelquefois. Le nombre des victimes baptisées par le sang, c'est-à-dire mortes pour la foi avant que l'eau régénératrice ait coulé sur leur front, le nombre de ces martyrs est grand dans l'empire des fleurs !

Quand les néophytes ont confessé la foi, sans avoir été tués cependant, le baptême leur est conféré aussitôt que possible, alors même que le temps d'épreuve serait très court.

Mais revenons à la visite du missionnaire dans la chrétienté naissante, et puisque nous avons cité celle du Pei-kouo-tchouang, laissons son pasteur, le P. Hœffel, raconter ce qu'il faisait en allant pour la première fois à ce village.

Cette visite fut moins solennelle qu'elle ne devait l'être, parce que le missionnaire, qui songeait à se présenter avec quelque apparat, dans un équipage capable d'inspirer du respect aux païens, se trouva, sans s'en douter, dans le village en question, un jour qu'il allait dans une autre chrétienté par un chemin qui lui était inconnu.

« J'arrive, dit-il, dans un village d'assez belle apparence. De chaque côté de la rue, une rangée de maisons en briques, ombragées par une espèce d'acacia. Je m'éloignais déjà, quand une troupe d'hommes et de jeunes gens coururent après ma voiture. Cela me parut singulier. Pour la première fois, depuis six ans, un fait semblable se présentait. Je craignis quelque trouble de la part de la population païenne ameutée contre moi. Je m'arrêtai. Quand ces gens nous eurent rejoints, ils s'approchèrent timidement et demandèrent si je n'étais pas le missionnaire. Ils m'invitèrent ensuite, de la part du catéchiste Ki-yun-loung, à prendre une tasse de thé.... Je fis donc tourner bride à ma pauvre vieille mule, qui boitait d'un pied, et je rentrai au village, précédé et suivi de la population païenne tout entière.

» On me conduisit dans la chambre du catéchiste. C'est le réduit le plus obscur et le plus misérable que j'aie vu en Chine. La seule fenêtre qu'il y ait est un trou pratiqué dans le mur du nord; cette ouverture est bouchée avec du papier chinois en guise de carreaux et laisse passer une lumière si faible, qu'il faut attendre un temps assez long pour s'habituer à cette demi-obscurité, avant de pouvoir distinguer les objets. En y entrant, je fus suivi par toute cette foule. Que faire? Je ne pouvais guère les chasser, de peur de les indisposer. Je pris le parti de dominer la situation. Je fis entrer tout ce que ma chambre put contenir d'hommes et de petits garçons. Les premiers restèrent debout, les enfants s'assirent en tailleur, sur le kang [1], en observant de ne pas boucher le seul trou qui nous éclairait. Au premier moment les visages eurent peine à se dérider. Tous ces Chinois ne savaient pas trop ce qu'ils étaient venus faire là. »

Voilà donc le palais du catéchiste et de sa cour. Parmi les ennemis des missionnaires, combien s'en trouve-t-il qui briguent le plaisir et l'avantage d'être reçus par le catéchiste dans ce palais, de se *montrer* aux populations, sympathiques cependant! Le missionnaire continue :

« Je pris mon harmoni-flûte et jouai d'abord l'air du *Calife de Bagdad*. Il n'en fallut pas davantage pour nous rendre grands amis. La conversation fut *de omni re scibili et quibusdam aliis*. Ils s'étonnaient de tout : de ma fourchette, de ma cuillère, de ma montre, de ma musique, de ma barbe. Le catéchiste aidant, je pus parler très longtemps de religion. J'eus ce monde-là sur le dos depuis dix heures du matin jusqu'à

(1) Lit chinois.

trois heures de l'après-midi. Quand j'essayais d'en renvoyer une fournée, elle était immédiatement remplacée par une autre, accourue d'un village voisin, et qu'il m'était impossible de mettre à la porte. Tout le monde voulait me voir, me parler, entendre mon instrument. Avant de partir, je fis allusion à l'opposition que la religion avait rencontrée chez eux de la part de quelques-uns. On me pria de tout oublier; on ne savait pas alors que la religion fût si bonne. Enfin je partis avec ma mule boiteuse, ayant peine à forcer la foule accourue sur mon passage. »

Voilà certes une ovation! Qu'ils sont heureux, ces missionnaires, et combien leur vie est agréable! Ils n'ont qu'à se montrer, et voilà que sans publicité, sans réclame, sans que leurs amis aient eu à informer de leur venue, à annoncer un discours, tous les gens valides se pressent autour d'eux, sans compter les malades, qui souvent les font prier de venir les visiter. Que d'honneur!

Ils s'en retournent en charrette, c'est vrai, après qu'on leur a offert un punch, — lisez du thé sans sucre, — ou seulement peut-être une infusion de feuilles d'abricotier, d'orme, de pêcher, et au prochain village l'ovation recommencera.

Ils sont ahuris par la foule, assourdis par le bruit, fatigués par trois ou quatre heures de conversation et par le voyage.... Mais que d'honneur! et combien leur *vanité* doit être satisfaite!

N'est-ce pas ainsi que raisonnent un bon nombre d'honnêtes personnes?

Eh bien! il n'y a de vrai qu'une chose en ceci: le missionnaire est heureux.

Son corps est brisé par la fatigue, mais son cœur est plein d'allégresse, parce qu'il sait qu'après sa visite, les païens seront plus nombreux autour du catéchiste, et qu'ainsi la loi divine sera entendue par plusieurs qui, peut-être, l'auraient ignorée longtemps, sinon toujours; il est heureux parce qu'il a rempli son devoir d'apôtre. Et le soir venu, lorsqu'il étendra son corps fatigué sur un lit ou sur une natte posée à terre, ou sur une planche soutenue par deux bancs, le soir, en repassant le labeur de la journée, il dira à Dieu : Seigneur ! j'espère n'avoir pas perdu ma journée !

Voilà pourquoi le missionnaire est heureux.

On a dit aussi : les païens sont indifférents, ils reçoivent aujourd'hui le baptême des catholiques pour quelques sous, prêts à recevoir demain le baptême d'un protestant moyennant une autre somme; et puis, vienne une persécution, elle les trouvera païens.

Nous verrons dans un instant ce qu'il faut penser de cette dernière affirmation; mais disons-le tout d'abord, les nouveaux catholiques n'ont rien à attendre que persécution, ruine, torture et mort. Quant à recevoir de l'argent pour être baptisé, cela ne s'est jamais vu chez les catholiques ; il y a plus : souvent, quand il n'y a pas encore de chapelle, et qu'on veut donner quelque solennité à la cérémonie même, ils doivent aller *chercher* le baptême, le chercher même assez loin.

Puisque nous avons parlé de la première famille qui se déclara ouvertement adepte de la religion à Pei-kouotchouang, suivons-la au mois de juillet 1882.

Le missionnaire, ayant jugé qu'elle avait subi des épreuves assez longues, lui fit dire de se rendre le lendemain matin à une chrétienté distante d'environ trois lieues.

La femme, à cette nouvelle, dit le P. Hœffel, fut au comble de la joie. Ce fut par une disposition de la Providence que son frère alla la voir juste au moment où elle se disposait à partir avec ses trois jeunes garçons. Il voulut les accompagner. La femme prit dans ses bras le plus petit, âgé de deux ans ; le second, âgé de cinq ans, grimpa sur les épaules de son oncle ; l'aîné, qui avait dix ans, courut lui-même en avant. La petite caravane se mit en marche par un soleil tropical, malgré un vent brûlant du midi qui soulevait d'énormes tourbillons de poussière. Le mari, qui s'était absenté ce jour-là, se leva à minuit, de peur de manquer la cérémonie. — N'est-il pas admirable de voir des Chinois se donner tant de peine, une femme surtout faire, avec ses petits pieds, la distance de deux ou trois lieues, pour chercher la grâce du baptême ?

On le voit, cet exemple s'éloigne beaucoup du baptême catholique pour de l'argent ! Nous ne prétendons pas qu'il n'y ait pas de mauvais chrétiens, de faux frères et même des renégats ; mais, hélas ! il n'est pas besoin, pour en trouver, de traverser les mers.

En Chine, ces faits de désertion sont rares, et nous ne croyons pas, après les mille et mille exemples de chrétiens ayant subi d'horribles tortures, puis étant morts plutôt que de renoncer à leur foi, nous ne croyons pas qu'il soit équitable de jeter aux Chinois cette insulte cruelle : *catholiques pour de l'argent !*

Les seuls subsides qu'ils reçoivent des missionnaires, ces pauvres chrétiens, ils les touchent presque toujours en nature, alors que ruinés, leur maison brûlée, leur village incendié, leurs champs dévastés, proscrits et fuyant les hordes de brigands, ils se réfugient auprès de celui qu'ils appellent du nom de *père*, comme des enfants s'adressent à leur père ; ils lui demandent de les protéger, de les nourrir, puis enfin, s'il faut mourir, de leur donner la bénédiction suprême.

Et ce *père*, quand la charité des chrétiens d'Europe lui en a fourni les moyens, donne un peu de riz à ce peuple de deux trois, cinq mille pauvres, il les défend quand il le peut, autant qu'il le peut, et quand sonne l'heure de la mort, n'ayant plus rien à leur donner, il leur donne encore.... il donne sa vie pour eux. Il est heureux, le missionnaire !

V.

Vie du missionnaire. — Œuvre des missions.

Nous venons de voir comment débute, comment *naît* une chrétienté.

Dès qu'elle est formée, elle a son pasteur ; mais non pas un pasteur pour elle seule ! Le missionnaire réside dans l'une des chrétientés les plus importantes, et surtout dans celle qui est centrale, afin que de là il puisse rayonner tout autour et se transporter le plus rapidement possible partout où il est appelé. Cependant, quand la chrétienté a pris un certain développement, elle peut recevoir un prêtre ou même plusieurs, qui l'administrent. Il y a donc comme deux existences pour le missionnaire : celle que l'un d'eux nommait, un jour, *la vie vagabonde*, puis la vie *sédentaire*. A ces deux modes de vivre correspondent des occupations variées, des devoirs multiples.

Visiter les plus petits hameaux qui relèvent de lui et qui ont déjà reçu un catéchiste ; — s'informer des localités où la religion n'a pas encore été enseignée et préparer les voies pour qu'elle y pénètre ; — s'assurer que l'instruction donnée par le catéchiste est suffisamment complète ; — recevoir au baptême les catéchumènes qu'il juge prêts à devenir chrétiens ; — entendre les confessions ; — visiter les malades ; — assister les mourants ; — leur donner les sacrements ; — dire la messe dès le matin, prêcher quelquefois.... et cela tous les jours. Encore est-ce souvent *toutes les nuits* qu'il faudrait dire, parce que pendant les époques de troubles, le prêtre, dans la crainte de compromettre les chrétientés, ne les visite qu'à la faveur des ténèbres et en secret.

Mais quand il peut voyager ouvertement, la meilleure partie de la nuit est encore consacrée au sacerdoce : les chrétiens qui se présentent au tribunal de la pénitence sont trop nombreux pour qu'ils puissent être tous entendus dans la journée, sans que les autres devoirs du père spirituel soient négligés. De sorte qu'à l'heure où il pourrait prendre quelque repos, sous le toit d'un chrétien, le missionnaire entend les aveux, apaise les consciences, et cela, non pas une fois et par exception, mais pendant des semaines, des mois, des années peut-être !

La vie dite sédentaire offre, elle aussi, ces mêmes agitations, parce que pour être dans son *chez soi*, il n'en demeure pas moins à la disposition de tous ceux qui l'appellent.

Un soir, non loin de Chang-hai, à Zika-wei, les missionnaires, tous les travaux terminés, commençaient à prendre un repos de quelques heures. La maladie retenait inactifs quelques-uns d'entre eux. On frappe à la porte : c'est un Chinois qui vient, en barque, chercher au plus vite un Père pour administrer un mourant. Il se lève aussitôt et le suit. Au seuil de la porte, il trouve un autre Chinois tout haletant : sa mère se meurt.... et un second missionnaire part avec lui. Restait à la mission un seul Père valide — il n'avait que la fièvre ! Peu d'instants après le départ de ses deux confrères, il entend comme le bruit d'une dispute dans la cour; il se lève, regarde et voit le portier essayant d'arrêter un Chinois qui, à tout prix, veut arriver jusqu'à lui pour qu'il vienne administrer sa femme. Le portier résiste, parce qu'il sait le missionnaire malade et pense que les deux premiers ne resteront pas longtemps absents. Et pendant qu'il s'efforce de faire entendre raison au pauvre homme, voici que le Père, tout chancelant, survient : il est prêt.

A sa vue, ce n'est pas un seul cri de joie, mais bien deux qui se font entendre, et *deux Chinois* se précipitent vers lui : un autre requérant était en effet entré par la porte entr'ouverte; lui aussi demande le *Père*, et le voyant devant lui, prétend l'emmener : son fils va mourir !

Aucun des deux ne veut céder. Cherchant à savoir lequel des malades est le plus en danger de mort, le missionnaire n'obtient qu'une réponse : la mort est au chevet !

« Mais encore, dit-il, où demeurez-vous tous deux ? »

L'un demeure au sud, l'autre au nord !

Tous deux ont une barque. A grand'peine le missionnaire fait comprendre aux deux Chinois que le temps s'écoule en pure perte; il décide qu'il ira chez le mourant le moins éloigné, pour se rendre ensuite chez le second. Il part, accompagné longtemps par les plaintes du vaincu, qui l'attend afin de le transporter au retour dans sa pauvre maison; et lui, le prêtre, le cœur déchiré, prie Dieu de permettre qu'il puisse accomplir la double tâche.

Il va, il revient, repart aussitôt, rentre enfin heureux, parce qu'il a pu administrer les deux mourants. Mais il tremble, ses dents claquent.... deux jours plus tard il mourut !

Chaleur extrême, froid rigoureux, voyages toujours fatigants et sans cesse renouvelés, famines, procès iniques, cachots, tourments.... le missionnaire se familiarise avec tout cela, car tout cela est son partage en dehors de ses devoirs d'évangélisateur, tout cela fait partie de sa vie.

« Le travail du missionnaire, écrivait Mgr Tagliaube au supérieur général des Frères de la Mission, consiste à combattre la folie de l'humanité; comme le général au temps de la bataille, il court de rang en rang, c'est-à-dire de village en village. Mes amis, dit-il, un peu de courage, le ciel est à nous. Contre nous combattent des légions sans nombre; mais ouvrez les yeux : pour leur résister, nous avons les anges, les saints, nous avons la Reine du Ciel. Nous avons encore de notre côté le Roi immortel. La victoire est à nous si nous savons l'imiter, c'est-à-dire souffrir et au besoin mourir pour son service. Que chacun de nous garde son poste; s'il a reçu quelque blessure, qu'il la guérisse, qu'il reprenne des forces et s'assoie au banquet des anges.

» Puis, passant de la parole à l'action, le missionnaire ouvre la porte du Ciel aux petits, accompagne les mourants au tribunal de Dieu, quelquefois aussi, il reprend, il châtie. Et quand il a passé en faisant le bien dans un endroit, il se rend dans un autre.

» Grâce à Dieu, chaque missionnaire remplit sa tâche selon la mesure de ses forces, et tous donnent l'exemple de l'union et de la charité. Il ne faut pas croire cependant qu'on ne cueille que des roses, qu'on ne moissonne que du bon grain, qu'on nage dans les consolations! On ne serait plus disciple de Jésus-Christ, et les chrétiens ne seraient plus des hommes, mais des anges !.... »

S'il est élevé à l'épiscopat, les devoirs de l'apôtre grandissent, parce qu'il doit s'occuper de tout et de tous. Dans ses tournées pastorales, dès qu'il a été reçu à grand renfort de pétards, de *tam-tam*, et par tous les chrétiens de la localité et des environs, il commence l'exercice du ministère comme le plus humble des missionnaires, passant quatre à cinq heures à confesser avant de prêcher, d'officier, de confirmer. La défense de tous les intérêts lui incombe ; il doit visiter les autorités, porter les plaintes quand les chrétiens ont été molestés ; il reçoit souvent des promesses dont il est obligé de poursuivre l'exécution jusqu'à Pé-kin. La crosse n'est quelquefois qu'un roseau, mais peu lui importe. Jésus avait-il mieux pour sceptre ?

Le missionnaire, quel que soit son rang, soldat ou général, c'est-à-dire prêtre ou évêque, se trouve toujours aux prises avec les grands obstacles que rencontre le catholicisme en Chine. C'est d'abord l'orgueil national, qui porte à trouver les institutions de l'Empire des Fleurs préférables à toutes autres.

C'est ensuite la haine de l'étranger, haine profonde, haine antique et devenue plus ardente depuis les premières querelles des Hollandais et des Portugais aux portes de Canton. C'est encore la connaissance des défauts dont beaucoup parmi nous donnent le spectacle, connaissance acquise depuis que les Chinois viennent en Europe. Ils disent : pourquoi changer, puisque les étrangers *ne valent pas mieux que nous?* Au fond du cœur, ils savent qu'ils se trompent, qu'il y a des coupables partout, mais que la civilisation chrétienne l'emporte sur leur civilisation. Seulement, cette raison fallacieuse leur plaît, elle sert leur indifférence, leur apathie et leur orgueil.

C'est, en outre, une sorte d'affaissement moral qui les empêche de triompher de coutumes mauvaises, de rompre avec une vie facile et d'entendre la voix de la conscience. Bénéfices plus ou moins illicites (comme ceux que se procurent les intermédiaires de commerce), positions officielles à conserver, tracasseries des voisins à ne pas encourir, opium qu'on veut fumer toujours, même quand « la bouche dit *non,* » parce que « le cœur dit *oui ;* » plaisirs faciles dont on ne veut pas se priver, persécutions légères de tous les jours de la part des païens hostiles, procès injustes, partialité des mandarins, toutes choses que l'on veut éviter.... voilà les obstacles que l'on rencontre à chaque pas.

Ajoutons que l'introduction du protestantisme, presque stérile d'ailleurs, entrave les conversions en persuadant aux païens que les nations d'Europe ont chacune une religion. Enfin, la haine des lettrés, qui redoutent la perte de leur influence, la fin de leur règne, sont un écueil sans cesse présent devant la barque de Pierre !

Maintenant, jetons un regard sur les œuvres des missions. Ces œuvres peuvent se diviser en deux grandes classes : les unes ont pour but de développer l'intelligence après avoir sauvé l'âme, et aussi de former des prêtres indigènes ; — les autres ont pour objet l'âme, toujours, mais aussi le soulagement de ceux qui souffrent. Parmi les premières, nous voyons des externats indigènes et franco-chinois ; des collèges où sont admis les enfants des résidants ; les études y sont très complètes ; des séminaires petits et grands, où l'enfance grandit à l'ombre de la croix et où se forment les prêtres ; des écoles professionnelles où tous les métiers et tous les arts en usage dans le pays sont enseignés.

Parmi les œuvres de la seconde catégorie, nous trouvons les établissements où on recueille les tout petits enfants condamnés à mort par leurs parents ou par eux vendus ; les écoles de catéchistes médecins ; puis les hôpitaux et les asiles pour les vieillards.

Les écoles et le collège de la mission du Kiang-nan, dont le siège est à Chang-hai, écoles et collège dont nous avons longuement parlé ailleurs (1), les orphelinats de Zika-wei, ces œuvres sont comme le type de celles qui se retrouvent dans

(1) V. *La vie réelle en Chine* (Chang-hai).

toutes les missions, partout où les progrès de la foi ont permis de les fonder. Dans le Hou-pé, par exemple, il y a cent dix églises ou chapelles, soixante-quatre écoles ou orphelinats, trois séminaires, pour une population de vingt-cinq mille chrétiens environ, et soixante missionnaires franciscains, tant européens qu'indigènes.

Dans le Chan-tong septentrional, on compte cent soixante églises ou chapelles, cinq orphelinats, un grand collège, quatre-vingt-huit écoles, un séminaire, le tout administré par vingt-deux prêtres, pour une population de dix-sept mille chrétiens, perdus au milieu d'une population de vingt millions de païens.

Dans le Kouang-tong, où Mgr Guillemin, des Missions étrangères, a usé ses forces, les résultats n'étaient pas moins heureux avant la persécution terrible dont cette province a été le théâtre, persécution plus implacable et plus longue qu'ailleurs, par suite de la haine que le vice-roi avait vouée aux Français.

Partout, en un mot, les missions s'efforcent de créer ou de grandir des œuvres qui transformeront les pauvres enfants recueillis en hommes de bien selon la loi du Christ, en femmes selon l'Evangile, puis aussi en prêtres, qui, à leur tour, iront évangéliser leurs frères. Et partout la charité chrétienne s'adresse, dans l'empire, aux humbles et à ceux qui souffrent.

« Laissez venir à moi les petits enfants, » a dit Jésus-Christ, et c'est au nom de Jésus enfant que s'est fondé en France, en 1843, l'œuvre de la Sainte-Enfance. Son fondateur fut Mgr de Forbin-Janson, évêque de Nancy. Le prélat mourut (11 juillet 1844), avant d'avoir vu son œuvre élevée par Pie IX au rang d'institution canonique et recommandée à toute l'Eglise catholique. Son premier budget fut de 23,000 fr. ; quarante ans plus tard, en 1883, il était de 3,143,000 fr. La Sainte-Enfance secourt quatre-vingt-dix-sept missions, qui baptisent, chaque année, plus de quatre cent mille enfants moribonds et qui en élèvent plus de cent mille autres.

Dieu se sert de la science pour répandre la doctrine du Christ, en permettant que les peuples se mêlent les uns aux autres, et que les missionnaires pénètrent là où autrement ils ne seraient pas entrés. Mais la foi qu'importent au loin les successeurs des apôtres, la foi est sœur de la charité. Qu'est-ce donc qu'une société dans laquelle le flambeau de la foi ne brille pas encore ? Qu'est-ce donc aussi qu'une société dans laquelle ce flambeau est éteint ? Vico disait que les doctrines ne reposant pas sur la foi mènent à une *barbarie réfléchie.* C'est qu'en effet, civilisation et christianisme sont synonymes ; l'une ne peut être réelle que là ou l'autre règne. Et au nom de Jésus enfant, les missions s'efforcent de ravir l'enfance au mal. N'est-ce pas une grande œuvre et aussi une œuvre sainte ?

Les païens eux-mêmes l'admirent. Les Chinois ont voulu créer des orphelinats semblables à ceux de la Sainte-Enfance, et ils y ont réussi — quant aux bâtiments. Mais la charité chrétienne en est absente. De sorte que les magistrats, les dignitaires, ceux-là mêmes qui sont hostiles aux Européens en général, aux Français en particulier, ne peuvent se défendre de rendre hommage à ces institutions charitables et au dévouement des Européens qui les dirigent.

Dans toutes les missions, des religieuses sont venues en aide aux prêtres ; seulement les ordres européens n'ont pu pénétrer partout encore. Là où le dévouement de celles que nous nommons nos *sœurs*, nos *mères*, fait encore défaut, leur tâche est remplie par des vierges chinoises, qui, généralement, prononcent des vœux pour trois ans et renouvelables. Elles sont ardentes et pleines de bonne volonté ; elles font le bien au nom du Christ et donnent à l'enfance tous leurs soins, toute leur tendresse, leur vie même quand il le faut. Mais si l'on veut connaître l'œuvre dans tout son développement, mieux vaut l'examiner là où les religieuses d'Europe en prennent soin.

Nous avons longuement parlé du Sen-mou-yeu, *Jardin de*

la sainte Mère, à Zika-wei [1]. Un jour, trois mandarins visitèrent cet établissement. Ils se montrèrent aussi étonnés que charmés du bon ordre qui régnait, des soins donnés aux fillettes et du bonheur qui semblait régner au milieu de ce petit peuple. En entrant dans chaque nouvelle salle, les nobles visiteurs étaient étonnés de voir combien les enfants témoignaient d'affection pour la supérieure, qui accompagnait ses hôtes. Au moment de prendre congé d'elle, l'un de ces hauts personnages la complimenta, puis il ajouta : « A faire un bien si considérable, si étendu et avec un si grand désintéressement, la *mère étrangère* peut être assurée qu'un jour elle sera placée à l'*Occident du Ciel.* » — C'est la meilleure place, paraît-il.

Le marquis de Tseng lui-même, au moment de son départ de Chine, alors qu'il venait en Europe comme ambassadeur, visita aussi l'orphelinat. Il prit grand intérêt aux divers établissements de la Mission. Le lendemain il envoya une riche aumône au Sen-mou-yeu. Depuis, ayant eu occasion de revoir en Europe la supérieure du *Jardin de la sainte Mère*, il s'enquit longuement auprès d'elle de tout ce qui s'y fait pour le bien de ses compatriotes, et lui en témoigna hautement sa satisfaction.

La Sainte-Enfance recueille les enfants à peine nés, comme aussi déjà grands. Un soir d'hiver, un pauvre Chinois se présente à la porte de l'orphelinat dont nous venons de parler, le Sen-mou-yeu de Zika-wei. « Ma femme, dit-il, vient d'avoir une troisième petite fille. Nous sommes si pauvres, qu'il me serait impossible de la nourrir, et cependant *je ne voudrais pas la tuer!* On m'a dit que les « filles étrangères » la recevraient.... — Bien volontiers, répond la mère à qui le pauvre homme s'adresse ; tu peux l'apporter. »

Aussitôt, entr'ouvrant son vêtement, il en tire un petit paquet.... c'est la fillette !

Il est très rare que les parents apportent eux-même leurs

(1) V. *La vie réelle en Chine* (Chang-hai).

enfants; ils les envoient par un voisin, un ami, à charge de revanche. Le fait que nous venons de rappeler était le premier exemple d'un père apportant lui-même sa fillette. Ces pauvres gens, tout honteux de leur pauvreté, n'osent venir en faire l'aveu.

Ce ne sont pas toujours des nouveau-nés que recueillent les établissements de la Sainte-Enfance.

Un jour, à Pé-kin, des cris horribles, mais étouffés, partaient d'une maison où logeait une famille païenne. Les voisins savaient que dans cette famille se trouvait une enfant de onze ans, orpheline de mère; son père s'était remarié, et l'enfant, exécrée de sa marâtre, avait parfois à supporter de mauvais traitements. Tout d'abord on fit peu d'attention à ses cris. Mais ils devinrent tellement déchirants, ils étaient si pleins d'angoisse, que les voisins furent émus. Aussi, malgré l'habitude de ne pas se mêler des affaires d'autrui, sous prétexte qu'il « vaut mieux être chien et vivre en paix, que d'être homme et de se disputer, » des Chinois résolurent de pénétrer dans la maison et de savoir ce qui était fait à l'enfant. Ils entrèrent donc, et par terre, dans un coin de la chambre, où les attirèrent les cris, ils virent un *grand sac* fermé agité par des mouvements désordonnés.... l'enfant était dedans, enfermée avec des *chats* que la marâtre avait mis en fureur en les blessant au travers du sac !

« Notre cœur *a bouillonné* d'indignation, » dirent les païens compatissants qui sauvèrent la vie à la jeune fille. Ils conduisirent cette enfant aux religieuses de Saint-Vincent de Paul, qui dirigent l'orphelinat, et les prièrent de la prendre *pour fille*.... ce qui fut fait.

L'enfant a survécu à sa terreur et à ses plaies. Plus tard, elle a été mariée à un chrétien. Les mauvais traitements qui devaient causer sa mort et qui l'ont conduite à la foi sont toujours présents à son esprit. Elle était assez grande quand elle quitta si tragiquement la maison de son père, pour avoir pu apprécier aussi les avantages matériels de la civilisation chrétienne. Le bon ordre et la propreté règnent dans son intérieur, et, jeune mère, elle a pour ses enfants une affection pleine de douceur et de force, telle que Dieu la donne.

Puisque nous sommes au nord, visitons un hôpital chinois. Le bâtiment est beau, bien construit, bien situé; on voit que l'architecte a pris pour modèle les hôpitaux des Européens, tout comme pour les orphelinats. Mais entrons dans les salles. Voici rangés contre le mur des *kangs*, lits en maçonnerie, ou, pour mieux dire, deux immenses kangs, pouvant recevoir chacun environ cinquante malades. De même qu'il n'y a en réalité que deux kangs, il n'y a aussi que deux matelas, c'est-à-dire deux feutres; ils sont *cloués*. Pourquoi cloués ? Parce que les clients habituels de l'hôpital avaient coutume de voler leur matelas ; et l'autorité, n'ayant pas l'habileté de déjouer ces noirs complots tramés dans le silence contre les matelas, ne voulant pas non plus renouveler sans cesse le matériel, prit le sage parti de clouer le feutre. Il est là depuis longtemps.... cela se voit.

Sur ces kangs, chauffés d'ailleurs, sont étendus de pauvres malades; la plupart ont une couverture, mais quelques-uns en sont privés. Comme en Chine on ne se sert pas de draps, les malades sont revêtus de leurs habits. On doit distribuer certains vêtements aux pauvres qui entrent, vêtements qui sont déposés lors de leur sortie; seulement on en distribue le moins possible, c'est une économie, d'autant mieux qu'avec leur adresse native, les Chinois partent quelquefois avec les habits de l'Etat, comme ils partaient avec leurs matelas. L'expédient auquel on a eu recours pour ce dernier ne pouvait vraiment être employé pour les robes et pantalons.... aussi, quand un entrant est suffisamment vêtu, il ne reçoit rien.

Chaque jour on prescrit aux malades du *riz clair*, c'est-à-dire de l'eau de riz épaisse avec quelques grains entiers : c'est très sain. Avec cela, on donne à chacun *cinq sapèques*, mais les sapèques de Pé-kin ont une valeur double de celles du Midi, c'est donc un sou que touche chaque malade.

Avec ses cinq sapèques, le client de l'Etat se procurera toutes les *douceurs* qu'il voudra ou qu'il pourra.

Au milieu de la salle, il y a un fourneau ; sur ce fourneau, une sorte de marmite pleine d'eau. Si un malade a soif, il va chercher une tasse d'eau chaude, elle ne coûte rien. Mais s'il ne peut se traîner jusqu'au fourneau? il donne une sapèque à un collègue plus vaillant ; c'est le taux habituel de ces petites complaisances. De sorte que les malades un peu ingambes, pourvu qu'ils soient avec d'autres tout à fait impotents, peuvent se faire des revenus.

Quand un de ces impotents a bu cinq tasses d'eau chaude, il a épuisé son allocation quotidienne. Mais s'il a encore soif ou s'il a faim, et que sa ration de riz clair ne lui suffise pas? Eh bien!.... il attend au lendemain, à moins qu'un parent ou un ami ne vienne lui apporter quelque secours.

Dès que les surveillants s'aperçoivent qu'un malade est mourant, aidés d'un collègue, ils le transportent dans une chambre à part.... où nul ne s'occupe plus de lui jusqu'au moment où on l'enterre.

Ce tableau n'est certes pas riant, mais il est vrai. Tous les hôpitaux chinois sont sur le même modèle ; les améliorations, quand il y en a, sont dues au bon vouloir du mandarin chargé de l'établissement, non point parce qu'il donne du sien, comme on dit vulgairement, mais parce qu'il *ne fait pas siennes* les sommes allouées par le gouvernement.

On le voit, c'est toujours et partout la même répétition : le bien peut se faire et se fait en dehors du christianisme.... mais il se fait mal! Il se fait mal, d'abord parce qu'il n'est pas compris dans toute son étendue, ensuite parce que la conscience parle plus haut chez les chrétiens que chez les païens et les maintient en plus grand nombre dans le sentier du devoir. En même temps, la loi divine révèle à l'homme toute l'étendue de ses obligations, l'anime par la charité, l'excite par l'espérance, le soutient par la foi.

Dans un hôpital chrétien au nord de la Chine, nous trouverons aussi des *kangs* rangés le long des murs ; seulement chaque massif ne reçoit que deux malades, de sorte qu'on peut s'approcher d'eux ; le matelas n'est pas cloué, et personne ne le vole. Les clients appartiennent cependant à la même classe que ceux de l'hôpital païen. Mais l'influence du milieu dans lequel l'homme se trouve modifie ses sentiments et ses habitudes.

A leur entrée, les pauvres sont déshabillés par les infirmiers chinois chrétiens et lavés, ce qui, pour la plupart, n'est pas un soin superflu ! Puis ils reçoivent tous des *vêtements de dessous*, en coton, et un vêtement de dessus, plus ou moins chaud, suivant la saison. Tous ont une couverture.

Soins dévoués, médicaments et nourriture leur sont donnés avec affection et.... sans qu'ils aient à débourser de sapèques !

Bien souvent il arrive qu'au moment où il vient d'être couché et où une sœur s'approche de lui, le malade, tout craintif, cache sa figure sous un bras ou avec ses mains. C'est que malgré tout le dévouement des religieuses, malgré le nombre considérable de païens qu'elles soignent chaque année partout où elles sont, la calomnie, qui s'attache aux choses et aux êtres les meilleurs, n'a pas désarmé. On dit encore que.... les filles étrangères *arrachent les yeux* aux malades et aux petits enfants, pour en faire ou des médicaments, ou de l'or, ou un breuvage d'immortalité ; l'usage dépend de l'imagination des lettrés du pays.

C'est une accusation aussi ridicule et aussi révoltante qui amena, en 1870, le massacre connu sous le nom de « massacre de Tien-tsin. »

Le pauvre malade est donc tout craintif. Sans doute il n'ajoute pas une foi entière à cette réputation des religieuses, autrement il ne serait pas entré dans le repaire des *diables d'Occident !* Mais il a cependant quelque appréhension. Ses voisins, déjà au courant des us et coutumes, se moquent de lui ; les sœurs et le catéchiste le rassurent ; alors il s'abandonne avec une joie d'enfant à la satisfaction d'être dans une salle propre, aérée, d'être entouré de soins *gratuits*, et enfin au bonheur intime que lui donne l'assurance que s'il meurt, il aura un cercueil ! Pauvres gens, ils sont vraiment contents de peu, et la charité de leurs frères d'Europe les soulage dans leur indigence.

Mais sait-on combien un seul hôpital reçoit de malades et combien viennent demander des soins au service de consultation attaché à la pharmacie ?

L'hôpital du Hou-pé oriental, par exemple, a en traitement 600 malades — il y a rarement des places vacantes ! — et le nombre des malades externes, c'est-à-dire de ceux qui sont venus demander des conseils et des médicaments, a été, en 1885, de 14,500 ! On voit par ces chiffres que si chaque malade n'occasionne pas de grands frais, les dépenses annuelles s'élèvent cependant à de bien fortes sommes ! Le peuple, qui bénéficie de la charité des Européens, apprécie le dévouement des missionnaires et des religieuses ; il proclame que la religion de ces *étrangers* est bonne, et, parmi les humbles qui viennent demander la santé du corps aux chrétiens, beaucoup viennent aussi à la foi. Mais alors, dira-t-on, comment expliquer les persécutions ; d'où naissent-elles, et jusqu'où le peuple en démence pousse-t-il la cruauté ? Nous allons essayer de répondre à ces questions.

VI.

Extrait d'une proclamation des lettrés de Kan-tcheou (Kiang-si) contre les missionnaires (septembre 1876).

« Avertissement aux habitants de la contrée pour que tous, savants et ignorants, puissent *satisfaire leur haine* et vivre en paix dans leur pays.

» Les habitants des six villages qui font la présente déclaration suivent, depuis des siècles, la seule et unique religion de Confucius et de Mencius ; et chacun, content de sa condition, vivait en paix, lorsque vint à Ping-lou la famille Sié.... Cette famille, d'origine étrangère, a attiré dans sa maison les propagateurs d'une religion perverse, dont les adeptes, hommes et femmes, se réunissent pour réciter ensemble des prières pendant le jour et commettre des turpitudes pendant la nuit, de sorte que leur manière de vivre *ressemble à celle des animaux*. Ce qu'il y a de pire, c'est que ces sectaires envoient des hommes, gagnés à force d'argent, pour séduire artificieusement les jeunes gens et les enfants, qu'ils enlèvent et conduisent aux sectaires. Ceux-ci, à ces jeunes gens et à ces enfants.... *arrachent le cerveau*, les yeux, voire même les entrailles, et en *fabriquent de l'argent* moyennant un mélange de plomb.

» Quelquefois ils se procurent les os des enfants récemment enterrés, et en composent un remède qu'ils nomment *remède d'immortalité*, qui néanmoins rend hébétés ceux qui en usent ; en sorte qu'après l'avoir pris, ils ne savent plus distinguer l'honnête du déshonnête, la pudeur de la non-pudeur, et ainsi du reste. C'est un mal si grand et si pernicieux, qu'on ne saurait ni l'exprimer ni s'en faire une juste idée.

» Une famille qui a attiré chez elle des hommes si méchants, qui pratiquent de telles abominations, ne mérite-t-elle pas d'être exclue de la société, vouée à la haine des dieux et des hommes ? — De plus, la famille *Sié*, s'appuyant sur la puissance de ces sectaires, s'est emparée d'une montagne appartenant à la famille *Yang*, sous prétexte de bâtir une chapelle, et a voulu s'en assurer l'injuste possession....

» Si maintenant on permet aux sectaires d'occuper cette montagne et d'y bâtir une chapelle, il en résultera un grand dommage.... par où l'on voit que les habitants du pays doivent, *pour satisfaire leur haine*, empêcher le grand malheur qui les menace. C'est dans ce but qu'ils ont tenu conseil et choisi un endroit où ils puissent se réunir et se tenir prêts à tout événement. Ainsi réunis, ils attendent l'arrivée du commissaire (un mandarin devait venir trancher la question).

Si sa sentence est juste et défend de bâtir la chapelle, ils l'en remercieront et rentreront en paix dans leurs familles, sans nuire à personne ; si, au contraire, il juge autrement, nous nous jetterons tous sur le village de *Ping-lou*, pour détruire ce repaire d'hommes iniques, *tuer les chefs et les membres de la secte,* et mettre à mort jusqu'au dernier rejeton de la famille Sié, sans laisser même vivre ses poules et ses chiens. De cette manière nous porterons la joie dans le cœur du peuple et lui procurerons la paix....

» A l'avenir, c'est-à-dire après cette déclaration, tous doivent savoir et ne pas oublier qu'il est impossible de vivre avec ces sectaires ; il faut donc, selon le temps et les circonstances, s'opposer à leurs desseins et à leurs entreprises ; le bonheur de notre pays, l'honneur de notre religion, le demandent. Si, dans la pratique, quelques-uns craignent et tergiversent, qu'ils soient punis comme ces hommes injustes ! »

Cette proclamation a été envoyée par le vicaire apostolique du Kiang-si au siège de la congrégation des Lazaristes, à Paris ; elle a paru dans les *Annales* de l'ordre. Les griefs des *lettrés*, ceux du moins qu'ils prennent pour prétexte de leurs excitations, varient suivant les circonstances. Un entre autres, accusait les missionnaires et les chrétiens d'être cause *qu'une main invisible coupait la natte à beaucoup de Chinois,* « désolante opération qui condamne les victimes à une mort prochaine. »

Au fond, c'est toujours la haine de l'étranger et la haine du christianisme, quand à cela ne se joint pas l'espoir de *pêcher en eau trouble*, de s'enrichir des dépouilles des chrétiens. Et toujours aussi ces proclamations poussent à la révolte, au meurtre, au pillage, à l'incendie.

Puisque nous avons reproduit un extrait de la proclamation de Kan-tcheou, examinons-la de plus près.

On peut se demander tout d'abord comment des êtres raisonnables peuvent donner quelque créance à des accusations aussi ridicules que celles contenues dans ce placard odieux.

Mais ne sait-on pas que la haine ne raisonne point ? En outre, et c'est pourquoi nous allons examiner ce texte, il est fait allusion soit à des coutumes condamnées par l'usage chez les païens, soit à certaines pratiques bien faites pour surprendre les Européens, mais existant dans l'extrême Orient et dans l'Asie, c'est-à-dire dans la patrie du bouddhisme, dans le domaine préféré de l'esprit du mal.

Et d'abord, premier grief : « les adeptes de la religion perverse, hommes et femmes, se réunissent pour réciter ensemble des prières.... » Chez les Chinois, comme chez les musulmans, la femme vit séparée de la société des hommes. Il y a des nuances dans l'application, mais le principe reste le même. — La femme doit être protégée, disent-ils, et les païens l'isolent, de peur *qu'elle ne tombe....* ou même *qu'elle ne fasse tomber*. Ils s'en garent comme d'une pierre roulante. Le christianisme seul peut donner la *liberté* à la femme, parce que seul il est assez puissant pour lui communiquer la force de se garder elle-même, d'éviter les écueils de la vie et de demeurer au foyer comme un bon ange. De ce principe de séparation résulte que les femmes ne sont pas admises dans les temples : si elles le sont dans certaines localités, c'est à des jours spéciaux, et nul homme n'a alors le droit d'y pénétrer. Cela est absolu chez les musulmans ; et même en Chine, où, comme autrefois à Rome, les femmes partagent les honneurs et les dignités de leur mari, elles ne peuvent en général aller avec eux dans un temple public.

Les auteurs de la proclamation savent pertinemment que ces réunions, ouvertes d'ailleurs partout où il y a une église, ne donnent lieu qu'à des prières pour le bien particulier et public ; aussi n'osent-ils pas pousser plus loin leurs calomnies sur ce point, car les païens assistant souvent aux offices, quelqu'un pourrait leur donner un démenti formel. Ils regagnent du terrain quand ils parlent de ce qui se fait *la nuit*, parce que, comme la nuit les chrétiens ne se réunissent pas, à moins que ce ne soit en secret, pendant les époques de persécution, le peuple, n'ayant rien vu, ne peut les contredire. Ce second chef d'accusation est renouvelé des Romains. « Le diable est bien vieux, » et il se répète souvent, comme il arrive aux personnes âgées.

Nous arrivons au troisième grief : martyre des enfants.

Cette funèbre calomnie a pour origine ce fait, que les maladies d'yeux sont très fréquentes en Chine, surtout chez les enfants. Les religieux et les missionnaires donnent leurs soins aux enfants de l'orphelinat, ils sont aussi appelés à donner au dehors du collyre pour les yeux ; malheureusement, la mortalité est grande chez les jeunes Chinois, et presque tous meurent ayant mal aux yeux.

Et maintenant saisisse qui pourra la filiation de ces idées : de ce que les diables d'Europe sont connus comme ayant des remèdes *pour guérir* les yeux, de ce que les petits Chinois souffrent de la vue, et de ce que diverses maladies les tuent, on accuse les *diables rouges* de leur arracher les yeux !....

Les Chinois achèteraient volontiers très cher le secret de faire de l'or ; et les Européens ont eu longtemps parmi eux la réputation de posséder ce secret. Lors du premier voyage du P. Ricci à Pé-kin, on comptait beaucoup à la cour sur la formule de l'étranger pour payer les troupes.... Plus ou moins, chacun cherche la *pierre philosophale*. Les Chinois ne l'ont pas encore trouvée ; mais on dit aux ignorants que les diables d'Europe *font de l'or avec les entrailles, les yeux, le cerveau de leurs enfants*, et ils s'indignent non seulement du procédé, qui leur semble quelque peu barbare, mais aussi de ce qu'ils ne profitent pas, eux, Chinois et pères des victimes, des trésors contenus dans les yeux, les entrailles et le cerveau de leurs héritiers !

Les lettrés sont des gens habiles ; l'idée que de l'*or*, un corps dur, un métal, ne doit pas pouvoir se fabriquer avec un peu de cervelle, un peu d'entrailles, quelques onces d'yeux.... cette idée aurait pu germer dans l'esprit le moins subtil. Aussi, disent-ils, « on y mêle du plomb ; » alors tout s'explique ! Voilà comme un *plomb vil en or pur* s'est changé.

Mais ces monstres odieux ne se bornent pas à tuer les

vivants, ils s'attaquent aux morts, aux enfants déjà enterrés! On pourrait objecter que si les chrétiens ont la cruauté, l'audace et le pouvoir de tuer des enfants, ils pourraient aussi leur prendre quelques os sans attendre qu'ils aient été portés à leur demeure dernière; mais la haine ne raisonne pas. Quant au fait de se servir pour un usage magique — et diabolique — du cadavre des petits enfants, ce fait monstrueux est pratiqué dans l'Inde par certains Hindous. Les bonzes de Chine ne peuvent l'ignorer, et nous croyons que l'accusation dirigée contre les chrétiens doit être le résultat de leurs insinuations. Deux hommes intelligents et savants, dont l'un, converti au christianisme, appartenait à la caste des brahmanes, nous ont donné sur ces odieuses pratiques les renseignements les plus précis, et l'on ne doit pas s'étonner que pour exciter la haine, les lettrés s'inspirent des insinuations que les bonzes forgent contre les chrétiens, des accusations les mieux faites pour indigner les Chinois : la profanation des cadavres.

Quant au remède d'*immortalité*, c'est l'eau du baptême. Ajoutons encore que les Chinois possèdent réellement un breuvage, un poison, qui rend *hébétées* les personnes auxquelles ils en font boire. Les pirates chinois qui autrefois, c'est-à-dire avant l'occupation française, allaient au Tonkin surprendre des villages annamites, après avoir allumé l'incendie, emmenaient les malheureux habitants dans un port de Chine — le plus souvent à Pakoi, — et prenaient soin quelquefois de faire absorber à leurs prisonniers un poison qui rend *inconscient* plutôt qu'*irresponsable*, car on ne songe pas à agir.

Cet état d'indifférence et d'inconscience dure aussi longtemps que se prolonge le *traitement*. Une servante, femme employée dans une famille qui favorisait les pirates, a donné des détails sur ces agissements, dont le but est de rendre les victimes d'une docilité parfaite, d'éviter les cris, les protestations qu'elles ne manqueraient pas de faire entendre. Ce que font les pirates contre les malheureux qu'ils entraînent au loin, les Chinois des villes se le permettent dans divers buts, et souvent uniquement pour nuire aux chrétiens.

Ils exhibent un pauvre homme auquel ils ont donné cette sorte de poison, et déclarent que les diables d'Europe l'ont mis dans l'état d'hébétement où on le voit.

Quand un placard comme celui que nous venons de citer a été affiché, quelques compères ont soin, dès le matin, de se réunir devant la feuille et d'en commenter les termes, aggravant, par leurs observations personnelles, les accusations écrites; des groupes se forment et vont répandre la nouvelle dans le village; des bandes souvent étrangères au pays se montrent, et si l'autorité ne prend pas sans retard des mesures énergiques, la ruine de la chrétienté est certaine.

En 1876, l'agitation était répandue dans toute la province du Kiang-sy. Les angoisses des chrétiens furent très grandes. Fort heureusement, le gouverneur de la province était à cette époque un homme loyal; plusieurs autres fonctionnaires, entre autres le préfet de Fou-tcheou ainsi que le sous-préfet de Kao-ngan, ne cédaient en rien à leur chef au point de vue de l'honorabilité; de sorte que l'appel pressant du vicaire apostolique, Mgr Bray, fut entendu. Le gouverneur donna l'ordre d'afficher dans toutes les villes et dans les villages des proclamations *en faveur* des chrétiens. Grâce à ces mesures protectrices, grâce en outre à ce qu'aucun fontionnaire ne pactisa avec les lettrés sans emploi et les brigands de tout genre, on eut peu de malheurs à déplorer.

Voici un extrait de la proclamation du sous-préfet de Kao-ngan, relatif aux accusations dirigées contre les chrétiens, notamment à l'accusation de couper les nattes :

« Considérant que les chrétiens, loin d'être superstitieux, pratiquent une religion qui est *sainte* et propagée avec honneur dans tous les royaumes du monde; considérant que le traité franco-chinois l'autorise dans tout notre empire, et que depuis longtemps la paix a été conclue entre les deux royaumes.... comment pourrait-on souffrir que des sots et des insensés répandent des bruits capables de jeter le trouble partout ? Ce serait une chose odieuse et détestable de le permettre.

» En conséquence, j'avertis tous ceux qui sont soumis à ma juridiction, soldats et autres, quels qu'ils soient, d'avoir à chercher et à saisir *les gens qui coupent les nattes*, hommes rebelles et endiablés, qui n'ont rien de commun avec les chrétiens. Et qu'on ne s'y méprenne pas : il n'est pas permis ici de soupçonner les chrétiens ni de concevoir de la haine contre eux à cause des nattes coupées.

» Et même, si quelqu'un soumis à ma juridiction, pour cacher sa méchanceté et ses idées superstitieuses, ose se *déclarer faussement* membre de l'Eglise chrétienne, et qu'il soit saisi et convaincu de son hypocrisie, il sera puni plus sévèrement, selon la gravité de sa malice, afin que par ce moyen on conserve la paix entre le simple peuple et les chrétiens. »

Tous les mandarins sont au courant des procédés de leurs subordonnés, tous savent que les ennemis des chrétiens n'hésitent pas à commettre eux-mêmes les actes coupables qu'ils attribuent aux étrangers, et qu'ils sont capables aussi de débourser quelques sapèques pour faire déclarer à des criminels qu'ils sont *chrétiens*. L'odieux du crime retombe alors sur la religion. Seulement, la majeure partie des mandarins ferment les yeux et laissent croire qu'ils sont dupes du stratagème qui leur permet de satisfaire leur propre haine contre l'étranger. S'ils agissaient tous comme ont agi, en 1876, la plupart des fonctionnaires du Kiang-sy, l'honneur chinois ne serait pas entaché de tant de crimes, et ceux qui se commettraient ne seraient pas imputables aux agents du gouvernement.

Il faut que les mesures d'ordre soient prises rapidement et avec fermeté : si l'on attend que l'agitation ait été propagée, que les passions soient déchaînées, l'autorité des magistrats ne suffit plus à empêcher le mal, elle ne peut qu'entraver l'œuvre des excitateurs. Pendant cette même année 1876, on en a eu un exemple dans la province du Tché-kiang.

Aux accusations ordinaires contre les chrétiens on en avait ajouté une nouvelle : ils devaient, disait-on, se révolter contre le gouvernement.

Ces bruits malveillants parcoururent la province, d'abord comme *ballons d'essai ;* puis, voyant qu'on ne sévissait pas et qu'aucune proclamation ne démentait leurs assertions, les meneurs devinrent audacieux. Deux chrétiens de Ouen-tcheou furent saisis et conduits aux magistrats. Ceux-ci, le tao-tay surtout, comprirent la gravité de la révolte ouverte et, en gens d'honneur, firent tout leur possible pour sauver ces deux hommes d'abord, et ensuite pour protéger tous les chrétiens. Mais il était bien tard ! Le peuple *couvrit de boue* les proclamations du tao-tay, et des placards injurieux pour les magistrats furent affichés. On disait dans ces placards que les mandarins prêtaient la main aux projets des Européens et qu'ils entraient en lutte ouverte avec le gouvernement. Les magistrats, voyant qu'ils n'avaient pas le pouvoir de sauver les deux chrétiens dont ils savaient l'innocence, et comprenant que cette foule en délire ne serait apaisée qu'avec le sang, se décidèrent à feindre de croire les deux accusés coupables et les condamnèrent. Mais en prononçant la sentence, ils déclarèrent avec énergie qu'ils les condamnaient comme *rebelles, non comme chrétiens,* « sachant que la religion du Maître du ciel est bonne et que les chrétiens sont bons. »

Grâce à cette attitude, la chrétienté n'eut à ce moment à déplorer que la mort de deux de ses membres, car après l'exécution, la fureur de la populace tomba d'elle-même.

En même temps que la prétendue révolte politique était invoquée contre les chrétiens dans une partie du Tché-kiang, les paysans de l'autre extrémité de la province avaient trouvé un nouveau prétexte à leurs excitations : « La nuit, disaient-ils, des diables nous étouffent, nous suffoquent, nous tourmentent, et ces diables nous sont envoyés par les Européens. » On voit que l'imagination des ennemis de Dieu est féconde !

Quand les événements suivent leur cours, c'est-à-dire

quand les magistrats, par faiblesse, par indifférence ou par haine, n'interposent pas leur autorité en faveur des chrétiens, le programme de meurtre, de pillage et d'incendie est accompli. Puis, quand tout est terminé.... les mandarins interviennent, dans la crainte que le gouvernement, informé de leur conduite et redoutant des complications politiques, ne leur inflige un blâme ou une dégradation. Ils veulent pouvoir dire : « nous avons agi, mais nous n'étions pas les plus forts ! »

Vient ensuite le temps des réclamations. Les chrétiens qui ont survécu, mais qui sont ruinés, demandent une indemnité. Il est très rare que les mandarins, saisis en premier ressort, accordent en tout ou en partie l'indemnité réclamée, en un mot, qu'ils donnent satisfaction aux victimes. Il faut, pour cela, aller jusqu'au chef-lieu de la province, et même jusqu'à Pé-kin. Généralement, les plaignants reçoivent seulement quelques promesses, et peu à peu, en lassant les chrétiens, les missionnaires, l'évêque même, on espère *étouffer l'affaire*. Mais il y a aussi une autre solution.

« Que veux-tu ? demande le mandarin au plaignant, comme s'il n'en savait rien.

— Une indemnité pour la perte de ma maison, l'incendie de tout ce que je possédais....

— Tu es chrétien ?

— Oui, grand homme.

— Alors que viens-tu me parler d'indemnité ! Les vrais coupables de tous ces troubles, c'est vous autres, qui vous dites victimes. Car si vous n'aviez pas suivi cette doctrine pernicieuse, *s'il n'y avait pas de chrétiens dans le pays, le pays serait calme !* »

Heureux encore quand une amende n'est pas imposée aux familles chrétiennes pour solder les *frais de pacification*, comme cela est arrivé dans l'île Sancian, en 1884. Parfois enfin le juge se fait persécuteur cruel.

« Tu es chrétien ?

— Oui, grand homme.

— Cette religion est mauvaise; je ne veux pas que tu la suives, je te défends d'être chrétien !

— Je le regrette, grand homme, mais je suis et serai chrétien jusqu'à la mort.

— C'est ainsi? alors *tu me désobéis!* Frappez cet homme, rebelle envers le représentant du père-mère du peuple! »

Les coups de rotin tombent sur le pauvre chrétien.... souvent il en meurt.... c'est le martyre, et le martyre, nous allons le voir, revêt bien des formes !

FÊTE DES LANTERNES A CANTON

CHAPITRE VI.

LES MARTYRS.

« Les derniers seront les premiers.... » Dans le tableau sombre et terrible au point de vue humain, plein de clarté et de joies célestes au point de vue chrétien, dans le tableau des martyrs, mettons au premier plan les plus humbles des victimes, des élus ! Que nos prêtres sachent mourir pour la foi, nul n'en doute, même leurs ennemis ; seulement, tandis que les membres de la cité de Dieu admirent, vénèrent et prient ces prêtres qui ont remporté la palme, les membres de la cité des hommes se contentent de dire : « C'est leur métier ! » Oui, n'est-ce pas, c'est leur *métier*, c'est leur état de mourir pour le Christ, comme c'est le *métier* des soldats de mourir pour la patrie.

« Vous me demanderez peut-être, écrivait à ses parents un martyr, le R. P. Louis Terrasse, peu avant sa mort, vous me demanderez si je souffre beaucoup en ce pays.... A dire vrai, je dois répondre : Oui, le missionnaire souffre ; *mais c'est pour cela qu'il est venu* en ces plages inhospitalières. Sans souffrance, où serait le mérite ?.... Soyez tranquilles sur votre Louis : il est *heureux, plus heureux mille fois que les heureux du siècle !* »

Puisqu'il est entendu que tel est le métier, l'état, le devoir, l'aspiration, le désir ardent des ministres de Dieu, laissons passer devant eux ces chrétiens d'hier, ceux que le sacrement de l'ordre n'a pas armés d'une triple armure pour le combat suprême, ceux que l'eau du baptême vient seulement d'engendrer à une vie nouvelle, et même ceux qui, chrétiens de cœur et de volonté, n'ont pas encore reçu l'onction régénératrice. Laissons passer d'abord ceux qu'on a nommés quelquefois.... *des chrétiens pour de l'argent !*

Anne Lo, morte pour la foi, le 4 février 1873, au Kiang-sy.

La famille Tchang avait résolu d'embrasser le catholicisme. Cette famille comprenait Tchang et sa femme, leur fils, les deux femmes de celui-ci et leurs enfants. Peu de temps après avoir pris cette résolution, le fils tomba malade ; il fit appeler un prêtre, trop tard cependant : il mourut subitement, en faisant le signe de la croix, mais avant l'arrivée du missionnaire.

Les époux Tchang avaient en outre une fille, mariée et habitant dans la famille de son mari.

A la nouvelle de la mort de son frère, cette femme vient chez ses parents. Elle apprend qu'ils vont embrasser la religion du *Maître du ciel,* et tout aussitôt essaie de les en empêcher. Calomnies, représentations ironiques, rien ne manque à sa propagande antireligieuse, qui réussit à détacher de suite sa mère de la foi ; Tchang lui-même est ébranlé dans ses premières convictions ; seulement, hélas ! il simule toujours la même ardeur et reçoit le baptême avec l'aînée de ses brus, Anne Lo. Quant à *Marie Tching,* la seconde femme du fils des Tchang, elle est déjà chrétienne, ainsi que ses enfants.

C'est à partir du jour de son baptême (15 août 1871), que commence pour Anne Lo un martyre qui doit durer dix-sept mois et vingt jours. Marie Tching y sera associée, mais à cette époque elle ne remportera pas la palme.

Voici donc Anne Lo et son beau-père revenus de Foutcheou, où ils ont été faits soldats du Christ. A peine sont-ils dans la demeure de la famille, que désertant sa bannière nouvelle, Tchang se déclare apostat, ennemi de la religion, et somme ses deux brus d'avoir *à n'être plus chrétiennes.* L'une et l'autre déploient autant d'énergie dans leur résistance que le vieux Tchang et sa femme en mettent dans la poursuite de leur entreprise. Anne Lo est plus spécialement l'objet de leur haine, parce qu'elle est la *nièce* de sa belle-mère, qui appartient aussi à la famille Lo. Et cette vieille païenne ne peut supporter l'idée que, tout à la fois sa bru et sa nièce, Anne résiste à sa volonté.

Anne cependant, sans craindre les menaces, continue à vivre de la vie chrétienne ; comme la famille Tchang est riche, la pieuse femme fait l'aumône, visite les pauvres, les aide et les console. Désespérant de triompher d'une volonté si ferme, ses premiers persécuteurs cherchent un renfort : ils invitent son propre frère et quelques autres membres de la famille Lo à venir les voir. Tous s'unissent pour la décider à apostasier.

Irrités de ses refus persistants, les tentateurs se transforment en bourreaux : Anne, attachée à une échelle, est dépouillée de ses vêtements, puis flagellée. Alors elle prie Dieu de lui venir en aide et de ne jamais permettre que la douleur lui fasse renier Jésus. Et voici, comme elle le dit ensuite à Marie, voici que Dieu, lui donnant plus qu'elle ne demande, la préserve de toute douleur : ses bourreaux frappent, le sang coule.... Anne ne sent pas les coups ! Les bras se lassent à tant frapper. On détache Anne, on l'abandonne à elle-même, mais pour peu de temps. On se concerte en effet : puisque les coups n'ont pas réussi, il faut essayer d'un autre moyen. Près de la maison, il y a une mare profonde. Anne est saisie, portée au bord de la mare : Renie ton Dieu, ou tu mourras ! lui dit-on.

Elle se tait, quelques voisins surviennent, et, bien que païens, empêchent le crime. Lo doit retourner dans sa famille, il emmène sa sœur. Six mois durant, elle est gardée prisonnière dans la maison paternelle, sans que les consolations d'un chréten et ses encouragements puissent parvenir jusqu'à elle. Rien ne rebute ni sa douceur ni sa patience; rien ne lasse sa constance; ce sont les persécuteurs qui s'avouent vaincus; ils reconduisent Anne chez son beau-père. Là, du moins, rien ne lui manque, car si la persécution continue, la liberté lui est laissée, liberté dont elle use pour se réunir aux chrétiens voisins et prier avec eux dans la chapelle la plus proche, celle de Sué-Yuen.

Il y a un an qu'Anne est baptisée; le 15 août 1872, elle doit fêter cet anniversaire à la chapelle de l'orphelinat de Fou-tcheou.

« Va si tu veux à l'orphelinat, lui dit Tchang, mais à la condition qu'au retour tu diras partout que c'est un lieu où on commet des turpitudes. Si tu ne consens pas à cela, reste ici.

— Bien, répond-elle, à mon retour, je dirai la vérité!.... »

Elle part. Deux hommes la poursuivent, l'atteignent, la frappent et l'obligent à retourner sur ses pas. Qui sont ces deux hommes? L'un est Lo, le frère d'Anne; l'autre.... c'est le fils aîné d'Anne! Ils ont été avertis puis excités par le vieux Tchang.

Marie est la confidente d'Anne, qu'elle nomme *sa sœur*.

« Je vois bien que la mort est inévitable pour moi, lui dit-elle en arrivant, soit; mais je mourrai en chrétienne. »

Et pendant ce temps, le vieux Tchang et sa femme se disaient: « Son opiniâtreté est invincible, il faudra tuer cette bru-là! »

Quelques mois s'écoulent sans amener de nouvelles scènes de brutalité.

L'année va finir. Anne apprend que le district est menacé d'une cruelle persécution. Le 25 janvier, elle se rend à Sué-Yuen, passe trois jours au milieu des chrétiens. Le 28, un dimanche, pendant les prières dites en commun dans la chapelle, une bande de païens se précipitent sur les assistants, les chassent et pillent les maisons. Anne fuit, elle tombe, et ses vêtements sont souillés de boue. Elle se relève et se réfugie chez sa fille, mariée et habitant dans le voisinage.

Le lendemain, elle reprend le chemin de la maison de Tchang; elle passe devant la demeure d'une pauvre femme à qui elle fait l'aumône, puis elle rentre. La pauvre femme qu'elle vient de soulager fait son possible pour nettoyer les vêtements d'Anne ; mais les traces de la boue se voient encore.

Le 4 février (septième jour de l'an chinois en 1873), le frère d'Anne survient.

« Ta sœur est insupportable, lui dit la femme de Tchang ; tu sais qu'il y a de grandes rumeurs contre les chrétiens ; elle peut s'attendre à quelque malheur, et peut-être, à cause d'elle, aurons-nous à souffrir !.... Elle est restée dehors depuis le 25 jusqu'au premier jour de l'an, commettant avec ces chrétiens toute sorte d'infamies.... »

Lo, excité par ces paroles, entre dans la chambre de sa sœur ; il la frappe sur la tête, puis la traîne par les cheveux dans la salle commune... C'est le dernier acte du drame qui commence.

Lo se retire, alors les deux Tchang vont dans la cuisine, où la malheureuse chrétienne s'est réfugiée. Ils la trouvent assise à terre. Son beau-père et sa belle-mère frappent sur elle avec deux bâtons, ils frappent sans relâche....

Anne est morte, pressant sur ses lèvres la croix, qui ne la quittait pas.

La relation du martyre d'Anne Lo a été faite par ordre du cardinal préfet de la Propagande à Rome, et lui a été adressée en 1874, par le vicaire apostolique du Kiang-sy.

Mort de neuf chrétiens condamnés & d'une jeune femme tuée par la famille de son mari.

Restons dans le Kiang-sy et descendons au sud de Foutcheou, dans le bourg nommé Tan-fang, relevant de la sous-préfecture de Y-Houang. La scène se passe en 1874.

Quelques satellites, vingt environ, viennent d'arriver pour affaires dans le village. Ennemis jurés de la religion chrétienne et voyant que ce pays, tout païen jusqu'alors, renferme un groupe déjà important de catéchumènes, ils prennent plaisir à dire que les premiers magistrats de la province ont donné des ordres pour sévir contre les chrétiens.

Le dicton chinois est bien vrai : « Une bonne nouvelle ne franchit pas le seuil, une mauvaise se répand à mille lys. » L'alarme est jetée. Les catéchumènes et d'honnêtes païens se rassemblent autour des satellites, on veut des explications, on se dispute, et.... les habitants *arrêtent quatre satellites*, qu'on va conduire au préfet, afin que devant lui tout s'éclaircisse. Ils sont embarqués.

Cependant ces hommes, qui avaient inventé la nouvelle de la prochaine persécution et mis en avant le préfet lui-même, ne sont pas fort aises d'être conduits devant le mandarin. Les voici donc faisant aux catéchumènes qui les conduisent l'aveu de leur faute ; ils signent des *écrits de repentir*, promettent de ne jamais plus nuire aux chrétiens.... et obtiennent enfin qu'on les laisse libres. Ayant évité une grave punition, et cela par suite de la générosité des catéchumènes, ces quatre misérables s'empressent cependant de constituer une société ayant pour but la persécution acharnée des chrétiens. On pardonne rarement *ses propres torts !* Ils organisent un guet-apens : onze catéchumènes en sont victimes. Conduits devant un mandarin hostile à la religion, ils sont présentés comme des chrétiens et des malfaiteurs en relation avec des brigands, des voleurs de grands chemins.

Ils sont condamnés et des coups sont frappés sur eux avec acharnement, puis les onze malheureux sont reconduits en prison.

Neuf moururent, et leurs corps ne furent pas rendus aux familles [1].

Passons au Tché-ly occidental; nous y verrons une jeune femme chrétienne tuée pour la foi par la famille de son mari.

Dans le bourg de Tchen-ly, un *lettré* païen a donné sa fille en mariage à un homme appartenant à une famille aisée. Le lettré se fait chrétien. Sa fille l'apprend et, en secret, déclare à son père qu'elle aussi veut recevoir le baptême. Elle reçoit de lui un catéchisme; pour le mieux cacher et l'avoir toujours à sa disposition, la jeune femme porte son catéchisme dans une des larges manches de sa robe. Un jour le livre tombe, un païen s'en saisit....

« Une chrétienne dans ma maison! une chrétienne dans ma famille! s'écrie le maître du logis. Tu vas renoncer à ta religion, je le veux!

— Non; je suis chrétienne, je veux être chrétienne!

— Je ne veux pas de chrétienne chez moi! Tu mourras! »

Et chacun s'arme contre cette innocente martyre, et chacun frappe; mais bientôt on ne frappe plus qu'un cadavre. Le père fit un procès. Le mandarin examina la question, puis il dit au lettré chrétien :

« Pourquoi plaider? Ta fille est morte et tu ne la rappelleras pas à la vie; retourne chez toi [2]. »

Et maintenant, franchissons quelques années et pénétrons dans le Yun-nan, si voisin du Tonkin, et où s'accomplirent de si cruels drames!

(1) *Annales de la congrégation de la Mission*, 1871, t. Ier.
(2) *Idem*, 1877, t. II.

Massacre du R. P. Terrasse, des Missions étrangères, & de huit chrétiens (28 mars 1883).

Il est trois heures du matin, le P. Terrasse est à Tchang-yn ; il repose, et sept chrétiens dorment sous le même toit qui l'abrite. Peut-être, dans son sommeil, le digne missionnaire pense-t-il aux écoles, aux chapelles qu'il veut bâtir dans son district florissant.

Tout à coup un bruit infernal se fait entendre ; en quelques minutes une troupe de bandits envahit la maison. Les portes ont volé en éclat, le toit a été défoncé ; pendant que plusieurs pénètrent dans le bâtiment, ceux qui demeurent au dehors lancent des pierres contre l'habitation. Ils sont trois cents ; les chrétiens sont huit, y compris le missionnaire.

Réveillés en sursaut, ceux-ci cherchent à fuir.... mais on les guette, ils sont tués.

Le P. Terrasse sort de sa chambre ; il espère, lui, l'apôtre de *la paix*, il espère se faire écouter et entendre de ces tueurs d'hommes....

Les bandits le saisissent, il est *leur chose !* Les uns le dépouillent de ses vêtements, les autres le frappent à coups de couteau ; il est blessé à la tête, à la gorge, au côté gauche, au ventre.... il tombe, il meurt, sa tête est tranchée, ses yeux sont arrachés !

Le drame est-il terminé ? Non, pas encore, il reste deux victimes, qu'on laissera pour mortes, et qui seront les seules témoins du massacre, — deux Chinoises d'environ soixante ans, étrangères à la localité, et qui venaient d'arriver pour instruire les nouveaux chrétiens. — Elles reçoivent dix-sept coups de couteau. On traîne leurs corps à côté de ceux des premiers martyrs.... On doit brûler tous les cadavres !

Et, cadavres vivants, ces deux femmes, revenues à elles, ont tout entendu : *on va les brûler !* Alors, pendant que les misérables cherchent du feu, elles se traînent au dehors, elles vont être vues.... Mais non! une nouvelle victime vient d'arriver ; c'est une jeune femme; elle tombe frappée à mort. Les bandits reviennent déjà pour accomplir leur sinistre projet, quand l'un d'eux dit : « Pillons d'abord, nous brûlerons tout ensuite. »

Ils pillent, ils se proposent d'offrir les chevaux au *mandarin*.... puis les deux femmes n'entendent plus rien, car elles ont atteint la demeure d'un honnête païen, qui leur donne des vêtements et les aide à fuir.

Voilà le drame dans toute sa simplicité, dans toute son infamie, dans toute sa cruauté! Et les acteurs, comptant sur l'impunité, vont porter la désolation, la ruine et la mort dans quatre autres chrétientés voisines (1).

Pense-t-on que si la fureur et la haine des bandits et de certains mandarins s'étendent sur les Chinois chrétiens, du moins les *prêtres chinois* sont épargnés? L'exemple suivant prouvera le contraire.

Massacre du P. Thomas Lin, du catéchiste Lo & d'un néophyte non baptisé, au Kouy-tcheou (1886).

C'est au P. Juishomme, missionnaire de Su-yâng, dont le P. Thomas Lin était vicaire, que nous empruntons le récit de ce massacre.

« En revenant de Tsen-ny, où il était allé voir le P. Bodinier, le P. Lin s'est arrêté à Pou-lao-tchang. Le lendemain on est venu attaquer l'église, la lutte a duré toute la nuit. Le matin, les païens ont pu pénétrer, et le P. Lin s'est sauvé en bas, dans la maison du voisin; mais il en a été bientôt tiré de force. Les persécuteurs l'ont dépouillé de tout et traîné au pied du poteau d'une lanterne, non loin de l'église, et là,

(1) Le meurtre de M. Terrasse et de ses compagnons a été relaté dans les *Missions catholiques* du 12 octobre 1883.

l'ont attaché en croix, l'ont abîmé de coups de couteau, de coups de pied et de poing par tout le corps, mais sans le tuer tout à fait. Le mandarin de la douane a dit qu'il le prenait sous sa protection, et les persécuteurs ont répondu qu'ils ne consentiraient jamais à le lâcher ; puis ils ont traîné le P. Lin à l'autre bout du marché. Là, ils lui ont donné quelques coups de couteau.... et mon cher vicaire s'est envolé au ciel !

» Peut-être lui aurait-on fait subir d'autres injures ; mais il arriva une forte averse, les bandits durent se hâter de le tuer.

» Le mandarin de *Tchen-gan-tcheou* passait, ce jour-là, par Pou-lao-tchang et vit l'affaire. Il poussa vivement le triste sous-préfet de Su-gang à arrêter ces massacres. Jusque-là celui-ci n'avait rien fait. Il partit pourtant pour Pou-lao-tchang et arrêta quelques individus. Il en décapita deux, trois ou quatre autres sont en prison.

» Le catéchiste Lo, resté jusqu'au bout fidèle au R. P. Lin, a été massacré dans la cour de la maison, quand on traînait le prêtre dans la rue. Une vraie passion ! Ils sont bien martyrs tous les deux....

» Deux chrétiens ont accompagné les cadavres en ville, afin que le mandarin examinât les blessures. Tout le corps en était couvert : le P. Lin d'abord (des chrétiens disent qu'il en avait de quatre-vingts à cent), puis le catéchiste Lo, et un néophyte, non baptisé encore, Tchen-ta-han-tse. Après l'examen, des chrétiens.... achetèrent une pièce de soie et deux pièces de toile pour envelopper les trois corps.... »

Martyre de deux chrétiens du Yun-nan en 1885.

Mgr Fenouil retrace en ces termes le martyre de deux victimes tombées, avec beaucoup d'autres, sous les coups des ennemis de Dieu. Ce sont deux *humbles*, mais deux glorieux témoins du Christ !

« Tsen-ta-hong, chrétien de date assez récente, charcutier de son état, habitait le marché de Kieou-ya-pin. Depuis son baptême, il avait toujours été fervent. Quand éclatèrent les événements, il refusa de fuir. Froidement intrépide, il répondit à ceux qui l'engageaient à prendre quelques précautions : « Ils tueront mon corps s'ils le veulent, mais ils ne peuvent rien contre mon âme. » Tsen-ta-hong resta donc chez lui; un des premiers il fut arrêté, menacé de mort.... il fut inébranlable.

» Exaspérés par cette fière résistance, ses bourreaux le lient fortement et le suspendent par les bras, après l'avoir entièrement dépouillé de ses habits ; puis ils se jettent sur lui. Pendant qu'ils découpaient ses chairs, faisant allusion à son métier de charcutier, l'un disait : Je veux une demi-livre; l'autre : je veux quatre onces.... etc. D'autres trouvent plus amusant de faire simplement glisser le couteau dans les chairs sans les détacher du tronc. Tant de lambeaux sanglants sur un corps humain encore plein de vie, quel spectacle ! Pendant cette horrible besogne, au milieu de souffrances immenses, en face de la joie satanique de ses ennemis, Tsen-ta-hong ne laisse échapper ni une larme ni un soupir. Seulement, quand le couteau pénétra la première fois dans les chairs, on surprit une sensation douloureuse sur la figure du patient; d'ailleurs ce fut la seule. Tsen priait à haute voix et paraissait entièrement occupé, à tel point qu'il semblait à peine s'apercevoir de son supplice.

» Fatigués enfin, honteux peut-être de ces cruautés inouïes, les bourreaux donnent le coup de grâce, et la mort met un terme à cette longue et douloureuse agonie. »

Voici maintenant quel fut le martyre de *Pen-tsao-hay*, un des meilleurs chrétiens de Kieou-ya-pin, fabricant de sandales de paille :

« Pendant la nuit du 14 au 15 novembre, quand la persécution éclata, Pen-tsao-hay songea d'abord à s'y soustraire par la fuite; il partit de grand matin, emportant une botte de paille sous le bras : ce qu'il avait de plus précieux ! — Comme il n'avait pas de refuge certain, il allait un peu au hasard. Enfin sa bonne étoile le conduisit dans une grotte, à un kilomètre du village. Là il trouva un autre chrétien également en fuite. A peine étaient-ils un peu remis des premières émotions, qu'ils virent accourir trois païens à leur poursuite.

« Tiens, lui dit son compagnon en lui tendant une arme, ils sont trois, nous sommes deux ; Dieu aidant, la chance est pour nous.

— Non, répond Pen, *puisqu'on nous poursuit pour cause de religion*, nous ne pouvons nous défendre sans offenser Dieu. Moi, j'aime mieux mourir. »

Il refusa l'arme qu'on lui présentait. Les meurtriers se présentèrent, le frappèrent de plusieurs coups de poignard, et Pen-tsao-hay, martyr du Christ, tomba baigné dans son sang. »

Ce que l'homme peut souffrir sans mourir, Dieu seul le sait, lui qui lit dans les cœurs et qui enregistre dans le livre de vie toutes les résignations, tous les sacrifices ! Cette réflexion nous est suggérée par les lettres que le R. P. Brugnon, missionnaire au Kouang-tong, écrivit, au mois d'avril 1882, à son évêque.

Persécution contre les chrétiens du Kouang-tong. — Le R. P. Brugnon.

La semaine des douleurs était arrivée, précédant le jour de la Résurrection. Le vicaire apostolique de la province du Kouang-tong reçoit des mains d'un chrétien le billet suivant, sans date, écrit à la hâte et au crayon :

« Dépouillé de mes habits, je suis entre les mains de deux mille tigres qui se préparent à me mettre à mort. Je suis devenu le froment du Christ ; Dieu soit loué ! Ma chapelle est incendiée, mes chrétiens pillés, les ministres de l'autel dispersés. Les uns veulent me brûler, les autres me jeter dans le fleuve, d'autres me couper la tête. Je n'ai plus rien ici-bas. Tout mon corps n'est qu'une plaie, qu'une boue ; je pense à la dixième station du Calvaire. Il me reste un espoir : je demande à ces tigres d'être exécuté au marché de Vou-kang ; là, un petit mandarin pourra peut-être me sauver la vie. Pauvre chapelle ! pauvres chrétiens ! Si je meurs, dites à ma famille, à mes bienfaiteurs, à tous mes confrères, que j'ai pensé à eux aux derniers moments, et que je ne les oublierai pas là-haut.... On m'entraîne, peut-être est-ce la fin. Pardon à tous, et à vous, Monseigneur, que j'ai si peu servi. »

Ce billet était du P. Brugnon. Son espoir n'était pas vain. Dieu aidant, le mandarin de Vou-kang sauva le missionnaire. Mais après quelles tortures ! Le 12 avril, il écrivit à nouveau ; il avait déjà annoncé qu'il avait la vie sauve ; mais, disait-il alors : « Je ne puis vous écrire.... *ils m'ont tant battu !* »

Le 12, il put donner des détails :

« Monseigneur,

» Aujourd'hui, je vais un peu mieux.... les bruits de persécutions continuent, les chrétiens n'osent sortir ; je réunis le peu de force qui me reste et je viens vous entretenir de mes malheurs.

» Le 13 de la présente lune, je me rendais à cheval de Kiang-kong à Yong-moi-hang, par le marché de Vou-kang, lorsqu'un soldat, nommé Vouong-fon-tze, rassemble une quarantaine d'hommes pour m'insulter et me barrer le passage. (Déjà depuis longtemps, il en voulait aux chrétiens et cherchait à leur nuire.) Je veux répondre, alors on me lance des pierres, on entoure mon cheval et on me force à descendre. Ne pouvant me débarrasser d'eux, je leur abandonne le cheval et j'arrive à pied à la chapelle.

» Mais bientôt on fait courir le bruit que j'ai tué deux enfants pour les donner en pâture à mon cheval, que j'ai pillé une boutique, etc., et, le soir même, neuf individus parcourent le pays, battant du tam-tam et excitant les païens à la révolte. Les chrétiens des environs viennent par groupes me réveiller la nuit et me prier de fuir.... Vers midi du 14 de la lune, les païens, clairon et étendard en tête, arrivent en poussant des cris, au nombre de deux mille, et se précipitent sur la chapelle, disant qu'ils sont envoyés par le mandarin. Vouong-fon-tze est à leur tête et les excite. En un instant, la chapelle, l'école des garçons, la résidence du Père, sont démolies et brûlées. Ces gens envahissent les demeures des chrétiens, qu'ils pillent de fond en comble.... Je suis découvert, ainsi que mes gens.

» C'est alors qu'une douzaine d'hommes, vrais tigres humains, se jettent sur moi, m'arrachent les cheveux et la barbe, et me brûlent sur diverses parties du corps, après m'avoir dépouillé violemment de tous mes vêtements. Ce n'est qu'à grand'peine que j'ai pu me faire rendre mon pantalon. »

Ici allait commencer pour le P. Brugnon la voie douloureuse d'un calvaire.

« Je suis *suspendu par les cheveux* et précipité d'étage en étage jusque dans la rue, d'où l'on m'entraîne devant la porte du village pour m'y décapiter. Tout mon corps n'est que sang et boue, mes membres sont noircis par suite des coups. Là, on délibère s'il faut me brûler vivant ou me trancher la tête. On s'arrête à ce dernier parti. Déjà je suis obligé de m'agenouiller; mes mains sont garrottées derrière le dos, et *le couteau est levé....* Un inconnu demande avec force qu'on me conduise au marché de Vou-kang. Là, je serai mis à mort après avoir servi de spectacle à la foule pendant une nuit!

» Me voici en route, traîné plutôt que marchant moi-même. Après avoir parcouru un espace de cinq lys (deux kilomètres), nous arrivons au village de Kou-moun-liou; une foule de plus de quatre cents personnes, hommes, femmes, enfants, se joint à mon cortège et demande ma tête. On me précipite dans une rizière, on me dépouille de mon pantalon, on m'oblige à m'agenouiller, à poser ma tête sur *un banc, et on apporte le couteau fatal.* Je restai ainsi *plus d'un quart d'heure,* exposé à la risée de la foule et entre la vie et la mort, lorsque le même inconnu les oblige à me rendre mes vêtements et m'entraîne sur la route du marché. J'ai appris ensuite que cet inconnu était un satellite; il avait l'ordre de laisser brûler la chapelle, insulter et battre le missionnaire, toutefois, il devait lui sauver la vie.

» Après une nouvelle marche de cinq lys, j'arrive au marché de Vou-kang, où la foule se grossit de plus d'un millier de personnes qui se disputent l'honneur de me battre : celui-ci me donne des soufflets, celui-là des coups de poing, un autre se sert de son sabre, un autre de son bâton, un autre me précipite par terre et me foule aux pieds. Enfin on me conduit à la porte d'une pagode et on me garrotte, pendant que la foule délibère sur le temps, le lieu et le genre de ma mort. Pendant qu'ils se disputent entre eux, arrive le petit mandarin du pays, qui me délivre de leurs mains et me conduit au prétoire.

» J'avais la vie sauve, mais la vie seule. Mes pertes et celles de mes chrétiens s'élèvent à un chiffre considérable. Lorsque je me vis dans un tel état, devant les gens du prétoire, je songeai à mes malheurs, aux dangers passés, à mes pauvres chrétiens, à leurs maisons en partie brûlées avec la chapelle, à mes labeurs de sept années perdus, et je ne pus retenir mes larmes, et tous pleuraient avec moi. Le mandarin ordonna à ses gens de me laver le corps et me prêta quelques vêtements; le lendemain, il me ramenait tout meurtri à ma résidence de Kiang-long.

» Je suis tout rempli de tristesse, lorsque je songe que, venu dans ce pays depuis sept ans, je n'ai encore nui à personne, j'ai aimé et aidé tout le monde. Pourquoi aujourd'hui les païens veulent-ils me décapiter et ruiner mes œuvres [1]?.... »

Pourquoi ? Parce que l'homme doux et bon, *le préféré* du Seigneur, sera toujours en butte à la haine d'un Caïn tant que

(1) V. *Missions catholiques* du 9 juin 1882.

Dieu n'aura pas mis un terme à la puissance du génie du mal sur les hommes ! Que de douleurs, que de tortures et physiques et morales supportent les missionnaires et les chrétiens de Chine ! Mais quelle récompense Dieu refuse-t-il à ceux qui souffrent et meurent pour lui ?

Encore un exemple qui nous ramène *en France*, et nous croirons avoir rappelé assez longuement que si le missionnaire *est heureux*, ce n'est pas dans le sens humain donné à ce mot.

Arrestation de Mgr Dubar, vicaire apostolique du Tché-ly S.-E.

Le 25 septembre 1870, Mgr Dubar, revenant de Rome, où il avait assisté au concile, arrive à X., grand et beau port de mer. On chante le salut dans la chapelle de la *Mission de France*. Le saint Sacrement est exposé ; le prêtre, à l'autel, va donner aux assistants la bénédiction de Dieu même. Tout à coup une troupe avinée fait irruption dans la chapelle. Les hommes appartiennent à la *garde civique* ; ils blasphèment et menacent ; le prêtre est arrêté au pied du tabernacle, devant l'hostie sainte ; Mgr Dubar est entraîné avec quinze religieux ; les *femmes dansent* dans la chapelle ; un malheureux monte en chaire et parodie les enseignements de l'Eglise, la joie de cette tourbe est délirante.... et cette scène honteuse a lieu devant l'hostie, qu'on n'a pu retirer encore. Enfin la mission est pillée, les prisonniers sont emmenés.

Fouillées trois fois comme des malfaiteurs, maltraitées, menacées de la voix et frappées de coups de crosse de fusil, ces seize victimes sont enfermées dans une petite pièce ; on les laisse sans siège et sans nourriture. Pendant ce temps, un magistrat inférieur commence une enquête ; il la fait avec soin, car il est ennemi personnel de Dieu.... cependant il ne peut formuler aucune accusation contre les missionnaires.

Les civiques, le lendemain, demandent des instructions à la compagnie départementale, qui les renvoie devant un magistrat supérieur. Celui-ci est honnête homme et homme de cœur; il refuse de faire incarcérer les seize personnes, qui attendent toujours ou des aliments ou la mort. Et comme ce magistrat ne veut pas satisfaire la colère de la foule, on le force à donner sa démission. Que faire? Les amis des captifs demandent à voir l'administrateur supérieur du département.... les civiques s'y opposent; puis, craignant de voir leurs victimes échapper à leur haine, ils se décident à user sans droit d'une prison de l'Etat.

On conduit brutalement les religieux et l'évêque du Tché-ly à la prison. Le registre d'écrou porte : « *Jésuites de Marseille, emprisonnés sans motifs.* » Mgr Dubar reste au secret et au régime cellulaire huit jours; ses compagnons, vingt et un jours; ils portent le costume des condamnés, ils subissent toutes les privations. Enfin, par ordre supérieur du gouvernement, tous sont relâchés.... On les expulse du territoire et leurs biens sont mis sous séquestre.

Le sanctuaire a été profané, les ministres du culte ont été maltraités, emprisonnés, traités comme de vils criminels, dépouillés de tout; leur résidence a été pillée.... Trois ans plus tard seulement la commune sera condamnée à payer le dégât, 29,000 fr. : c'est tout.

Mais sait-on le nom de cette ville? Est-ce un port de Chine?

— Non, c'est *Marseille!*

Et Mgr Dubar, pleurant sur sa patrie, s'embarqua pour rejoindre son vicariat du Tché-ly.

Pourquoi, dira-t-on, rappeler le souvenir de nos hontes? Parce que, après avoir exposé la cruauté des Chinois, après avoir tressailli de douleur, d'angoisse et d'indignation au récit des souffrances infligées aux chrétiens dans l'extrême Orient, il nous a paru équitable d'arrêter l'anathème prêt à être porté contre les païens.... Souvenons-nous de Marseille;

mieux encore, hélas! souvenons-nous des martyrs de 1871; souvenons-nous de ceux qui sont tombés frappés par des *chrétiens* dans la capitale du monde civilisé; souvenons-nous de Mgr Darboy, des dominicains d'Arcueil, du missionnaire apostolique.... et ne jugeons pas, « de crainte d'être jugés! »

Est-ce donc que nous prétendons *excuser* les Chinois? Non, mille fois non! mais c'est d'eux qu'il faut dire : « Seigneur, pardonnez-leur, car ils ne savent ce qu'ils font! »

Ils le savent d'autant moins que leurs chefs, en voyant nos dissensions, nos révoltes, nos crimes, nos vices.... peuvent écouter leur orgueil et dire : « Les Européens ne sont pas meilleurs que nous! »

Puis encore, en voyant chasser de nos écoles et de nos hospices les mêmes chrétiens qu'ils poursuivent de leur haine, les lettrés chinois, qui savent à merveille ce qui se dit, ce qui se fait en France, les lettrés écrivent et publient cette nouvelle : « La doctrine du Maître du ciel n'est pas bonne, puisque le gouvernement de la France la combat; et ces hommes qui viennent dans notre empire prêcher leur religion, ces hommes ne sont pas gens de bien, *puisque dans leur pays* on chasse leurs frères! »

La plupart de ceux qui parlent ainsi savent qu'ils égarent le jugement du peuple, que les faits qu'ils relatent sont l'œuvre d'un parti, l'œuvre de la passion, non une œuvre de justice et d'équité. Mais ils trouvent bon de justifier leurs propres crimes par nos erreurs et nous rendent ainsi complices de leurs fautes. Voilà pourquoi nous avons le devoir, en tant que nation et en tant qu'hommes, de travailler de toutes nos forces à réparer le mal qu'on cherche à couvrir avec notre drapeau!

CONCLUSION.

Un jugement sur le caractère d'une société, ses qualités, ses défauts, son avenir.... exige toujours beaucoup de prudence de la part d'un juge qui veut être impartial.

On doit, en effet, tenir compte des circonstances diverses qui peuvent modifier l'appréciation des faits extérieurs révélant ce qu'on a intérêt à connaître. La société chinoise exige impérieusement cette prudence, parce qu'en l'envisageant à un certain point de vue, on est tenté de louer sans réserve ce qu'on voit, tandis qu'en l'examinant à un autre, on est porté au blâme. En raison de ces divers aspects, il faut donc se garder de tout entraînement dans la louange, avec autant de soin que de trop de sévérité dans la critique.

On peut dire, sans crainte de se tromper, que le peuple chinois est de beaucoup supérieur à la réputation qu'il avait parmi nous depuis des siècles. Par son respect de l'autorité, par son intelligence, ses aptitudes multiples, sa finesse native, en un mot par les dons remarquables qu'il possède, il est digne de jouer un grand rôle sur la scène du monde.

Il a compris que désormais il ne pouvait demeurer étranger aux progrès accomplis dès longtemps en Occident. Il examine nos découvertes et il en use ; il étudie nos institutions et les applique en partie. Il fait le nécessaire pour être rapidement en état de prendre une place honorable parmi les peuples civilisés.

Nous avons soumis l'Annam, et notre voisinage immédiat lui devient un stimulant : il ne s'arrêtera pas dans la voie où il est entré.

L'avenir révélera quel parti il aura tiré de l'enseignement que nous l'avons obligé à recevoir et auquel il a pris goût.

N'oublions pas cependant que la finesse native des Chinois, leur souplesse d'esprit, leur habileté diplomatique, seront toujours en opposition avec notre générosité, notre franchise, notre bonne foi.

Les peuples ne perdent jamais leur génie propre, qui est l'empreinte indélébile du sceau dont Dieu les a marqués.

Seul, le christianisme, en régénérant les Chinois, pourra rendre stable et sincère l'amitié qui règne entre eux et nous aujourd'hui. Aussi longtemps que l'œuvre de la Croix ne sera pas complète, les Chinois demeureront ce qu'ils sont : faibles vis-à-vis des forts, forts vis-à-vis des faibles.

C'est là un principe que nous semblons trop souvent oublier et qu'il importe cependant de ne jamais méconnaître.

Nous examinerons, dans une prochaine étude [1], le rôle que la France a joué dans l'extrême Orient depuis un siècle, et nous établirons alors, par les faits mêmes, que les Chinois respectent *ceux qui sont forts.*

(1) *L'Annam, le Tonkin, Intervention française dans l'extrême Orient* (sous presse).

TABLE DES MATIÈRES.

BESANÇON. — IMPRIM. ET STÉRÉOT. DE PAUL JACQUIN.

LA GAZETTE DU DIMANCHE

REVUE HEBDOMADAIRE ILLUSTRÉE (7e ANNÉE)

PRINCIPAUX COLLABORATEURS :

Général AMBERT. — Marquis A. DE SÉGUR. — Dom PIOLIN. — Henri D'IDEVILLE. — Henri COCHIN. — C. DE MEAUX. — A. RASTOUL. — Louis TESTE. — VILLEFRANCHE. — J. LAURENTIE. — J. D'ARSAC. — J. DE MEUNG. — J. GUILLERMIN. — E. HUMBERT. — Aimé GIRON. — P. VEDRENNE. — Th. DE CAER. — Georges DU VALLON. — René DE CUERS. — Raoul DE NAVERY. — Gabrielle D'ARVOR. — M. MARYAN. — S. BLANDY. — G. D'ETHAMPES. — Etienne MARCEL. — C. DE BEAULIEU. — Blanche DE RIVIÈRE. — Vicomtesse DE PITRAY, née DE SÉGUR. — Mme BOURDON.

L'Eglise et la société sont en butte, depuis quelques années surtout, aux attaques violentes, perfides et acharnées d'une presse ennemie de tout frein.

Désireux de joindre nos modestes efforts à ceux des hommes de cœur qui déploient, pour la défense de ces deux grandes causes, autant d'énergie que de talent, nous fondions, à la fin de février 1881, la *Gazette du Dimanche*, qui, dès son apparition, reçut du public l'accueil le plus flatteur; elle occupe aujourd'hui une place distinguée parmi les recueils hebdomadaires les plus estimés.

La rédaction de cette *revue* a été confiée à la plume de publicistes éminents dans tous les genres, dont les noms connus du public conservateur et religieux sont honorés et honorables, et offrent toute garantie de moralité et d'intérêt. Si la *Gazette* aime l'esprit, elle n'aime pas moins le caractère; c'est assez dire que le lecteur est toujours respecté.

Alerte comme le journal, *instructive* comme la revue, la *Gazette du Dimanche* s'adresse et convient spécialement aux familles qui cherchent d'*utiles* et *intéressantes* lectures sous une forme *littéraire* et *soignée*.

Son programme — très varié — est sain et attrayant, dit l'*Union*, fidèlement rempli, et la *modicité du prix* permet aux plus modestes foyers d'appeler chaque dimanche cet ami nouveau, dont les récits intéresseront les grands et les petits, **car le sérieux s'y marie agréablement à la fantaisie, et l'agréable n'est pas tout entier sacrifié à l'utile.** Du reste, voici brièvement exposé le plan de la *Gazette du Dimanche*.

Chaque numéro de 16 pages in-4° avec un portrait contient :

1° La BIOGRAPHIE, sous la forme la plus attrayante, la *forme anecdotique*, d'une ILLUSTRATION du XIXe siècle : poètes et orateurs; historiens et philosophes; magistrats, savants et artistes; hommes d'Etat, de guerre et d'Eglise; génies du bien, génies du mal, etc.

Ces biographies, écrites par des littérateurs de talent, ayant tous fait leurs preuves, **et la plupart ayant connu les personnages qu'ils mettent en scène,** formeront une sorte d'encyclopédie, un vaste enseignement de l'**histoire contemporaine,** généralement la plus ignorée; un **mémorial** précieux, rappelant les faits aux lecteurs instruits, les faisant connaître aux autres, et où l'on apprendra par quels moyens l'homme se forme, s'élève, conçoit de hautes pensées et réalise de grands desseins.

Les anecdotes, les faits particuliers, qui aident singulièrement à la vraie reproduction de la physionomie de l'homme, feront de ces études une œuvre des plus attrayantes, une bibliothèque nationale et morale tout à la fois, pouvant être mise dans toutes les mains, pouvant servir de guide à l'esprit et au cœur, et appropriée aux besoins du temps; car elle saura instruire en intéressant, **faire aimer la religion et la France**, en un moment où l'esprit de foi et le patriotisme, battus en brèche par la Révolution, tendent à s'affaiblir, sinon à disparaître.

Outre ces **biographies complètes**, *assez étendues pour ne rien perdre de leur intérêt* et proportionnées à l'importance des personnages, la *Gazette du Dimanche* publie des **portraits à la plume**, de courtes biographies **humoristiques** des célébrités du jour : ministres, généraux, écrivains, artistes, etc.

Ainsi, lorsque s'ouvrira le **vingtième siècle**, qui n'est plus qu'à quelques pas de nous, le lecteur de la *Gazette du Dimanche* connaîtra l'armée d'hommes de tout ordre et de toute sorte, qui aura fait du bien ou du mal au XIXe siècle; chacun aura été passé en revue et marqué du jugement qu'il mérite d'après les principes immortels de la vérité et de la justice.

2° **Nouvelles et Romans** toujours INÉDITS et d'une irréprochable moralité en même temps que d'un vif intérêt, dus aux meilleurs conteurs catholiques.

Cette partie de la revue s'harmonise parfaitement avec l'ensemble des autres travaux, car nos auteurs savent toujours attacher une idée sérieuse à leurs récits, tour à tour gracieux et émouvants.

3° **Une Chronique du bien**, autrement des récits, des faits, des exemples récents et propres à intéresser.

4° **Des Echos divers**, maximes, proverbes, anecdotes, bons mots.

5° **Une Revue de la semaine**, par un des plus spirituels écrivains de ce temps et qui, dans sa brièveté, est une étude complète des questions à l'ordre du jour.

6° **Une petite Gazette**, mémorial des événements survenus dans la semaine.

7° Enfin : **Variétés**, science vulgarisée, voyages, bibliographie, etc.

Les principaux journaux conservateurs et catholiques : le *Monde*, l'*Univers*, l'*Union*, le *Français*, le *Moniteur universel*, le *Pays*, la *Gazette de France*, le *Figaro*, le *Gaulois*, le *Correspondant*, la *Bibliographie catholique*, etc., ont recommandé la GAZETTE DU DIMANCHE par des articles très élogieux. Ils sont unanimes à reconnaître ce que son programme a de réellement *utile* et *intéressant* pour les familles, les cercles et bibliothèques pour la jeunesse, et à louer **son rare mérite littéraire**, qui lui a créé une place A PART parmi les diverses publications de ce genre, dont la plupart accordent TOUT à l'imagination et RIEN aux œuvres sérieuses.

CONDITIONS D'ABONNEMENT

1° La *Gazette du Dimanche* (16 pages in-quarto) paraît une fois par semaine et parvient chaque dimanche aux souscripteurs. La collection ANNUELLE forme un volume de 864 pages.

2° Le prix de l'abonnement *pour un an* est de **10** fr. pour la France, **13** fr. pour l'Europe, et **15** fr. hors d'Europe.

3° Le meilleur mode d'abonnement est l'envoi d'un mandat-poste ou toute autre valeur sur Paris à l'ordre des administrateurs.

4° Les abonnements partent du 1er de chaque mois.

LA PATRIE FRANÇAISE

SES ORIGINES, SES GRANDEURS ET SES VICISSITUDES

Par Ch. BARTHÉLEMY

1 beau vol. in-8°, illustré de 16 gravures hors texte. — Prix, 5 fr.; *franco*, 5 fr. 50

LES FRANÇAIS EN AFRIQUE

RÉCITS ALGÉRIENS

Par E. PERRET, ancien capitaine de zouaves

Ouvrage adopté par le ministère de la guerre pour les bibliothèques de garnison

1re SÉRIE

Un beau volume in-8°, orné de *huit portraits* hors texte. Prix, 5 fr.; *franco*, 5 fr. 50.

Dans la *première série* se trouve l'exposé de tous les événements survenus en Algérie depuis notre déclaration de guerre au dey d'Alger, le débarquement de nos troupes en Afrique (1830) jusqu'à la révolution de 1848.

2e SÉRIE

Un beau volume in-8°, orné de *huit portraits* hors texte. — Prix, 5 fr.; *franco*, 5 fr. 50.

Cette *deuxième série* est l'histoire complète de notre colonie africaine depuis la chute du roi Louis-Philippe jusqu'à nos jours.

Chaque série forme un tout complet et se vend séparément.

Cet ouvrage, dû à la plume d'un officier de l'armée d'Afrique, est assurément une des histoires les plus complètes de l'Algérie; nous osons affirmer qu'il en est *la plus intéressante* pour toutes les classes de lecteurs.

Sans négliger le récit des opérations de guerre, l'auteur sait captiver chacun : soit par de pittoresques biographies de tous les personnages célèbres, français ou étrangers, que les événements ont mis en relief : l'amiral Duperré, les généraux Changarnier, Lamoricière, Bourbaki et Chanzy, le duc d'Aumale, les maréchaux Bugeaud, Pélissier, Randon, de Mac-Mahon, Canrobert, le sergent Blandan, Yusuf, Abd-el-Kader, etc., etc., soit par des monographies empruntées aux sources les plus autorisées : zouaves, zéphirs, spahis, chasseurs d'Afrique, etc., sont tour à tour passés en revue; de très nombreuses anecdotes sérieuses ou plaisantes égaient l'esprit ou charment le cœur.

Ayant vécu près d'un quart de siècle parmi les Arabes, l'ancien capitaine de zouaves décrit avec exactitude l'organisation et les mœurs des indigènes. Cette partie de l'ouvrage ainsi que les récits curieux se rapportant aux confréries religieuses musulmanes, aux chérifs, aux prédicateurs de guerre sainte, etc., intéresseront particulièrement nombre de nos compatriotes.

LES GRANDS ARTISTES

DU XVIIIe SIÈCLE

PEINTRES, SCULPTEURS, MUSICIENS

Par C. DE BEAULIEU

1 vol. in-8°, illustré de 16 gravures hors texte. — Prix, 5 fr.; *franco*, 5 fr. 50

HISTOIRE POPULAIRE DU CANADA

D'après les Documents Français & Américains

Par J. M. DE BAUDONCOURT

. Un beau volume in-8°. — Prix, 5 fr.; *franco*, 5 fr. 50

Ouvrage adopté par le ministère de la guerre pour les bibliothèques de garnison

L'Histoire populaire du Canada, écrite d'après les documents français et américains dus aux auteurs les plus consciencieux, n'a pas la prétention d'être un livre nouveau pour le fond, puisqu'en histoire on ne saurait inventer. Elle sera nouvelle pour la forme, parce qu'elle donne le récit complet de cette épopée trop peu connue des Français, qui commence à Jacques Cartier pour finir au cardinal Taschereau, en passant par Brébeuf, Montcalm et tant d'autres héros dont les Américains ont le bon esprit d'être fiers.

Quiconque aura lu ce livre ne connaîtra pas seulement l'histoire du Canada français, mais sera au courant des transformations subies depuis l'occupation anglaise, des travaux accomplis et des progrès réalisés depuis cent vingt ans dans ces régions où tout parle encore de notre patrie.

Franchement patriotique, ce livre redresse les appréciations fausses et les erreurs qu'il rencontre sur son chemin. Au besoin il montrera que si la France n'a pas réussi à conserver cet empire colonial, la faute en est plus à ses gouvernants qu'à ses colons.

LES ILLUSTRATIONS

ET LES CÉLÉBRITÉS

DU XIXE SIÈCLE

Chaque série (un beau volume in-8°, titre rouge et noir) forme un tout comple et se vend séparément. — Prix, *franco* : 4 fr.

1re Série. — **Léon XIII,** par Louis Teste. — **Le général Vinoy,** par le général Ambert. — **Le frère Philippe,** par J. d'Arsac. — **Montalembert,** par M. Fourier. — **Drouot,** par le général Ambert. — **Sœur Rosalie,** par J.-H. Olivier. — **Jasmin,** par Camille d'Arvor. — **Comtesse de Chambord,** par P. Vedrenne. — **Le maréchal Moncey,** par le général Ambert. — **Armand de Melun,** par dom Piolin. — **Eugénie et Maurice de Guérin,** par C. d'Arvor.

2e Série. — **Le général de la Moricière,** par A. Rastoul. — **Le docteur Larrey,** par le général Ambert. — **Augustin Cochin,** par G. Pinta. — **Henri Monnier,** par J.-M. Villefranche. — **Le maréchal de Saint-Arnaud,** par le général Ambert. — **Le nouvel académicien Pasteur,** par A. Davy. — **Louis Veuillot,** par H. de Mongeot. — **Chateaubriand,** par P. Vedrenne. — **R. P. de Ravignan,** par A. Vivier.

3e Série. — **Le prince Impérial,** par F. de Barghon Fort-Rion. — **Dom Prosper-Louis-Pascal Guéranger,** par dom Piolin. — **M. Lainé,** par Ch. de Négrondes. — **H. Flandrin,** par C. de Beaulieu. — **Dupuytren,** par le docteur du Puyset. — **Le prince J. Poniatowski,** par le général Ambert. — **Charles X,** par P. Vedrenne. — **Abraham Lincoln,** par A. Tachy. — **Boïeldieu,** par J. d'Apprieu, etc., etc.

4e Série. — **Hyacinthe-Louis de Quélen, archevêque de Paris,** par J. Guillermin. — **L'amiral de la Roncière le Noury,** par J.-S. Girard. — **Le général J.-A. Garfield,** par A. Tachy. — **Le général Cavaignac,** par le général Ambert. — **Le Père Félix,** par Alexis Franck. — **Etienne-Geoffroy Saint-Hilaire,** par Joseph Lebrun. — **Le duc de Richelieu, ministre de Louis XVIII,** par P. Vedrenne. — **David d'Angers,** par C. de Beaulieu. — **Cavour,** par Edmond Robert, etc., etc.

5e Série. — **Silvio Pellico,** par J. d'Apprieu. — **Le comte Henri de Riancey,** par Ch. de Montrevel. — **Bugeaud,** par le général Ambert. — **Ozanam,** par dom Piolin. — **Mgr Affre,** par J. Guillermin. — **Le général Foy,** par Elie Fleury. — **Auguste Barbier,** par J. d'Apprieu. — **Les frères Haüy,** par Joseph Lebrun. — **Schneider,** par J.-S. Girard. — **Royer-Collard,** par P. Vedrenne, etc., etc.

6e Série. — **Rossini,** par le comte de Sars. — **Thénard,** par le docteur Alfred Tixier. — **Edgar Quinet,** par J.-M. Villefranche. — **Ingres,** par C. de Beaulieu. — **Les quatre sergents de la Rochelle (Bories, Goubin, Pommier, Raoulx),** par Charles de Négrondes. — **Rostopchine,** par le marquis de Ségur. — **Jean-Marie de la Mennais, fondateur de l'Institut des Frères de l'instruction chrétienne,** par J. d'Arsac. — **Léopold Ier, roi des Belges,** par C.-J. Drioux, etc., etc.

7e Série. — **Louis-Philippe Ier,** roi des Français, par J.-S. Girard. — **Charles Nodier,** par le baron de Prinsac. — **Mgr Dupanloup,** par J. Morey. — **Adolphe Thiers,** par J.-M. Villefranche. — **Le général Cambriels,** par Ch. de Montrevel. — **Le général Chanzy,** par J.-M. de Baudoncourt. — **Verna,** premier président de l'œuvre de la Propagation de la foi, par le général Ambert. — **Le général baron Ambert,** par le général Ambert, son fils. — **Le duc et la duchesse d'Orléans,** par Ch. de Montrevel.

8e Série. — **Napoléon III,** par le général Ambert. — **Madame Swetchine,** par J. de Cherzoubre. — **Le cardinal Consalvi,** par F. de Montagney. — **Carnot,** par J. Nicolas. — **Le cardinal Guibert,** par J. Demesse, etc.

9e Série. — **Le T. H. Frère Philippe et les Frères pendant la guerre de 1870-1871,** par le général Ambert. — **Dumouriez,** par Elie Fleury. — **Le R. P. Captier,** par J. d'Arsac. — **Victor Cousin,** par J. des Aperts. — **Le maréchal Ney,** par E. Perret, capitaine de zouaves. — **Le prince de Metternich,** par Albert Lepître. — **Le cardinal Maury,** par J. Nicolas. — **Viollet-Leduc,** par F. Bournand. — **Lord Byron,** par J. d'Apprieu. — **Le R. P. Rey,** fondateur de la colonie pénitentiaire agricole de Cîteaux, par J. Guillermin. — **Sieyès,** par J. Moret. — **Le prince Eugène de Beauharnais,** par le comte de Sars.

10e Série. — **Le général Daumesnil,** par le général Ambert. — **Proudhon,** par J. M. de Baudoncourt. — **Marie-Christine de Savoie,** par Jacques de la Faye. — **Le vicomte de Narbonne Lara,** par Victor Jeanroy. — **Le maréchal Davout,** par Marcel Poulin. — **Jean-Baptiste Isabey,** par C. de Beaulieu. — **Le cardinal Morlot,** par J. Guillermin. — **Francis**

Garnier, par le colonel F.-A. Protche. — **Le vice-amiral Bouet-Willaumez,** par H. Dupré-Lassalle. — **Gustave Doré,** par C. de Beaulieu. — **Le général Pajol,** par le général Ambert. — **Pie VIII,** par dom Piolin.

11e Série. — **Général Decaen,** par le comte de Sars. — **Gambetta,** par J.-M. Villefranche. — **Duchesse d'Angoulême,** par René de Saint-Chéron. — **Claude Bernard,** par Alfred Tixier. — **Louis XVIII,** par J. Nicolas. — **Antoine de Salinis,** par dom Piolin. — **Ponsard,** par J. d'Apprieu, — **Nicolas Ier,** par Aimé Giron. — **O'Connell,** par A. Lepitre. — **Maréchal Masséna,** par E. Perret. — Les volontaires de l'Ouest (1870-1871) : **Cathelineau,** par Alexis Franck.

12e Série. — **Le Père Lacordaire,** par J. Guillermin. — **François II,** roi des Deux-Siciles, par Ch. de Montrevel. — **Le maréchal Soult,** par le général Ambert. — **Le duc de Berry,** par Ch. de Négrondes. — **Berryer,** par Albert Lepître. — **L'amiral de Mackau,** par Jacques de la Faye. — **Ampère,** par J.-B. Jeannin. — **Frayssinous,** par J. Nicolas. — **Guizot,** par Ch. Barthélemy. — **Félicité de Lamennais,** par Ant. Ricard. — **Le pape Léon XII,** par dom Piolin.

Ces études, écrites par des littérateurs de talent, ayant tous fait leurs preuves, et la plupart ayant connu les personnages qu'ils mettent en scène, formeront une sorte d'encyclopédie, un vaste enseignement de l'histoire contemporaine, où l'on apprendra par quels moyens l'homme se forme, s'élève, conçoit de hautes pensées, et réalise de grands desseins.

Les anecdotes, les faits particuliers qui aident singulièrement à la vraie reproduction de la physionomie de l'homme, font des *Illustrations du XIXe siècle* une œuvre des plus attrayantes, une bibliothèque nationale et morale tout à la fois, pouvant être mise dans toutes les mains, servir de guide à l'esprit et au cœur, et appropriée aux besoins du temps; elle saura instruire en intéressant, et faire aimer la religion et la France en un moment où l'esprit de foi et le patriotisme, battus en brèche par la Révolution, tendent à s'affaiblir, sinon à disparaître.

Cette publication a reçu d'ailleurs l'accueil le plus flatteur dans le monde littéraire : *près de quarante mille volumes se sont écoulés en trois ans.*

Comme par le passé, il paraîtra deux séries *chaque année.*

NOUVELLE

HISTOIRE DE LA LITTÉRATURE FRANÇAISE

PENDANT LA RÉVOLUTION & LE PREMIER EMPIRE

Par M. V. JEANROY-FÉLIX

1 beau et fort volume in-8°. — Prix, **5** fr.; *franco*, **5** fr. **50**

NOUVELLE

HISTOIRE DE LA LITTÉRATURE FRANÇAISE

PENDANT LA RESTAURATION

Par M. V. JEANROY-FÉLIX

1 beau volume in-8°. — Prix, **5** fr.; *franco*, **5** fr. **50**

BIBLIOTHÈQUE DU DIMANCHE

Collection in-18 jésus : **3** *fr. le volume. — Titre rouge et noir.*

VIENNENT DE PARAITRE :

Petite Reine, par M. Maryan, 1 vol.

Les Ruines de Fougueil, par G. d'Ethampes, 1 vol.

La Dernière des Ravaudeuses, par le vicomte H. du Mesnil, 1 vol.

Autour d'une héritière, par G. du Vallon, 1 vol.

Les Iles sauvages, par Raoul de Navery, 1 vol.

L'Héritière du Colonel, par G. d'Ethampes, 1 vol.

Françoise de Chaverny, par J. de Cherzoubre, 1 vol.

La Roche d'Enfer, par Georges du Vallon, 1 vol.

Un Oncle à héritage, par S. Blandy, 1 vol.

La Veuve du garde, par Raoul de Navery, 1 vol.

Lucie, par Mme Gabrielle d'Arvor, 1 vol.

Le Récit de Catherine, par Célanie Carissan, 1 vol.

La Cassette du baron du Faouédic, par C. d'Arvor, 1 vol.

Roseline, par A. Franck, 1 vol.

Les Coiffes de sainte Catherine, par Raoul de Navery, 1 vol.

Maxime Dufournel, par Mme Gabrielle d'Arvor, 1 vol.

Les Dupes, par Raoul de Navery, 1 vol.

Histoire d'une Fermière, — Faustine, par Mme Bourdon, 1 vol.

L'héritier des Montveil, par Marie Guerrier de Haupt, lauréat de l'Académie, 1 vol.

La Dette de Zeéna, par S. Blandy, 1 vol.

Un Roman dans une cave, par Claire de Chandeneux, 1 vol.

Les Chemins de la vie, par M. Maryan, 1 vol.

La *Bibliothèque du Dimanche* est composée d'ouvrages absolument irréprochables pour le fond, d'un mérite littéraire *choisi* et pouvant convenir aux familles, aux maisons d'éducation et aux bibliothèques paroissiales.

NOUVEAU COURS DE LITTÉRATURE

Par M. l'abbé HENRY

Chanoine de Saint-Dié, chef d'institution

Ce *Cours de littérature* est certainement le plus complet qui existe; il est écrit avec une profonde connaissance de tous les genres de littérature à toutes les époques, et le goût le plus sévère, la morale la plus pure, ont inspiré son auteur.

On vend séparément, franco :

Eloquence et poésie des livres saints, 2e édition, 1 vol. in-8°, **3** fr. **50**

Histoire de l'éloquence ancienne avec des jugements critiques sur les plus célèbres orateurs, et des extraits nombreux et étendus de leurs chefs-d'œuvre, 2e édition, 1 volume in-8°, **3 fr. 50**

Histoire de l'éloquence des saints Pères, avec des jugements, etc., 2e édition, 1 vol. in-8°, **3 fr. 50**

Histoire de l'éloquence moderne, etc., 8e édition, 4 volumes in-8°, **14 fr.**

Précis de l'histoire de l'éloquence, etc., 3e édition, 1 volume in-8°, **3 fr. 50**

Histoire de la poésie grecque, avec des jugements critiques sur les poètes les plus célèbres, et des extraits nombreux et étendus de leurs chefs-d'œuvre, 2 vol. in-8°, **7 fr.**

Histoire de la poésie latine, avec des jugements critiques sur les poètes les plus célèbres, et des extraits nombreux et étendus de leurs chefs-d'œuvre, 2 volumes in-8°, **7 fr.**

Histoire de la poésie chrétienne, depuis l'origine jusqu'à la formation des langues modernes, 1 vol. in-8°, **3 fr. 50**

Histoire de la poésie française au moyen âge, 1 volume in-8°, **3 fr. 50**

Histoire de la poésie française au XVIe siècle et dans la première partie du XVIIe siècle, 1 volume in-8°, **3 fr. 50**

Histoire de la poésie française dans la deuxième partie du XVIIe siècle, 1 vol. in-8°, **3 fr. 50**

Précis de l'histoire de la poésie, édition classique à l'usage de la seconde et de la rhétorique, 1 volume in-8°, **3 fr. 50**

Histoire de la poésie française au dix-huitième siècle, se divisant en trois parties :

Chaque volume séparément :

1. Poésies diverses, 1 vol. in-8°, **3 fr. 50**
2. Poésies dramatiques, 1 volume in-8°, **3 fr. 50**
3. Voltaire, 1 volume in-8°, **3 fr. 50**

OUVRAGES DE M. LE Dr Constantin JAMES

Ancien collaborateur de Magendie
Chevalier de la Légion d'honneur, Commandeur de l'ordre pontifical de Saint-Sylvestre, etc.

MÉDECINE PRATIQUE DES FAMILLES

OU PREMIERS SOINS A DONNER AVANT L'ARRIVÉE DU MÉDECIN

3e édition, 1 vol. in-18 jésus. — Prix, **4 fr.**; *franco-poste*, **4 fr. 50**

L'auteur passe en revue dans ce livre TOUT CE QUI PORTE SUBITEMENT ATTEINTE A LA SANTÉ, fait ressortir les caractères propres à chaque lésion, décrit les soins ou pansements qu'elle nécessite ainsi que les médicaments et leurs doses.

Cette troisième édition comprend de plus :

Conseils à une mère sur les soins que réclame la première enfance.

Description d'une nouvelle méthode de traitement, propre à l'auteur, des éruptions de la face et du cuir chevelu appelées ACNÉ, COUPEROSE *et* PITYRIASIS.

Enfin : *Exposé du traitement du docteur Manec, ancien chirurgien en chef de la Salpêtrière, pour la guérison sans récidive du cancer.* (Mémoire couronné par l'Académie des sciences.)

Pour une histoire *de cette sorte*, il fallait avant tout un écrivain compétent; or, personne ne saurait contester l'irrécusable autorité de l'ancien **Rose-Croix,** dont les prophétiques **révélations** ont, à plusieurs reprises, produit une véritable sensation.

Cette nouvelle publication, de la plus rigoureuse exactitude, a, par certains côtés, tout le charme d'un *roman*. Elle est aussi intéressante qu'instructive. Les quarante mille lecteurs des *Révélations d'un Rose-Croix* feront bon accueil à cet ouvrage, où ils trouveront, unis à la vraie science, la verve mordante et l'*humour* qui ont fait de l'*ex-dignitaire maçonnique* un des auteurs les plus populaires de ce temps.

LE PRÊTRE & LE FRANC-MAÇON

Par M. J. NICOLAS

1 volume in-18. — Prix, *franco*, **2** fr.

DICTIONNAIRE CLASSIQUE

DE LA LANGUE FRANÇAISE

LE PLUS EXACT ET LE PLUS COMPLET DE TOUS LES OUVRAGES DE CE GENRE

Et le seul où l'on trouve la solution de toutes les difficultés grammaticales et généralement de toutes les difficultés inhérentes à la langue française

SUIVI D'UN

DICTIONNAIRE GÉOGRAPHIQUE, HISTORIQUE, BIOGRAPHIQUE & MYTHOLOGIQUE

Par H. BESCHERELLE jeune

Officier d'académie, Membre de plusieurs sociétés savantes, auteur du *Dictionnaire des synonymes*, etc.

5e ÉDITION

Un très fort volume grand in-8° raisin sur fort papier (à deux colonnes) de 1,232 pages, imprimé en caractères neufs et renfermant la matière de 8 volumes in-8° ordinaires. — Prix, *franco*, broché, **11** fr. — Relié toile pleine, **13 fr.** — Relié demi-chagrin, **13** fr. **60.**

Les mérites divers de cet ouvrage, qui est venu combler des **lacunes** et des **omissions** regrettables dans les dictionnaires les plus récents, le mettent absolument **hors de pair** parmi les publications du même genre.

1° Il donne la solution de **toutes les difficultés** de la grammaire et de l'usage.

2° Après avoir fixé le sens précis du mot, M. H. BESCHERELLE jeune groupe à la suite ses divers synonymes, de sorte que chacun puisse employer le **mot propre,** chose précieuse, surtout lorsqu'on écrit. Cette partie du Dictionnaire est ainsi traitée, expliquée, que c'est pour ainsi dire la *philosophie de chaque mot de notre belle langue.*

3° Il ne se borne pas à définir ; des exemples bien choisis appuient les définitions ; de plus, il n'a point, comme ses devanciers, négligé ces formes de langage appelées

figures de rhétorique, qui donnent au discours plus de grâce et de vivacité, et sous ce rapport son Dictionnaire peut, en beaucoup de cas, remplacer avec avantage un **traité de littérature**.

4° La prononciation des mots difficiles s'y trouve **figurée**.

5° Il contient une liste très complète des diverses locutions étrangères.

6° Enfin un **Dictionnaire géographique, historique, biographique et mythologique**, très complet également, termine la partie lexicographique.

Cet ouvrage, qui renferme un quart de matières de plus que les dictionnaires classiques les plus nouveaux, est ainsi une véritable **Encyclopédie grammaticale, littéraire, historique et géographique**, une œuvre utile à tous, à ceux qui savent comme à ceux qui ne savent pas, car il peut être mis entre toutes les mains.

On le voit, sans rien exagérer, ce livre sera une bonne fortune pour quiconque ayant besoin d'un dictionnaire ne veut pas consacrer 50 *ou* 100 *francs à une publication de ce genre.*

FAUTEUILS DE L'ACADÉMIE FRANÇAISE

Par Prosper VEDRENNE

1re SÉRIE

ÉTUDES BIOGRAPHIQUES & LITTÉRAIRES

Sur les fauteuils de **Fléchier, Gresset, Volney, Giraud, Esménard, Montesquieu, Fénelon, Maury**

1 beau volume in-8°, illustré de 8 portraits hors texte. — Prix, 5 fr.; *franco*, 5 fr. 50

2e SÉRIE

ÉTUDES BIOGRAPHIQUES & LITTÉRAIRES

Sur les fauteuils de **Boufflers, Massillon, Destouches, Charles Nodier, Raynouard, la Fontaine, de Lally Stuard, Racine, Corneille, Delille, Laharpe**

1 beau vol. in-8°, illustré de 12 portraits hors texte. — Prix, 5 fr.; *franco*, 5 fr. 50

HISTOIRE ANECDOTIQUE DE LA FRANCE

Par Charles D'HÉRICAULT

1re SÉRIE

LES ORIGINES DU PEUPLE FRANÇAIS

1 beau volume in-8°, illustré de 8 gravures hors texte. — Prix, 5 fr.; *franco*, 5 fr. 50

2e SÉRIE

LE MOYEN AGE

1 beau volume in-8°, illustré de 8 gravures hors texte. — Prix, 5 fr.; *franco*, 5 fr. 50

BOTANIQUE & PLANTES MÉDICINALES

Par M. le Dr A. BOSSU

Docteur de la Faculté de Paris, chevalier de la Légion d'honneur, etc.

MANUEL COMPRENANT TROIS PARTIES :

I. ÉLÉMENTS DE BOTANIQUE

Organographie. — Physiologie. — Classification. — Familles végétales. — Genres. — Espèces.

II. PLANTES OFFICINALES

Herboristerie. — Pharmacologie. — Thérapeutique générale.

III. DICTIONNAIRE DES SIMPLES

Caractères botaniques, propriétés, usages, formes pharmaceutiques, applications médicales, *considérés dans chaque espèce.*

Orné de 1,029 figures, intercalées et sur planches (SANS DOUBLE EMPLOI), *accompagnées de légendes explicatives*, par A. BOSSU.

QUATRIÈME ÉDITION du *Traité des Plantes médicinales indigènes, transformé.*

Un fort volume in-12. — Prix, *franco,* **7** fr. **50**.

NOTIONS DE POLITESSE & DE SAVOIR-VIVRE

Recueillies par un Grand-Père pour ses Petits-Enfants

1 vol. in-18. — Prix, *franco,* **1** fr. **25**

NOUVELLE HISTOIRE

DE LA

COMMUNE DE PARIS EN 1871

D'après les documents les plus authentiques et les plus récents

Par Ch. DE MONTREVEL

1 vol. in-8°. — Prix, *franco,* **2** fr.

On a beaucoup écrit pour ou contre la Commune, mais la plupart des écrivains qui, jusqu'à ce jour, ont raconté ce grand drame étaient trop près ou trop passionnés pour le bien juger.

Les auteurs de toute nuance ont été confrontés, tous les documents contradictoires ont été étudiés par l'éminent écrivain avec un soin extrême. Aussi son ouvrage est-il seul l'histoire simple, populaire, exacte et véridique de ces lugubres événements trop vite oubliés et dont le retour n'est malheureusement pas tout à fait impossible.

« En mettant sous les yeux du lecteur, dit M. Ch. de Montrevel, le tableau de ce qui est arrivé en 1871, nous voudrions donner à tous les Français une idée juste de la situation, inspirer l'horreur de la démagogie et leur épargner la répétition des scènes qui présageraient la fin de la Patrie. »

GAULOIS & GERMAINS

RÉCITS MILITAIRES

Par le général AMBERT

OUVRAGE COURONNÉ PAR L'ACADÉMIE FRANÇAISE

Adopté par le ministère de la guerre pour les bibliothèques de garnison

1re SÉRIE : L'INVASION

1 beau volume in-8°, orné de 8 portraits hors texte. — Prix, 5 fr.; *franco*, 5 fr. 50
15e édition.

La première série renferme le récit de tous les événements militaires depuis la déclaration de guerre en juillet 1870, jusques et y compris la capitulation de Sedan, le 2 septembre.

2e SÉRIE : APRÈS SEDAN

1 beau volume in-8°, orné de 8 portraits hors texte. — Prix, 5 fr.; *franco*, 5 fr. 50
12e édition.

Voici le titre des chapitres divers de la deuxième série :

Beauce, Normandie, Armée du Nord, Tours, Versailles, Mobiles, Zouaves pontificaux, Retraite du 13e corps, Napoléon III et l'armée française en 1870.

3e SÉRIE : LA LOIRE & L'EST

1 beau volume in-8°, orné de 8 portraits hors texte. — Prix, 5 fr.; *franco*, 5 fr. 50
12e édition.

Cette troisième série comprend les événements accomplis sur les bords de la Loire, la lutte héroïque de Chanzy et les opérations militaires dans les Vosges et dans l'Est. Elle complète ainsi l'histoire de la guerre en province.

4e ET DERNIÈRE SÉRIE : LE SIÈGE DE PARIS

1 beau volume in-8°, orné de 8 portraits hors texte. — Prix, 5 fr.; *franco*, 5 fr. 50
10e édition.

SOMMAIRES PRINCIPAUX : Défense, Armement et approvisionnement de Paris. — Les ballons, les pigeons. — Châtillon, Bicêtre, Champigny. — Ambulances. — Trochu, Vinoy, Ducrot. — Les Marins. — Les Frères. — Les Allemands autour de Paris. — Buzenval. — La Commune.

Chaque série forme un tout absolument complet et se vend séparément.

La presse française, tant de Paris que des départements, *sans distinction de parti*, a salué d'unanimes applaudissements l'apparition des patriotiques et émouvants *Récits militaires* du général Ambert, « le plus grand succès de librairie de l'époque; » près de soixante mille volumes écoulés en moins de deux ans. Nous ne citerons ici que l'appréciation d'un journal compétent, *la France militaire*, lors de l'apparition du *Siège de Paris :*

« Présenter au public les *Récits militaires* du général Ambert serait aujourd'hui chose absolument superflue. Les trois premiers volumes de cette histoire si fidèle et si complète de la guerre de 1870-1871 ont obtenu à leur apparition, aussi bien à l'étranger qu'en France, un succès tel qu'il dispense de tout commentaire et de toute appréciation. L'opinion publique s'est prononcée; elle a fait à l'œuvre du général Ambert l'accueil le plus favorable; c'est le meilleur jugement qu'il soit possible d'invoquer.

» Après l'*Invasion*, qui contient le récit de la lutte des armées de l'empire jusqu'à la catastrophe de Sedan; après *Après Sedan*, qui nous montre le commencement de la lutte en province contre l'envahisseur allemand, le courage opiniâtre de Faidherbe, la lugubre agonie de Metz, la « vierge lorraine, » et les souffrances de nos prisonniers dans les forteresses de l'Allemagne; après *La Loire et l'Est*, où il retrace la lutte héroïque des soldats de la Loire et des Vosges, le général Ambert nous donne aujourd'hui l'histoire du *Siège de Paris*.

» On connaît la manière de l'historien militaire et patriote; il écrit avec une chaleur émue et communicative qui *empoigne* ses lecteurs, suivant une expression vulgaire.

» Aussi, quelles admirables pages il consacre à la peinture des souffrances des assiégés; comme il dépeint bien cette situation morale du Parisien pendant le siège; comme il dit éloquemment ce qu'il pense des événements auxquels il a assisté et des hommes qu'il a coudoyés pendant cette douloureuse épopée. C'est Châtillon, c'est Bicêtre, c'est le Bourget, c'est Champigny, c'est Buzenval, dont il nous fait le récit avec cette plume magique dont il a le secret. Ce sont les marins dans les forts, les gardes nationaux dans la mansarde ou dans les salons, les blessés dans les ambulances, dont il nous conte les faits d'armes ou les souffrances avec cette éloquence persuasive qu'ont seuls les écrivains qui, comme lui, écrivent avec le cœur en même temps qu'avec la plume.

» Mais ce n'est point vingt lignes qu'il faudrait pour parler de ce livre, ce serait un livre lui-même. Disons donc, pour terminer, que le *Siège de Paris* est le digne couronnement de l'édifice patriotique élevé par un vaillant soldat à la mémoire de ses compagnons d'armes, par un bon Français à l'avenir de sa patrie. »

(Journal *la France militaire.)*

ŒUVRES COMPLÈTES DE MASSILLON

Edition collationnée sur les manuscrits et sur les meilleurs textes, augmentée de pièces rares ou inédites et suivies de nouvelles recherches biographiques

Par M. l'abbé BLAMPIGNON

4 volumes grand in-8° jésus. — Prix, **24** fr.; *net*, **16** fr.

Nos éditions de Bossuet (ce premier en réimpression), Bourdaloue, Massillon, bien connues du clergé, sont accompagnées chacune de notes, de l'analyse des sermons, d'une table de tous les textes de la sainte Ecriture, d'une autre table de toutes les matières qui se trouvent dans chaque ouvrage.

ŒUVRES COMPLÈTES DE BOURDALOUE

4 vol. gr. in-8° jésus, sur papier vergé, de 600 à 700 pages, à 2 col.
Prix, **24** fr. ; *net*, **16** fr.

PHILOSOPHES ILLUSTRES

LEUR VIE & LEURS DOCTRINES

(ANTIQUITÉ & TEMPS MODERNES)

I. *Socrate* et ses disciples. — II. *Platon* et l'Académie. — III. *Aristote* et le Lycée. — IV. *Epicuriens et Stoïciens*. — V. La philosophie à Rome : *Sénèque, Epictète, Marc-Aurèle, Lucrèce, Cicéron*. — VI. *Bacon, Hobbes, Gassendi*. — VII. *Descartes* et l'école cartésienne. — VIII. *Malebranche*. — IX. *Spinosa*. — X. *Leibnitz*. — XI. *Locke*. — XII. *Condillac*.

Par M. MERCKLEN

Professeur de philosophie

1re série, 1 beau volume in-8°. — Prix, *franco*, **5** fr.

Fruit de longues années d'enseignement et de lectures très étendues, ce volume est un recueil de notices sur la vie, la doctrine et les disciples des philosophes les plus illustres de l'antiquité et des temps modernes. Socrate, Platon, Aristote, les Epicuriens et les Stoïciens, les philosophes romains, Bacon, Descartes, Malebranche, Spinosa, Leibnitz, Locke et Condillac y sont successivement analysés, étudiés et appréciés avec une clarté d'exposition, une rigueur de méthode, une sûreté de jugement, garanties à la fois par l'expérience professionnelle de l'auteur et par l'approbation d'hommes éminents auxquels il a bien voulu soumettre les différentes parties de son travail. Cet ouvrage n'est pas seulement écrit pour les jeunes gens qui désirent se préparer aux épreuves d'un examen, il est d'une lecture facile qui le met à la portée de tous les esprits.

APOLOGIE DU CHRISTIANISME

Par Franz HETTINGER

Docteur en philosophie et en théologie, professeur de théologie à l'Université de Wurtzbourg.

Traduction de l'allemand par M. Julien LALOBE DE FELCOURT, licencié en droit, et M. J.-B. JEANNIN, préfet des études au collège de l'Immaculée-Conception de Saint-Dizier.

2e *Edition revue et considérablement augmentée suivant la nouvelle édition allemande.*

5 beaux et forts volumes in-8° carré, sur papier vergé. — Prix, *franco*, 25 fr.

Cette *Apologie du christianisme* sera, pour la seconde moitié du XIXe siècle, ce que fut, pour la première, celle que publia M. Nicolas, sous le titre d'*Etudes philo-*

sophiques, c'est-à-dire un ouvrage indispensable à quiconque veut se rendre compte de sa foi ou de son doute, et avant tout aux pasteurs qui ont la mission de dissiper les doutes et de conserver la foi de leurs frères.

Nos incrédules français allaient chercher leurs armes en Allemagne : il fallait leur opposer un ouvrage allemand. En voici un qui a eu le plus solide succès, qui passe, au jugement de tous, pour être le plus au courant des idées philosophiques actuelles et des derniers progrès de la science, le plus complet et le plus éloquent ; il résume les arguments de tous les défenseurs du christianisme, il ruine les objections de tous ses ennemis de tous les pays et de tous les temps. Le texte se distingue par la force, la suite des raisonnements, et par l'énergie entraînante du style ; les nombreuses notes offrent les citations les plus variées et les plus curieuses.

L'ouvrage entier est divisé en deux parties. La première, intitulée : ***Démonstration de la vérité chrétienne (Demonstratio christiana)***, comprend les deux premiers volumes. La deuxième, intitulée : ***les Dogmes du christianisme***, comprend les trois derniers volumes.

OPERA SANCTI THOMÆ AQUINATIS

SUMMA THEOLOGICA

Diligenter emendata, Nicolai, Sylvii, Billuart et C. J. Drioux notis ornata.

14ᵉ édition. — 8 beaux vol. in-8ᵉ carré sur papier vergé. — Prix, **40** fr. ; net, **21 fr.**

Cette édition, réputée la plus correcte, est devenue classique dans les **grands séminaires** français et étrangers ; elle a été revue avec le plus grand **soin.**

CONDITIONS DE VENTE

Toute demande s'élevant AU MINIMUM *à 50 fr. sera expédiée* FRANCO *de port et d'emballage jusqu'à la* **gare** *la plus proche du destinataire* (LA BIEN INDIQUER), *et jusqu'au port d'embarquement qu'on voudra bien nous désigner pour la Corse, l'Algérie et l'Angleterre. — Ce Bulletin étant à prix nets, il n'est fait aucune réduction sur les prix fixés. — Sauf les* EXCEPTIONS INDIQUÉES, *les frais d'envoi par la poste ou les messageries pour les demandes inférieures à 50 fr. seront à la charge de l'acheteur.* — **Pour les demandes inférieures à 15 fr., on est prié d'envoyer le montant en mandat-poste en même temps que la commande.**

BESANÇON. — IMPRIMERIE DE PAUL JACQUIN.

www.ingramcontent.com/pod-product-compliance
Lightning Source LLC
LaVergne TN
LVHW020540230826
846091LV00002B/341

* 9 7 8 2 0 1 9 1 5 1 5 0 8 *